江苏省融资租赁行业发展报告（2017）

黄　磊　张　颖　刘晓星　编著

科学出版社

北　京

内 容 简 介

近年来，江苏省融资租赁行业取得长足发展，融资租赁已成为助推江苏经济发展、建设"强富美高"新江苏的利器。本书基于融资租赁理论与实践，介绍了 2016 年江苏省融资租赁行业发展情况，内容涵盖了发展概况、数据分析、创新实践、风险管理、规范监管、发展趋势和案例分析七个部分。首先，本书比较了国内外融资租赁行业发展情况以借鉴先进经验。其次，本书着重分析了 2014～2016 年江苏省融资租赁行业统计数据，总结江苏省融资租赁行业的发展特征。再次，本书将研究视角转向行业关注的重点问题，探讨江苏省融资租赁行业的创新实践，分析江苏省融资租赁行业面临的主要风险，从行业监管、行业自律、企业内控三个角度提出健全江苏省融资租赁行业规范监管体系的建议。最后，本书对江苏省融资租赁行业未来发展进行展望，并选取 9 家江苏省融资租赁企业进行案例分析。

本书可供政府部门、行业自律组织、金融机构与融资租赁企业，以及开设相关课程的高校阅读参考。

图书在版编目（CIP）数据

江苏省融资租赁行业发展报告.2017/黄磊，张颖，刘晓星编著 .—北京：科学出版社，2017.12
　　ISBN 978-7-03-055579-3

　　Ⅰ.①江…　Ⅱ.①黄…②张…③刘…　Ⅲ.①融资租赁 - 经济发展 - 研究报告 - 江苏 -2017　Ⅳ.① F832.49

中国版本图书馆 CIP 数据核字 (2017) 第 289276 号

责任编辑：魏如萍 / 责任校对：王　瑞
责任印制：霍　兵 / 封面设计：无极书装

科学出版社 出版
北京东黄城根北街 16 号
邮政编码：100717
http://www.sciencep.com
北京市密东印刷有限公司 印刷
科学出版社发行　各地新华书店经销
*
2017 年 12 月第　一　版　开本：787×1092　1/16
2017 年 12 月第一次印刷　印张：12
字数：285 000
定价：118.00 元
（如有印装质量问题，我社负责调换）

作者简介

黄磊 博士（1970～），江苏省国际租赁有限公司董事长，正高级经济师，一级法律顾问，江苏省333高层次人才培养对象，江苏省产业教授。兼任江苏省融资租赁行业协会会长、江苏广电商业保理有限公司董事长、东南大学金融学教授、南京审计大学客座教授。

张颖 博士（1985～），东南大学金融学副教授，金融学专业硕士生导师，东南大学融资租赁研究所所长，著有《渐显的光芒：中国融资租赁发展理论基础与实践创新》，主持国家社会科学基金等课题10余项，发表多篇SSCI期刊论文，在美国、欧洲访学3年，为多家金融机构提供咨询培训等社会服务。

刘晓星 博士（1970～），东南大学金融学教授，金融学专业博士生导师，金融系主任，全国高等学校金融学类专业教学指导委员会委员，江苏省"青蓝工程"中青年学术带头人，中国金融学年会理事，中国金融工程学年会理事。

本书编写人员

主   编：黄 磊 张 颖 刘晓星

课题组组长：刘晓星 张 颖

课题组成员（按姓氏拼音排序）：

      黄 磊 刘晓星 潘文青 汤若冰

      许佳馨 殷梦华 翟 玲 张 颖

      张 月

研究单位：江苏省商务厅

      江苏省融资租赁行业协会

      东南大学金融系

      东南大学国家发展与政策研究院

      东南大学融资租赁研究所

序 言

　　由江苏省商务厅、江苏省融资租赁行业协会和东南大学金融系课题组共同编写的《江苏省融资租赁行业发展报告（2017）》付梓成书了。报告结合融资租赁理论与实践，从发展概况、数据分析、创新实践、风险分析、规范监管、发展趋势和案例分析等方面系统全面地展示了江苏省融资租赁的行业情况，对于全省行业主管部门、业界和学界都具有重要的参考价值。

　　融资租赁行业在服务实体经济发展、促进经济增长和转型升级等方面，一直发挥着重要作用。国务院和江苏省政府出台了多项政策，支持融资租赁行业发展。2015年9月，国务院办公厅发布《国务院办公厅关于加快融资租赁业发展的指导意见》，从总体要求、主要任务和政策措施三大方面指出行业发展方向。2016年4月，江苏省出台了《省政府办公厅关于加快融资租赁业发展的实施意见》，提出要抓住全国融资租赁业加速发展的重要机遇，发挥融资租赁与实体经济的互促共赢作用，积极培育市场主体，逐步拓宽服务领域，营造良好发展环境，有效控制行业风险，推动融资租赁业又好又快发展。随着政策环境的持续优化，江苏融资租赁行业出现一些新的发展特征，地区聚集效应更加凸显，业务领域持续拓展，融资结构更加优化，企业资本投资更加活跃，形成了一批专业优势突出、管理理念先进与具备较强竞争优势的龙头企业。截至2016年底，全省共有218家融资租赁企业，注册资本达554.09亿元，资产总额突破千亿，投放额达到482.56亿元。

　　江苏省商务厅认真履行行业主管部门职责，联合省有关部门创新机制，积极优化融资租赁行业的发展环境。2016年10月起，根据国家统一部署，江苏省对外商投资融资租赁企业的设立和变更实行"备案制"，实现了融资租赁企业管理体制的重大变化。根据商务部和省政府的部署，商务厅定期组织融资租赁企业风险排查，及时防范、发现和处置风险，加强事中事后监管。2016年2月，商务厅制定了《江苏省融资租赁业风险排查工作方案》，对融资租赁企业进行风险排查，排查重点为融资租赁行业非法集资风险。

2017 年 5 月，商务厅发布了《2017 年全省融资租赁风险排查工作方案》，通过现场检查、人员约谈、信息化手段分析、外部调研和第三方机构协助调查等手段对融资租赁行业进行风险评估和综合评判。通过对全省融资租赁行业进行风险排查，进一步规范行业秩序，促进行业健康发展。

江苏省融资租赁行业协会自 2014 年 9 月成立以来，充分发挥行业协会的纽带和促进作用，积极参与政策研究，组织专业培训，开展行业交流，有效履行了协调、维权、自律、服务职能。同时创新性地设立了指导委员会，开展了不少卓有成效的工作。希望协会继续围绕既定目标，进一步做好行业自律管理，规范行业统计监测，反映企业诉求，与商务厅等有关部门一同创造有利于融资租赁行业发展的优良环境。东南大学金融系在学界享有盛誉，对融资租赁行业研究深入透彻。希望今后在政策建议、行业研究等领域有更多合作。

2017 年 7 月召开的第五次全国金融工作会议强调，"金融要回归本源，把为实体经济服务作为出发点和落脚点，全面提升服务效率和水平，把更多金融资源配置到经济社会发展的重点领域和薄弱环节，更好满足人民群众和实体经济多样化的金融需求"。全省金融工作会议指出，要紧紧围绕服务实体经济、防控金融风险、深化金融改革三项任务，努力开创金融改革发展新局面，推动江苏加快由金融大省向金融强省迈进。融资租赁作为一种极具生命力的金融工具，将"融资"与"融物"结合，将继续发挥服务实体经济发展、推进供给侧结构性改革、培育发展新动能等重要作用，特别是在拓宽小微企业融资渠道、带动新兴产业发展、引导金融资源精准配置实体经济等方面地位独特。让我们共同努力，推动江苏融资租赁行业取得新发展，迈上新台阶。

马明龙

江苏省商务厅厅长、党组书记

2017 年 9 月

目 录

第 *1* 章 融资租赁行业的国内外发展概况

1.1 融资租赁的基本概念和特征

1.1.1 融资租赁的界定

1. 融资租赁的基本定义

自 20 世纪 50 年代兴起以来，融资租赁在发达国家已成为与银行信贷并重的债权融资工具，在加快商品流通、促进技术更新、缓解中小企业融资困难、提高资源配置效率、推动实体经济转型升级等方面发挥着重要作用。

《国际会计准则第 17 号——租赁》（*International Accounting Standards 17—Lease*，*IAS 17*）将融资租赁界定为：融资租赁是指在实质上对资产所有权的所有相关风险和报酬进行转移的一种租赁[1]；我国《融资租赁企业管理办法》规定：融资租赁是指出租人根据承租人对出卖人、租赁物的选择，向出卖人购买租赁物，提供给承租人使用，承租人支付租金的交易活动[2]。

融资租赁实现了资产使用权与所有权的分离，是一种通过融物达到融资，融物与融资为一体的综合交易形式。它以融通资金为直接目的，具有非常浓厚的金融色彩。作为现代租赁业的主要形式，融资租赁的主要特征是（图 1.1）[3]：

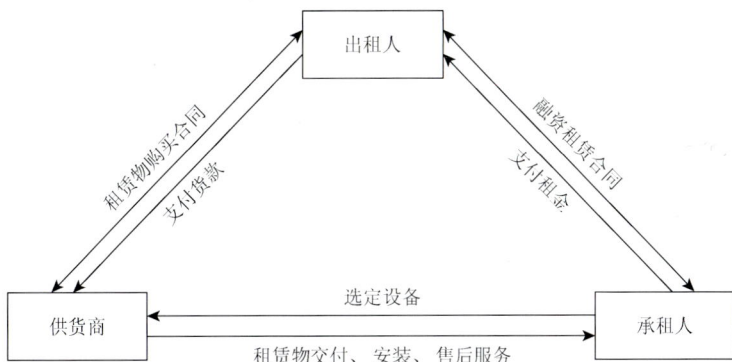

图 1.1 融资租赁的交易模式（直接租赁）

[1] International Accounting Standards Board. International Accounting Standard 17—Leases，1982.
[2] 中华人民共和国商务部. 融资租赁企业监督管理办法. 商流通发〔2013〕337 号，2013.
[3] 国开联产业研究院. 中国融资租赁行业深度研究报告（2015 年）. 2015.

（1）三方两合同。融资租赁涉及三方当事人——承租人、出租人、供货商，需签订两个或两个以上的经济合同——承租人与出租人的融资租赁合同、出租人与供货商的租赁物购买合同。特殊情况下，还需签订其他经济合同。

（2）租赁物的所有权与使用权分离。在租赁期内，租赁物的所有权属于出租人，承租人取得租赁物的使用权并支付租金。

（3）融资租赁是融资和融物相结合的交易，融通资金是其主要功能。

（4）承租人对租赁物和供货商具有选择的权利，出租人根据承租人的要求购买租赁物。因此，承租人负责租赁物的质量、规格、数量及技术上的检定验收。

（5）承租人分期支付租金以偿付本息。融资租赁是一种信用方式，这就要求承租人按照合同约定分期支付租金。

（6）融资租赁合同是不可随意撤销的合同。一般情况下，当事人无权撤销合同。

（7）租赁期内租赁物的保养、维修、保险和过时风险均由承租人承担。

（8）租赁期满，租赁物的处理一般有三种选择：续租、留购、退租。

2. 融资租赁与经营租赁的区别

我国《企业会计准则第 21 号——租赁》中关于融资租赁的会计处理与国际会计准则基本一致，将与租赁资产所有权有关的风险和报酬是否转移作为判断融资租赁的基本标准，如果风险与报酬转移，则为融资租赁；风险与报酬不转移，则为经营租赁[1]。具体来说，经营租赁是出租人为满足承租人临时或季节性使用资产的需要，提供维修、保养、人员培训等服务性业务的租赁方式①；而融资租赁是由出租人按照承租人要求出资购买设备，在较长的合同期内提供给承租人使用的融资信用业务，是以融通资金为主要目的的租赁方式（表 1.1）。

表 1.1 融资租赁与经营租赁的联系与区别

	融资租赁	经营租赁
租赁的目的	承租人以融物的形式实现融资	承租人使用租赁物
租赁的实质	将与资产所有权有关的全部风险和报酬转移给承租人	仅转移资产使用权给承租人
租金的含义	资金的使用价格	物品的使用价格
租赁物选择	承租人自由选择	出租人购买，承租人选择使用
租赁合同期限	中长期（1 年以上）	多为短期
保险	承租人按约定购买	出租人购买
利率	根据 IRR 法或 NPV 法确定	租金是租赁物使用费
租金支付	可根据承租人未来现金流灵活定制	固定模式
维修责任	承租人	出租人
租赁物归属	租赁期满时续租、留购或退租	归还出租人

资料来源：《企业会计准则第 21 号——租赁》

---

① 国金证券. 金融行业多元金融系列研究之一：融资租赁空间广阔，行业整合潜力较大. 2015.

3. 融资租赁与金融租赁的联系与区别

在法律定义、会计处理、税务处理以及业务操作原理等方面，融资租赁与金融租赁并无差别。但从经营管理和监管机制角度来看，我国融资租赁和金融租赁存在一定的差异（表 1.2）。

1）融资租赁与金融租赁的联系

（1）法律定义：融资租赁与金融租赁在法律上定义相同，同属于《中华人民共和国合同法》（以下简称《合同法》）第十四章"融资租赁合同"。

（2）会计处理：两者均遵循《企业会计准则第 21 号——租赁》进行会计处理。

（3）税务处理："营改增"政策实行以后，融资性售后回租业务定性为贷款服务，属于金融服务业；其他融资租赁业务定性为租赁服务，属于现代服务业。

（4）业务操作原理：融资租赁与金融租赁虽然在业务具体操作上有所差别，但操作的基本原理相同，核心均为"三方两合同"。

2）融资租赁与金融租赁的区别

（1）监管部门：金融租赁公司由中国银行业监督管理委员会（简称银监会）审批和监管，且未经银监会批准，任何单位不得在其名称中使用"金融租赁"字样。融资租赁公司分为内资试点融资租赁公司和外资融资租赁公司，前者由商务部和国家税务总局、自贸区所在省市商务主管部门和国家税务局审批监管，后者则由商务部及省级商务主管部门审批监管。

（2）机构性质：监管部门和监管政策的不同导致金融租赁公司和融资租赁公司的性质有着本质区别。银监会将金融租赁公司当作放款部门监管，因此金融租赁公司其实是以经营融资租赁业务为主的非银行金融机构；而融资租赁公司通过在直接或间接融资渠道进行融资，为承租人提供融资租赁服务，为非金融机构。

（3）准入门槛：对于金融租赁公司，银监会要求其最低注册资本 1 亿元人民币，主要发起人须控股 30% 以上，包括商业银行、主营业务为制造适合融资租赁交易产品的大型企业、在中国境外注册的融资租赁公司以及银监会认可的其他发起人；对于内资试点融资租赁公司，要求其最低注册资本为 1.7 亿元人民币[①]；对于外资融资租赁公司，要求其最低注册资本为 1000 万美元，且外商投资者的总资产不少于 500 万美元[②]。

（4）资金来源：金融租赁公司具备天生独特的融资优势，资金来源除资本金外，能够通过吸收股东存款、同业拆借、发行金融债券等方式吸纳资金，因而融资成本较低；融资租赁公司的资金来源除资本金以外，主要依靠银行信贷等传统融资方式筹集资金，资金成本较高，但近年来资产证券化、商业保理等新兴融资方式的出现在一定程度上拓宽了其融资渠道。

---

① 商务部，国家税务总局. 关于从事融资租赁业务有关问题的通知. 商建发〔2004〕560 号，2004.
② 中华人民共和国商务部. 外商投资租赁业管理办法. 商务部令〔2005〕第 5 号，2005.

表 1.2　融资租赁与金融租赁的联系与区别

联系与区别		金融租赁	融资租赁
联系	法律定义	《合同法》第十四章"融资租赁合同"	
	会计处理	遵循《企业会计准则第 21 号——租赁》	
	税务处理	"营改增"后，融资性售后回租业务属于金融服务业，其他融资租赁业务属于现代服务业	
	业务操作	"三方两合同"	
区别	审批及监管部门	银监会	内资：商务部、国家税务总局、自贸区所在省市商务主管部门和国家税务局 外资：商务部、省级商务主管部门
	机构性质	金融机构	非金融机构
	准入门槛	≥1 亿元人民币	内资：≥1.7 亿元人民币 外资：≥1000 万美元，且外商投资者总资产≥500 万美元
	资金来源	除资本金外，能吸收股东存款、同业拆借、发行金融债券等，融资成本低，资金筹集能力强	除资本金外，主要是银行信贷，资金成本较高，融资渠道狭窄，资产证券化、商业保理等渠道获取的资金量有限
	业务范围	融资租赁业务；转让和受让融资租赁资产；固定收益类证券投资业务；接受承租人的租赁保证金；吸收非银行股东 3 个月（含）以上定期存款；同业拆借；向金融机构借款；境外借款；租赁物变卖及处理业务；经济咨询。经营状况良好、符合条件的金融租赁公司可以开展以下业务：发行债券；在境内保税地区设立项目公司开展融资租赁业务；资产证券化；为控股子公司、项目公司对外融资提供担保；银监会批准的其他业务	以融资租赁等租赁业务为主营业务，开展与融资租赁和租赁业务相关的租赁财产购买、租赁财产残值处理与维修、租赁交易咨询和担保、向第三方机构转让应收账款、接受租赁保证金及经审批部门批准的其他业务。不得从事吸收存款、发放贷款、受托发放贷款等金融业务；未经相关部门批准，融资租赁企业不得从事同业拆借等业务；严禁融资租赁企业借融资租赁的名义开展非法集资活动

资料来源：《金融租赁公司管理办法》《关于从事融资租赁业务有关问题的通知》《融资租赁企业监督管理办法》《外商投资租赁业管理办法》

（5）业务范围：金融租赁公司的经营范围包括融资租赁业务、转让和受让融资租赁资产、固定收益类证券投资业务、接受承租人的租赁保证金、吸收非银行股东 3 个月（含）以上定期存款、同业拆借、向金融机构借款、境外借款、租赁物变卖及处理业务和经济咨询。经银监会批准，经营状况良好、符合条件的金融租赁公司可以开展发行债券、在境内保税地区设立项目公司开展融资租赁业务、资产证券化、为控股子公司及项目公司对外融资提供担保和银监会批准的其他业务。而融资租赁公司以融资租赁等租赁业务为主营业务，开展与融资租赁和租赁业务相关的租赁财产购买、租赁财产残值处理与维修、租赁交易咨询和担保、向第三方机构转让应收账款、接受租赁保证金及经审批部门批准的其他业务。且融资租赁公司不得从事吸收存款、发放贷款、受托发放贷款等金融业务；未经相关部门批准，不得从事同业拆借等业务；严禁融资租赁公司借融资租赁的名义开展非法集资活动[①]。

1.1.2　融资租赁的功能

1. 融资功能

融资功能是融资租赁最核心的功能，一方面，承租人可以通过融资租赁方式扩大投

---

① 中华人民共和国商务部.融资租赁企业监督管理办法.商流通发〔2013〕337 号，2013.

资、进行技术改造，实现资产变现、增加资产流动性，缓解债务负担；另一方面，融资租赁公司可以利用财务杠杆配比部分信贷资金，通过选择融资租赁项目使资金的运作达到最佳状态。

2. 融物功能

融资租赁集融资与融物于一体，通过融物实现融资。承租人通过融资租赁，既可以实现资金融通，又可以在租赁期内获得租赁资产的使用权，使租赁资产在市场上加速流通，达到融物的功能。

3. 投资功能

融资租赁是有效连接实体经济与金融体系的融资方式，融资租赁公司可以凭借其特殊的资源优势，通过内部融资、银行信贷、债券融资等融资手段吸收社会投资，实现金融资源的有效配置。同时，政府财政部门根据国家的产业政策，通过融资租赁公司盘活资产、筹措资金，加强国家对基础设施建设和支柱产业的投资力度，实现产业优化升级。

4. 资产管理功能

资产管理功能是由租赁物的所有权和使用权分离衍生而来的。在租赁期内，租赁物所有权属于融资租赁公司，融资租赁公司有权利对租赁资产进行管理监督，控制资产流向。融资租赁可以帮助设备生产厂商盘活资产，使企业的资产物尽其用，真正实现企业的价值增值。同时，融资租赁可以帮助承租人更有效地使用先进设备，降低使用成本和设备淘汰的风险。

1.1.3　融资租赁的作用

在经济新常态和"一带一路"倡议背景下，融资租赁直接服务于实体经济，在促进装备制造业发展、中小企业融资、企业技术升级改造、设备进出口、商品流通等方面具有重要的作用，是推动产融结合、发展实体经济的重要手段。近年来，我国融资租赁行业取得长足发展，市场规模和企业竞争力显著提高，成为我国经济增长的新动力。具体来说，融资租赁在实现交易双方互惠共赢、促进产业结构优化升级、服务实体经济发展等方面发挥不可替代的作用。

1. 实现交易双方互惠共赢

融资租赁作为一种重要的融资方式，实现了融资与融物的结合，相比于银行信贷等融资工具更具有专业性优势。承租人和出租人在开展融资租赁交易的过程中，能够实现双方的互惠共赢。

对于承租人来说，融资租赁具有融资便利、期限灵活等优势，能够帮助有盘活资产、补充流动性需求的企业缓解融资难、融资贵问题。承租人有权自主选择所需设备，掌握设备更新的主动权，减少资金投入，不承担设备的无形损耗。此外，相比于购置设备与经营租赁，融资租赁对承租人的财务报表影响显著，节税程度较大，全过程实际支付现金流较少，有利于承租人进行税务和盈余管理，具有财务优势。

对于出租人来说，通过融资租赁融出的资金有设备所有权作为保障，逾期租金比例相对较低。除掌握设备所有权作为还款保证外，融资租赁公司可以凭借专业化、主动化的管理能力对交易全过程进行风险控制，降低逾期租金比例，同时可以受益于税收等方面的政策支持。

2. 促进产业结构优化升级

融资租赁能够加快传统产业改造升级。融资租赁相比于其他融资方式具有专业优势，能够推动传统行业企业进行技术改造和设备更新。制造业企业可以通过直接租赁的方式获取新型设备，增强企业资金流动性。同时，企业也可以通过售后回租的方式提高设备的利用效率，实现资产置换和重组。融资租赁能够加速新兴产业发展。目前，我国信息技术、高端装备制造、新能源、节能环保和生物等战略性新兴产业市场发展普遍存在资金约束问题，融资租赁可以拓宽新兴产业的融资渠道，为新兴产业的发展提供资金支持。

融资租赁可以有效地促进中小企业发展。融资租赁具有融资便利、期限灵活、财务优化等优势，其杠杆作用和金融功能不可取代。通过为中小企业提供专业化的产品与服务，能够有针对性地缓解中小企业融资难、融资贵问题，有利于推动企业创新发展，并带动大众创业、万众创新[1]。

融资租赁有助于带动中国企业"走出去"。通过大力发展跨境租赁，可以促进引进国外先进设备，扩大高端设备进口，提升国内技术装备水平，并且能以融资租赁公司"走出去"带动中国企业"走出去"。一方面，工程机械、铁路、电力、民用飞机、船舶、海洋工程等大型成套设备制造企业可以采用融资租赁的方式将国外先进设备"引进来"，扩大高端设备进口，提升国内技术装备水平；另一方面，融资租赁公司可以加强与海外施工企业合作，开展施工设备的海外租赁业务，积极参与重大跨国基础设施项目建设，实现"走出去"发展，积极拓展海外租赁市场[1]。

3. 服务实体经济发展

2017年7月，第五次全国金融工作会议召开，会议强调"金融要回归本源，把为实体经济服务作为出发点和落脚点，全面提升服务效率和水平，把更多金融资源配置到经济社会发展的重点领域和薄弱环节，更好满足人民群众和实体经济多样化的金融需求"。目前我国处于经济结构调整和转型升级的关键时期，如何推动金融体系与实体经济融合发展，更好地发挥金融对实体经济的服务功能，是我国制定发展战略的核心问题。融资租赁作为与实体经济结合较为紧密的融资方式，其发展在当前宏观经济发展背景下被提升到国家战略高度。

---

[1] 国务院办公厅. 关于加快融资租赁业发展的指导意见. 国办发〔2015〕68号，2015.

融资租赁能够助力国家战略实施。融资租赁有利于推动产业转型升级，可以积极服务于"一带一路"、"中国制造 2025"、京津冀协同发展、长江经济带和新型城镇化建设等国家重大战略或倡议①。以"一带一路"为例，其沿线涉及诸多国家的基础设施建设和公共服务等民生项目，项目资金需求量大、周期长。如果仅靠传统银行信贷手段，融资金额有限，相比之下，通过融资租赁实现融资与融物相结合，能够有效盘活存量资产，加快资金顺畅流通，为"一带一路"的发展注入资金力量。

融资租赁有助于促进经济稳定增长。现阶段，我国经济发展进入新常态，正从高速增长转向中高速增长。新常态背景下，融资租赁通过拉动社会有效需求促进经济稳定增长。融资租赁具有促进投资的功能，可以起到刺激经济发展的作用。而在投资乘数的作用下，投资的作用会被放大，从而更大程度上促进经济发展。融资租赁可以扩大产品出口，优化出口结构，促进对外贸易健康发展。此外，融资租赁可以促进产品销售，刺激消费需求，实现扩大内需的目标[2]。

1.2　中国融资租赁行业的历史演进

1.2.1　中国融资租赁行业的发展历程②

自 1981 年中国第一家融资租赁公司——中国东方租赁有限公司成立至今，我国融资租赁行业经过了 30 余年的摸索与尝试，现已基本步入规范化发展阶段。从融资租赁行业的四大支柱——法律制度、行业监管、会计准则、税收政策变革角度来看，可将我国融资租赁行业发展历程大致分为以下几个阶段：筹备期（1978 ～ 1980 年）、初始成长期（1981 ～ 1987 年）、整改磨合期（1988 ～ 1998 年）、法制建设期（1999 ～ 2003 年）、恢复活力期（2004 ～ 2006 年）、高速发展期（2007 年至今）（图 1.2）。

| 1978～1980年 筹备期 | 1981～1987年 初始成长期 | 1988～1998年 整改磨合期 | 1999～2003年 法制建设期 | 2004～2006年 恢复活力期 | 2007年至今 高速发展期 |

图 1.2　我国融资租赁行业的发展历程

1. 筹备期（1978 ～ 1980 年）

十一届三中全会提出了改革开放的新政策，我国开始了以经济建设为中心，实行改革开放的历史性巨变。改革开放为我国融资租赁行业的发展打开了政策之门，时任中国国际信托投资公司（后称中信公司）董事长荣毅仁提出创办国际租赁业务，以开辟利用外资的新渠道。1980 年，中信公司与日本东方租赁株式会社达成合作协议，开始筹备组

---

① 国务院办公厅 . 关于加快融资租赁业发展的指导意见 . 国办发〔2015〕68 号，2015.
② 中国外商投资企业协会租赁业工作委员会 . 中国租赁大事记 . 2011.

建融资租赁公司，融资租赁作为一种新的业务模式被引入中国。

2. 初始成长期（1981～1987年）

1981年4月，中信公司与北京机电设备公司、日本东方租赁株式会社合资创立了我国第一家融资租赁公司——中国东方租赁有限公司，标志着我国融资租赁行业的诞生。1982年，浙江租赁有限公司（华融金融租赁股份公司前身）、广东国际租赁公司（现已关闭）等一批以信托投资为主的内资融资租赁公司相继成立。1984年，一些银行所属的信托部门以及各省市信托投资公司开始兼营融资租赁业务，各省物资机电部门陆续成立的租赁公司也纷纷开展融资租赁业务，同时多家由国内银行、外贸公司与外商合资的融资租赁公司陆续成立。1985年，金融租赁公司与外资融资租赁公司分别审批的格局形成，与融资租赁业务相关的会计、税收、外币计价、减免关税适用等政策性问题得到了初步解决，为融资租赁业务的开展奠定了政策基础，中外合资融资租赁公司以及金融机构的租赁业务得到快速发展。1986～1987年，融资租赁的队伍迅速扩大，国有融资租赁公司开始陆续申报非银行金融机构，银行和信托投资公司也开始经营融资租赁业务。

在这一时期，我国经济行为的主体是各级政府部门。尽管当时我国还没有征信记录和信用评估体系，企业的财务报表也没有和国际接轨，但境外的投资人仍然蜂拥而来，国内合作伙伴的响应也非常积极。外资银行的主要投资动机是为今后在中国设立分行做准备，同时为资金寻找出路；国内企业是引进外资，支持企业技术改造；国内银行是扩大经营范围；国内外贸公司则是寻找融资租赁交易中的贸易代理机会。在这一时期的融资租赁交易中，租赁项目由各级政府部门决策，归还租金由各级政府部门担保（包括外汇额度担保），甚至具体管理也由各级政府部门代劳。

此外，在这一时期，没有专门针对融资租赁行业的法律法规，大多是以通知、批复等政策性文件对具体问题进行规定。1980年国家外汇管理局答复中国东方租赁有限公司的《关于同意你公司在国内开展租赁业务使用外汇计价结算的函》首次对融资租赁公司从事租赁业务做出规定；1985年对外经济贸易部、国家计划委员会、国家经济委员会联合出台的《关于设立中外合营租赁公司审批问题的通知》形成了金融租赁公司与外资融资租赁公司分别审批的格局；1986年中国人民银行发布《金融信托投资机构管理暂行规定》，间接将融资租赁业务界定为金融业务。

3. 整改磨合期（1988～1998年）

改革开放以来，中国的融资租赁行业在原有的计划经济体制下，由政府部门大力推动，中外合资融资租赁公司和内资金融租赁公司在80年代中后期得到迅速发展。但国有企业改革、人民币汇率波动剧烈等原因造成融资租赁公司面临信用环境恶化、拖欠租金难以收回等问题，融资租赁行业发展面临严重困难，步入艰难的整改磨合期。经过时任总理朱镕基于1997年12月、1998年1月、4月、6月先后四次批示，在财政部、国家经济贸易委员会协调督促下，困扰融资租赁行业十年的欠租问题在1998年底前基本解决。

在这一时期，中国经济行为主体开始由政府部门转向企业，融资租赁公司受国家政策调整影响较大。1988 年金融机构整顿之后，内资非银行金融机构的融资租赁公司只能做传统的租赁业务，发展受到严重影响，机构逐步萎缩甚至几近夭折。同年，《最高人民法院关于贯彻执行〈中华人民共和国民法通则〉若干问题的意见（试行）》规定国家机关不能担任担保人，企业代替政府成了融资租赁活动主体。但由于此时我国政策法规还不健全，企业内部治理结构尚不完善，政府的突然退出，致使整个行业几乎陷入失控状态。政府担保无效、汇率剧烈变动等问题导致大量租金拖欠，融资租赁行业发展陷入了停滞状态。更为不利的是，1995 年《中华人民共和国商业银行法》规定银行不得向非银行金融机构和企业投资，前期已投资融资租赁行业的商业银行被迫撤出。

在这一时期出台相关的法律法规有：1993 年国务院《关于实行分税制财政管理体制的决定》，融资租赁税前还租政策被彻底取消；1996 年国内贸易部发布《实物性租赁业务试点工作管理试行办法》，确定了对经营性租赁业务的审批权；同年，最高人民法院发布司法解释《关于审理融资租赁合同纠纷案件若干问题的规定》，为审理及解决融资租赁合同纠纷提供了法律依据。

4. 法制建设期（1999 ～ 2003 年）

1999 年以来，我国持续开展融资租赁法律、监管、会计、税收框架的基本建设，包括《合同法》《企业会计准则第 21 号——租赁》《金融租赁公司管理办法》《外商投资租赁公司审批管理暂行办法》等相关监管文件，进一步规范融资租赁行业的发展，融资租赁行业的外部环境得到改善。

1999 年，《合同法》中融资租赁专章的设立第一次从法律层面对融资租赁进行了完整界定，结束了我国融资租赁行业无法可依的局面；2000 年中国人民银行颁布的《金融租赁公司管理办法》是关于融资租赁监管的首个部门规章；2001 年对外贸易经济合作部发布的《外商投资租赁公司审批管理暂行办法》统一了外商在中国境内投资融资租赁公司的资质条件。

随着中国市场经济体系的逐步建立和完善，在内资试点融资租赁公司、外资融资租赁公司和金融租赁公司的共同呼吁和努力下，支持融资租赁行业发展的法律、监管、会计、税收框架基本确立，中国融资租赁行业开始新的征程。

5. 恢复活力期（2004 ～ 2006 年）

随着我国融资租赁相关法律法规日益完善，我国融资租赁行业进入恢复活力期。2004 年 12 月，商务部宣布开放外资融资租赁公司的审批，标志着我国外资融资租赁公司迈入新阶段；与此同时，2004 ～ 2006 年商务部和国家税务总局共批准 20 家内资试点融资租赁公司。在这一时期，外资融资租赁公司数量迅速增加，大型装备制造企业纷纷设立内资试点融资租赁公司。融资租赁出口的需求明显增加，中国融资租赁行业加快融入全球化进程。

6. 高速发展期（2007 年至今）

2007 年以来，融资租赁作为融资方式的独特优势日益显著，内资试点融资租赁公司、外资融资租赁公司、金融租赁公司成长迅速，融资租赁业务量和市场渗透率逐年提高，我国融资租赁行业进入高速发展时期。

　　2007年，银监会发布经修订的《金融租赁公司管理办法》，重新允许国内商业银行从事融资租赁；2008年，工商银行、建设银行、交通银行、招商银行、民生银行获批准成立金融租赁公司；2009年，商务部将《外商投资产业指导目录》总投资1亿美元以下鼓励类、允许总投资5000万美元以下限制类的外商融资租赁公司的审批权下放到省级商务主管部门和国家级经济技术开发区；2010年，银监会批准中石油组建金融租赁公司，成为国内首家由产业类企业控股的金融租赁公司；2011年，中国融资租赁交易规模高速增长，由2008年的全球第八位跃居到全球第二位；2013年，商务部发布《融资租赁企业监督管理办法》，规范了内资试点融资租赁公司和外资融资租赁公司的经营发展；2014年以来，融资租赁行业对实体经济的推动作用受到从中央到地方的高度重视，一系列政策利好频频传出；2015年国务院办公厅出台《国务院办公厅关于加快融资租赁业发展的指导意见》和《国务院办公厅关于促进金融租赁行业健康发展的指导意见》，将融资租赁行业发展提升到国家战略高度，为我国融资租赁行业的快速、健康发展提供良好的政策支持；2016年后，随着法律、监管、会计、税收等支持政策的不断完善，我国融资租赁行业迎来前所未有的发展机遇，发展空间广阔。

1.2.2　中国融资租赁行业的发展现况

1. 市场规模

　　2008年以来，中国融资租赁行业市场规模不断扩大，在全球租赁市场中的地位不断提升。随着融资租赁企业数量的不断增加，中国融资租赁行业实力日益增强，融资租赁企业注册资金逐年攀升，融资租赁业务总量持续增长[3]。

　　2008年受美国次贷危机的影响，全球经济疲软，全球租赁业务量大幅度下滑。但与此同时，中国由于政策监管的放宽和发展环境的改善，租赁业务量达218.8亿美元，位列全球第八位，呈现正向增长（图1.3）。2008年全球金融危机之后，全球租赁行业开始复苏，市场规模不断扩大，风险控制逐步增强，证明租赁行业拥有强大的抗经济周期能力和出众的创新能力。中国融资租赁行业蓬勃发展，振兴了亚洲市场，吸引了全球的瞩目。"十二五"期间，融资租赁行业作为中国经济增长的原动力之一，业务规模迅速攀升。2014年，中国租赁业务量达1148.5亿美元，实现了31%的增幅，巩固了全球第二大租赁市场的地位①（图1.4）。

　　随着国务院及有关政府部门对融资租赁行业愈加重视，融资租赁行业的政策利好频频传出，中国融资租赁行业呈现繁荣发展态势。2015年9月7日，国务院办公厅发布《关于加快融资租赁业发展的指导意见》，对融资租赁在服务实体经济发展中的作用予以充分肯定，中国融资租赁行业迎来了前所未有的发展机遇。

---

① White Clarke Group. Global Leasing Report. 2016.

（单位：十亿美元）

国家	业务量
美国	110.00
德国	71.57
日本	67.01
巴西	45.27
法国	40.15
意大利	39.66
俄罗斯	24.81
中国①	21.88
英国	19.22
加拿大	18.48
西班牙	17.01
波兰	12.52
瑞士	10.93
瑞典	10.44
荷兰	9.24

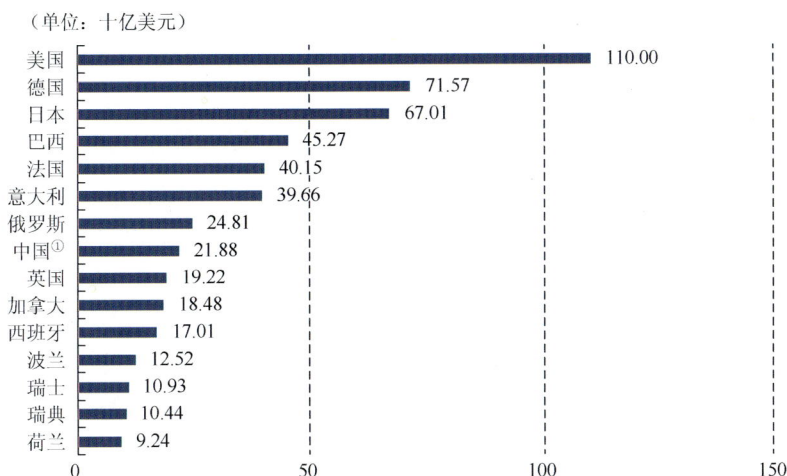

图 1.3 租赁业务量排名前 15 的国家（2008 年）

数据来源：WCG 全球租赁报告

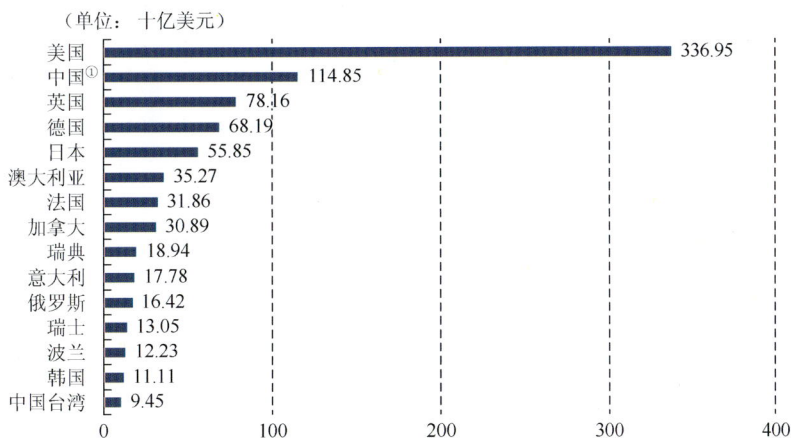

（单位：十亿美元）

国家	业务量
美国	336.95
中国①	114.85
英国	78.16
德国	68.19
日本	55.85
澳大利亚	35.27
法国	31.86
加拿大	30.89
瑞典	18.94
意大利	17.78
俄罗斯	16.42
瑞士	13.05
波兰	12.23
韩国	11.11
中国台湾	9.45

图 1.4 租赁业务量排名前 15 的国家 / 地区（2014 年）

数据来源：WCG 全球租赁报告

根据中国租赁联盟和天津滨海融资租赁研究院统计，截至 2016 年底，全国融资租赁企业②总数为 7077 家，比 2015 年底的 4461 家新增 2616 家。在行业实力方面，截至 2016 年底，行业注册资金按人民币计算，约合 23 883 亿元，比 2015 年底的 13 807 亿元增加 10 076 亿元。在业务量方面，截至 2016 年底，全国融资租赁合同余额约 32 900 亿元，比 2015 年底的 27 100 亿元增加 5800 亿元。

从增长速度上来看，融资租赁企业数量从 2007 年以来呈现爆发式增长，2016 年，在全国经济下行压力增大的背景下，融资租赁行业逆势上升，继续呈现较快发展态势

---

① 根据 WCG 全球租赁报告，本章所列中国租赁业务量数据不包括台湾地区。

② 本书涉及的融资租赁行业相关数据仅包括商务部监管的内资试点融资租赁公司和外资融资租赁公司，不含银监会监管的金融租赁公司，下同。

（图 1.5）。随着企业数量的不断增加，融资租赁行业的整体实力日益增强，融资租赁企业注册资金逐年攀升（图 1.6）。同时，全国融资租赁合同余额近年来呈现稳中有升态势，业务总量不断扩大（图 1.7）。

2. 成长空间

为了衡量一国融资租赁行业在金融体系中的市场占有情况，通常采用渗透率作为指标。根据 WCG 全球租赁报告（White Clarke Group Global Leasing Report），渗透率主要有两类：市场渗透率（租赁业务量 / 除去不动产的固定资产投资）和 GDP 渗透率（租赁业务

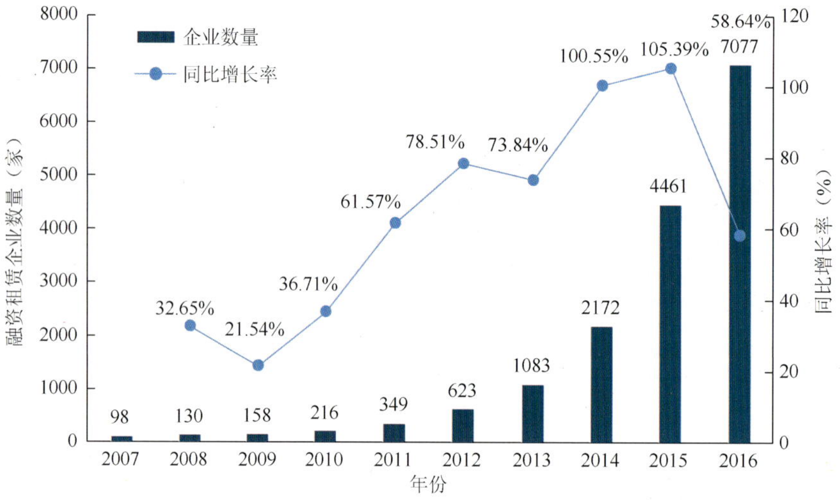

图 1.5 中国融资租赁企业数量（2007 ～ 2016 年）

数据来源：中国租赁联盟

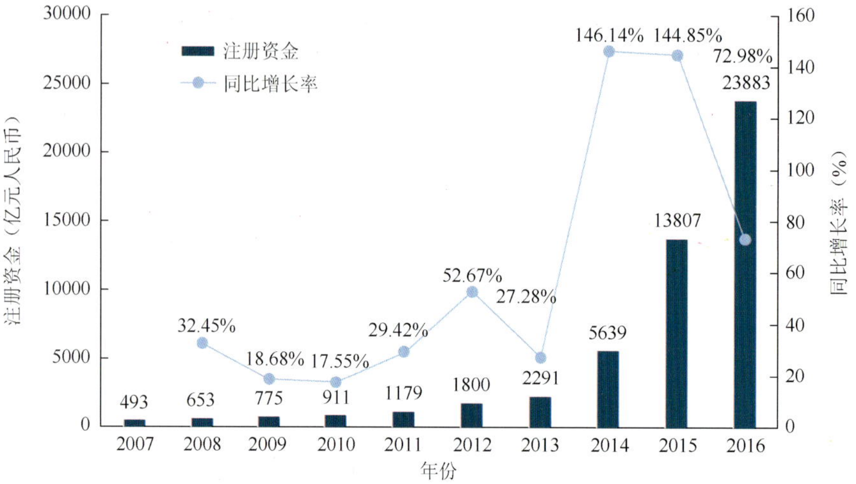

图 1.6 中国融资租赁企业注册资金（2007 ～ 2016 年）

数据来源：中国租赁联盟

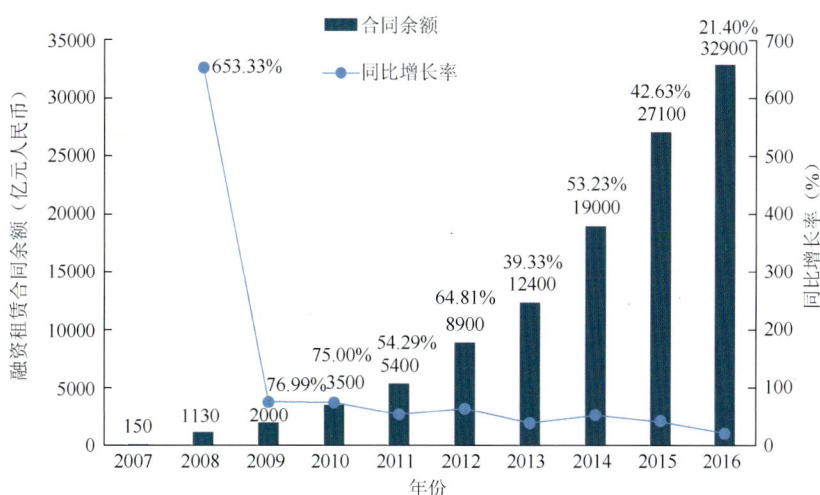

图 1.7　中国融资租赁业务总量（2007 ～ 2016 年）

数据来源：中国租赁联盟

量 /GDP）。市场渗透率能够准确衡量融资租赁与银行信贷等其他替代性融资工具之间的竞争关系，最常被业界人士使用。而 GDP 渗透率在数据稳定性、可得性和便利性上有更多优势。

近年来，中国融资租赁行业呈现出良好的发展态势，租赁业务量已达到千亿美元水平，但市场渗透率相比于发达国家仍然偏低，成长空间巨大。2014 年，中国租赁业务量为 1148.5 亿美元，仅次于美国位居全球第二，约占亚洲业务量的 60%，全球业务量的12.20%，但市场渗透率仅为 3.40%[①]。

从市场渗透率历史数据来看（表 1.3），我国融资租赁行业与发达国家仍存在较大差距。目前发达国家融资租赁的市场渗透率在 15% ～ 30%，说明在美国、英国、日本等国，融资租赁已经成为一种成熟的融资模式。尽管 2005 ～ 2014 年我国融资租赁市场渗透率已从 0.2% 上升到 3.4%，但明显低于欧美发达国家，也不及亚洲主要经济体（图 1.8）。行业发展没有与我国经济增长相适应，也没有与我国庞大的固定资产投资规模相适应，仍有较大发展潜力。

表 1.3　中国租赁业务量及市场渗透率（2008 ～ 2014 年）

	2008 年	2009 年	2010 年	2011 年	2012 年	2013 年	2014 年
全球租赁业务量（十亿美元）	732.80	557.30	594.50	796.70	868.00	883.96	944.30
中国租赁业务量（十亿美元）	21.88	41.01	63.72	60.39	88.66	88.90	114.85
业务量：中国 / 亚洲（%）	22.00	40.00	60.00	39.00	49.00	50.00	60.00
业务量：中国 / 全球（%）	3.00	7.40	10.70	7.60	10.20	10.10	12.20
中国市场渗透率（%）	2.20	3.10	3.80	4.97	3.80	3.10	3.40

数据来源：WCG 全球租赁报告

---

① White Clarke Group. Global Leasing Report. 2016.

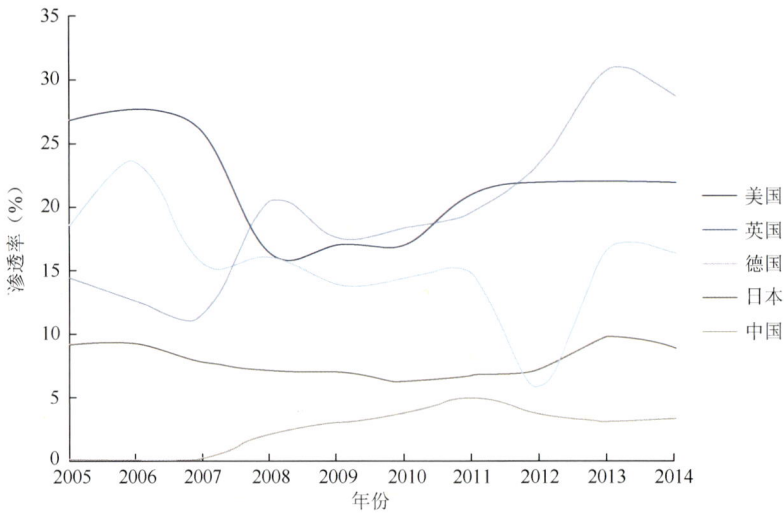

图 1.8　全球主要国家融资租赁行业市场渗透率（2005～2014 年）

数据来源：WCG 全球租赁报告

3. 竞争格局

根据公司发起人身份和监管机制的不同，可将我国的融资租赁公司划分为内资试点融资租赁公司和外资融资租赁公司。内资试点融资租赁公司由商务部和国家税务总局、自贸区所在省市商务主管部门和国家税务局审批监管，实行试点制审批模式，对注册资本的要求较高；外资融资租赁公司由商务部及省级商务主管部门审批监管，设立条件相对宽松（表 1.4）。

截至 2016 年底，由于内资试点融资租赁公司的审批权从 2016 年 4 月起下放到自贸区所在省市商务主管部门和国家税务局，天津新审批确认了 12 家内资试点融资租赁公司，广东新审批确认 2 家，上海新审批确认 1 家，我国内资试点融资租赁公司为 205 家，比 2015 年底增加 15 家。相比于内资试点融资租赁公司，我国外资融资租赁公司数量较多，从 2015 年底的 4271 家增长到 2016 年底的 6872 家，增长率高达 60.9%（图 1.9）。

表 1.4　内外资融资租赁公司监管环境的差异

	外资融资租赁公司	内资试点融资租赁公司
审批部门	商务部外资司、省级商务主管部门	商务部流通发展司、国家税务总局、自贸区所在省市商务主管部门和国家税务局
监管文件	商务部令〔2005〕第 5 号《外商投资租赁业管理办法》、商流通发〔2013〕337 号《融资租赁企业监督管理办法》	商建发〔2004〕560 号《关于从事融资租赁业务有关问题的通知》、商流通发〔2013〕337 号《融资租赁企业监督管理办法》
获批难度	较小（备案制）	较大（试点模式）
市场准入	注册资本不低于 1000 万美元	注册资本不低于 1.7 亿元人民币

续表

	外资融资租赁公司	内资试点融资租赁公司
经营范围	以融资租赁等租赁业务为主营业务，开展与融资租赁和租赁业务相关的租赁财产购买、租赁财产残值处理与维修、租赁交易咨询和担保，向第三方机构转让应收账款、接受租赁保证金及经审批部门批准的其他业务。不得从事吸收存款、发放贷款、受托发放贷款等金融业务；未经相关部门批准，融资租赁企业不得从事同业拆借等业务；严禁融资租赁企业借融资租赁的名义开展非法集资活动	
监管指标	风险资产不得超过净资产总额的 10 倍	

资料来源：《关于从事融资租赁业务有关问题的通知》《外商投资租赁业管理办法》《融资租赁企业监督管理办法》

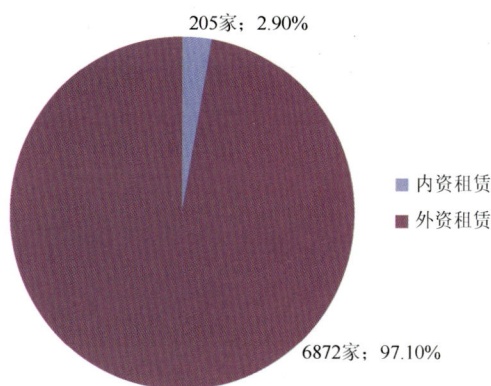

图 1.9　中国融资租赁企业数量分布（2016 年）

数据来源：中国租赁联盟

　　市场份额方面，外资融资租赁公司略高于内资试点融资租赁公司，截至 2016 年底，我国内资试点融资租赁公司和外资融资租赁公司的合同余额规模分别为 16 200 亿元和 16 700 亿元，分别占比 49.24% 和 50.76%（图 1.10）。

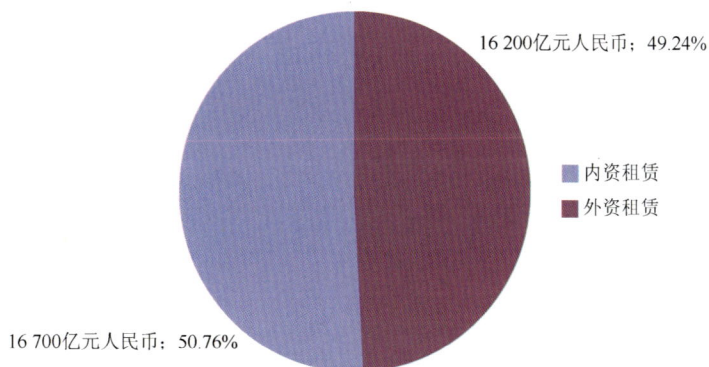

图 1.10　中国融资租赁业务总量分布（2016 年）

数据来源：中国租赁联盟

　　从增长趋势上来看，2007 年以来内资试点融资租赁公司和外资融资租赁公司数量和注册资本均逐年上升，尤其是外资融资租赁公司，近几年来呈现爆发式增长。究其原因，内资试点融资租赁公司的设立自 2004 年以来一直实行试点制，由商务部和国家税务总局、自贸区所在省市商务主管部门和税务局审批，所以增速较为平稳；而外资融资租赁公司设立门槛较低，且 2009 年商务部将外资融资租赁公司的审批权下放至各省级商务主管部门及国家经济技术开发区，2016 年进一步将外资融资租赁公司设立的审批制改为备案制，因此数量增长迅速。

与企业数量和注册资本增长趋势不同的是，内资试点融资租赁公司和外资融资租赁公司的业务规模占比相差不大（图 1.11～图 1.13），2014 年以前内资试点融资租赁公司的业务总量高于外资融资租赁公司，2015 年之后外资融资租赁公司首次反超内资试点融资租赁公司。但部分外资融资租赁公司只为占位融资租赁行业，并未开展融资租赁业务，导致外资融资租赁面临平均业务规模小、行业发展分散的问题。此外，内资试点融资租赁公司和外资融资租赁公司的经营范围相同，业务覆盖面相似，难免会出现同质化竞争情况。

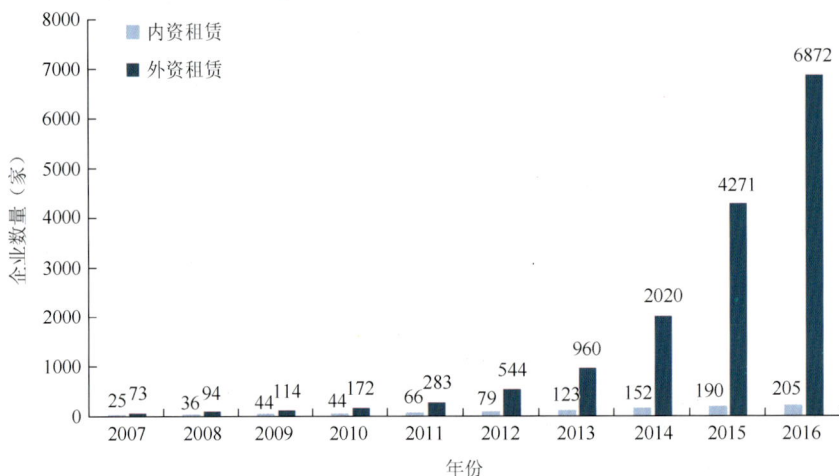

图 1.11　中国融资租赁企业数量对比（2007～2016 年）

数据来源：中国租赁联盟

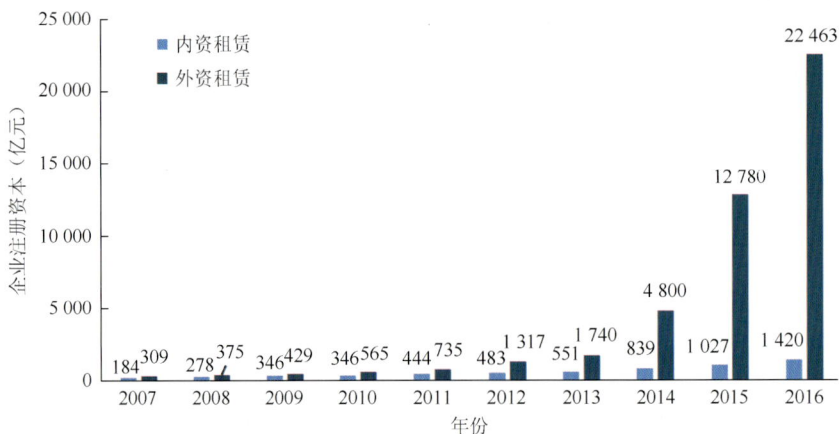

图 1.12　中国融资租赁企业注册资金对比（2007～2016 年）

数据来源：中国租赁联盟

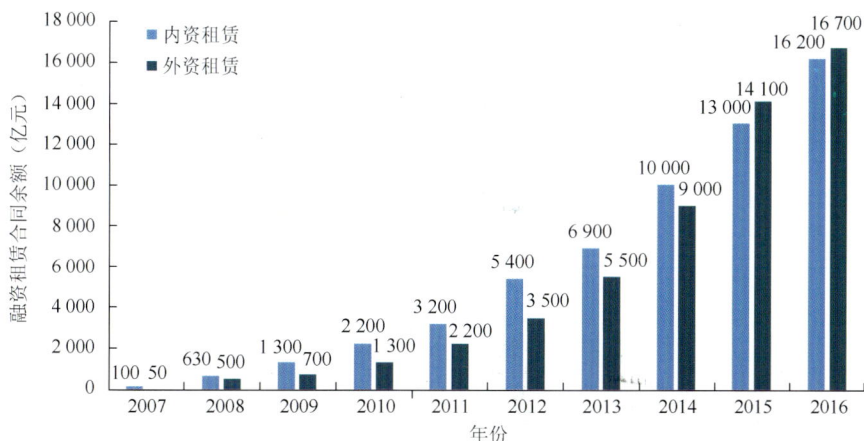

图 1.13　中国融资租赁业务总量对比（2007 ～ 2016 年）

数据来源：中国租赁联盟

1.2.3　中国融资租赁行业发展的驱动因素

在宏观经济下行和经济转型升级背景下，我国融资租赁行业呈现逆周期增长态势，企业数量和业务规模不断增长。近年来我国融资租赁行业的高速发展得益于经济发展水平和政策扶持。在经济基础和市场环境方面，产业结构升级和"一带一路"等国家战略或倡议的实施带动固定资产投资需求增加，为融资租赁行业发展奠定了坚实的经济基础和良好的市场环境；在结构性因素方面，融资租赁是解决中小企业融资困难、实现产融结合的有效渠道，企业投资需求的增加与资金短缺的矛盾推动了融资租赁行业的发展；在制度性因素方面，融资租赁行业的政策红利频发，为法律、监管、会计、税收制度建设扫清了障碍，融资租赁行业的发展环境日益改善。

1.经济基础和市场环境因素

当前我国经济处于产品结构战略性调整、产业创新优化升级、经济结构转型的关键时期，这是融资租赁行业发展的重要经济基础和市场条件。一方面，我国固定资产投资需求近年来快速增长，投资需求的增长带动了对融资规模、融资渠道多元化的需求[1]。作为在发达国家与银行信贷并重的债权融资方式，融资租赁能够拓宽企业的融资渠道，是国家重点基础设施建设的有力支撑，有利于推动实体经济的发展。固定资产投资需求的增加为我国融资租赁行业发展提供了广阔的市场空间，成为融资租赁行业发展的重要驱动因素。2007 年以来，我国固定资产投资规模保持高速增长，2016 年全社会固定资产投资突破 60 万亿元，同比增长 7.91%（图 1.14）。中西部和东北地区工业化发展，长江三角洲、珠江三角洲及京津冀地区全面向服务业转型，城镇化速度加快等都将继续拉动全社会固定资产投资稳健增长，为融资租赁行业打开广阔的市场空间[2]。

---

[1] 国泰君安 . 租赁行业：金融新贵快速崛起，租赁行业值得期待 . 2015.

[2] 中信证券 . 金融行业新三板系列研究报告之一：租赁业浪潮迭起，中小舰队马达轰鸣 . 2015.

图1.14　全社会固定资产投资规模（2006～2016年）

数据来源：国家统计局

另一方面，在转变经济发展方式的背景下，"一带一路"、"中国制造2025"、京津冀协同发展、长江经济带和新型城镇化建设等国家重大战略或倡议的提出和实施为融资租赁行业发展提供了良好的发展环境。以"一带一路"为例，2013年，习近平总书记提出了"一带一路"构想，之后在十八届三中全会《中共中央关于全面深化改革若干重大问题的决定》中上升为国家战略。"一带一路"倡议以通路、通航和通商为主要目标，涉及公路、铁路、港口、机场、电信、核电等大量的基础设施建设和成套设备设施，需要大规模技术和资金支持，在一定程度上需要依托融资租赁业务。"一带一路"倡议为融资租赁行业带来了巨大的发展机遇，特别表现在助力装备制造业发展和服务企业"走出去"等方面。融资租赁行业在支持实体经济、优化产业结构、支持中国高端装备制造业发展、占领新兴市场等方面的作用日益显现。

2. 结构性因素

融资租赁是与实体经济结合较为密切的融资工具，是实现产融结合的有效手段。在经济转型发展时期，融资租赁能够有效缓解企业设备投资需求增加与资金短缺的矛盾，在解决企业融资难题尤其是中小企业融资难、融资贵问题中能够发挥重要作用。

"十三五"规划建议提出"提高金融服务实体经济效率"，意味着我国金融业的未来发展以服务实体经济为导向，找准服务实体经济的重点领域和重要环节。融资租赁着重服务实体企业，是金融与实体经济结合的典型领域。从产业链角度来看，融资租赁行业的上游为银行等资金供给方，下游是实体企业[①]，融资租赁公司极大程度地参与租赁物的销售、运营咨询、残值处理，其服务专业性和社会功能体现在密切联结金融体系和实体经济。不论是先进制造业、现代信息技术产业的发展还是传统产业的转型升级必须依赖大量高端研发设备的引入，融资租赁行业以设备投资为载体，是保证金融资源进入实体经济的有效渠道。

---

① 东方证券. 非银行金融行业融资租赁行业系列报告之一：政策加持，融资租赁逆周期起航. 2016.

中小企业是我国数量最多、最具创新活力的企业群体，在促进经济增长、推动创新、增加税收、吸纳就业、改善民生等方面具有不可替代的作用，但长期以来融资难、融资贵等问题成为困扰中小企业发展的瓶颈。目前中小企业的融资难题主要存在两个特点，一是融资渠道较狭窄，二是融资成本较高[①]。银行信贷仍是当今中小企业主要融资渠道，但其对大多数中小企业门槛和成本较高，中小企业从银行获得的资金有限。区别于传统的融资模式，融资租赁能够有效满足中小企业固定资产投入的长期资金需求，还可盘活中小企业存量资产。

3. 制度性因素

随着政府逐渐认识到融资租赁行业对当前经济转型升级发挥的积极作用，融资租赁行业在经济发展中的战略地位逐步凸显。2014 年 8 月，国务院印发《关于加快发展生产性服务业促进产业结构调整升级的指导意见》，明确把融资租赁行业列入现阶段国内重点发展的十一大生产性服务业之一。2015 年 8 月 26 日召开的国务院常务会议确定了加快融资租赁行业发展的措施，随后的 9 月 7 日，国务院办公厅发布《关于加快融资租赁业发展的指导意见》，从总体要求、主要任务和政策措施三大方面提出了融资租赁行业发展的意见。融资租赁行业发展首次被提升到国家层面高度，融资租赁行业在国家经济发展战略中的地位得到空前提高，整个行业会在各方政策有力支持下持续高速发展[②]。政策红利的频频传出改善了融资租赁行业的发展环境，为我国融资租赁行业的快速发展扫清了制度障碍（表 1.5）。

表 1.5　全国层面融资租赁行业的相关政策（2014 年至今）

时间	发布机构	相关政策
2014 年 2 月	最高人民法院	《最高人民法院关于审理融资租赁合同纠纷案件适用法律问题的解释》
2014 年 3 月	财政部、国家税务总局	《财政部、国家税务总局关于飞机租赁企业有关印花税政策的通知》
2014 年 3 月	中国人民银行	《中国人民银行关于使用融资租赁登记公示系统进行融资租赁交易查询的通知》
2014 年 5 月	财政部、海关总署、国家税务总局	《财政部、海关总署、国家税务总局关于租赁企业进口飞机有关税收政策的通知》
2014 年 6 月	国家发展和改革委员会	《关于飞机租赁企业订购国外飞机报备的通知》
2014 年 9 月	财政部、海关总署、国家税务总局	《财政部、海关总署、国家税务总局关于在全国开展融资租赁货物出口退税政策试点的通知》
2014 年 10 月	国家税务总局	《融资租赁货物出口退税管理办法》
2014 年 12 月	商务部	《商务部关于利用全国融资租赁企业管理信息系统进行租赁物登记查询等有关问题的公告》
2015 年 3 月	商务部	《外商投资租赁业管理办法》的补充规定（征求意见稿）
2015 年 9 月	国务院	《国务院办公厅关于加快融资租赁业发展的指导意见》
2015 年 12 月	财政部、国家税务总局	《财政部、国家税务总局关于融资租赁合同有关印花税政策的通知》
2016 年 3 月	财政部、国家税务总局	《财政部、国家税务总局关于全面推开营业税改征增值税试点的通知》
2016 年 3 月	商务部、税务总局	《商务部、税务总局关于天津等 4 个自由贸易试验区内资租赁企业从事融资租赁业务有关问题的通知》

资料来源：根据各政府部门公告整理

[①] 东吴证券 . 租赁行业深度报告：东风吹，租赁起 . 2015.

[②] 海通证券 . 租赁行业潜力巨大，政策护航和资产证券化助力 . 2016.

1.3 融资租赁行业发展比较——国际经验与省际借鉴

1.3.1 全球融资租赁行业的发展概况

1. 全球融资租赁行业的发展历程

现代融资租赁行业 1952 年起源于美国，20 世纪 60 年代传入欧洲和日本，70 年代至 80 年代扩展至韩国和中国，此后融资租赁行业在世界各国迅速发展。20 世纪 80 年代，全球经济出现恢复性增长，融资租赁行业迎来高速增长时期，美国、欧洲各国、日本相继出台了投资税收抵免等优惠政策，融资租赁市场渗透率不断提高。美国从 1982 年的 21.6% 提升到 1990 年的 32%，德国从 7.4% 提升到 10.7%，日本从 4.8% 提升到 9%。20 世纪 90 年代以后，全球租赁业务量稳定增长，发达国家市场渗透率基本稳定。2000 年以来，全球租赁行业受宏观经济环境变化影响，体现出更大的波动性。1997 年亚洲金融危机、2001 年"9·11"事件和 2008 年全球金融危机重创了全球租赁行业，使其在 1997 年、2001 年、2002 年、2008 年和 2009 年出现负增长[1]。但随后的经济回暖使得全球租赁行业恢复增长，2010 年全球租赁业务量增长率高达 34%。目前全球租赁行业呈现温和扩张趋势，2014 年全球租赁业务量增长至 9443 亿美元，同比增长 6.8%[2]（图 1.15）。

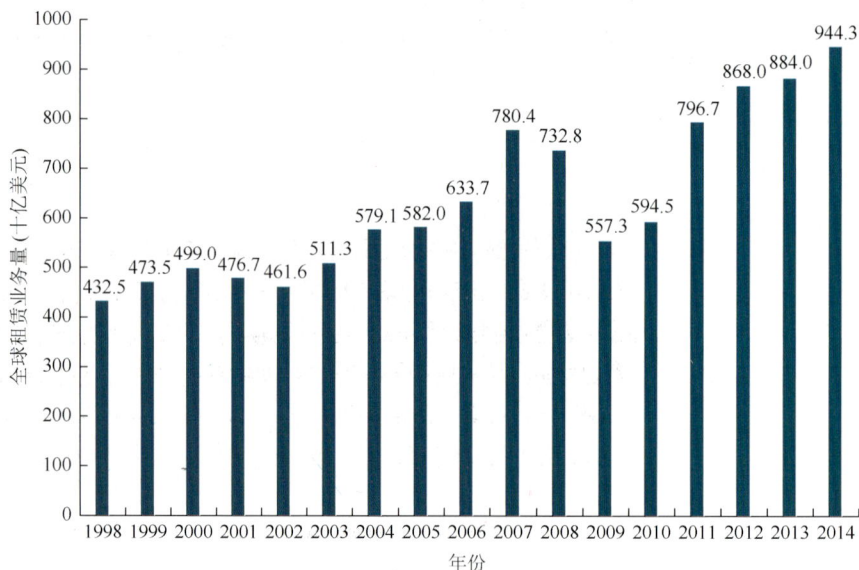

图 1.15　全球租赁业务量（1998 ～ 2014 年）

数据来源：WCG 全球租赁报告

---

① 兴业证券. 融资租赁行业深度报告：尖角小荷，千帆远航 . 2015.
② U.S. Equipment Leasing & Finance Association. https://www.elfaonline.org/

2. 全球融资租赁行业的市场格局

2014 年全球租赁行业实现温和增长，各地区发展状况有所差异。2014 年，欧洲、南美洲和非洲的业务量出现负增长，北美洲、亚洲和大洋洲为正增长（表 1.6）。分国家来看，2014 年全球租赁业务量排名前十的国家为美国、中国、英国、德国、日本、澳大利亚、法国、加拿大、瑞典、意大利[①]（表 1.7）。

表 1.6　全球各地区租赁业务量及增长率（2013～2014 年）

排名	地区	2014 年业务量（十亿美元）	2013～2014 年增长率（%）	2013 年全球市场份额占比（%）	2014 年全球市场份额占比（%）	2013～2014 年市场份额变化（%）
1	北美洲	368.40	9.90	37.90	39.01	1.11
2	欧洲	327.80	-1.70	37.70	34.72	-2.98
3	亚洲	195.00	10.00	20.10	20.65	0.65
4	大洋洲	35.60	185.10	1.40	3.77	2.37
5	南美洲	10.70	-40.50	2.00	1.13	-0.87
6	非洲	6.80	-10.00	0.80	0.72	-0.08

数据来源：WCG 全球租赁报告

表 1.7　全球租赁业务量排名前十的国家（2014 年）

排名	国家	地区	年业务量（十亿美元）	2013～2014 年增长率（%）	市场渗透率（%）
1	美国	北美洲	336.95	6.00	22.00
2	中国	亚洲	114.85	31.06	3.40
3	英国	欧洲	78.16	16.45	28.60
4	德国	欧洲	68.19	8.36	16.40
5	日本	亚洲	55.85	-16.96	8.90
6	澳大利亚	大洋洲	35.27	0.03	40.00
7	法国	欧洲	31.86	3.93	13.10
8	加拿大	北美洲	30.89	2.63	31.00
9	瑞典	欧洲	18.94	7.07	22.70
10	意大利	欧洲	17.78	11.35	11.70

数据来源：WCG 全球租赁报告

从区域划分来看，全球租赁业务目前主要分布于北美洲、欧洲和亚洲，三地区的全球市场份额占比在 90% 以上。2014 年，北美洲在全球租赁市场份额中占比依然最高，达

[①] White Clarke Group. Global Leasing Report. 2016.

到 39.01%；其次是欧洲，占比 34.72%；亚洲占比为 20.65%，其他三地区——大洋洲、南美洲和非洲，租赁业务量累计占比仅为 5.62%（图 1.16）[①]。

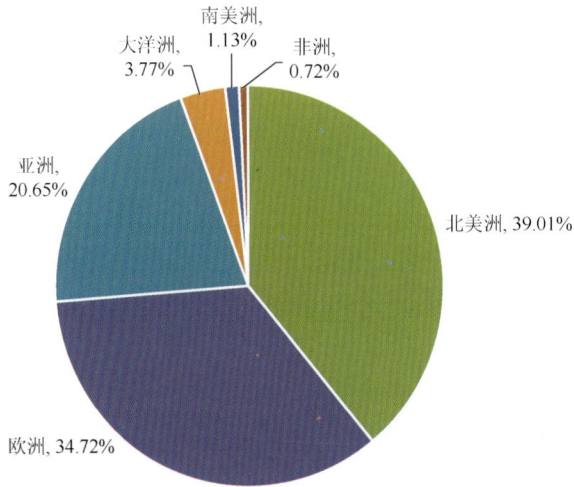

图 1.16　全球租赁业务量地区分布（2014 年）

数据来源：WCG 全球租赁报告

3. 全球租赁市场主体发展概况

目前全球租赁业务主要集中在北美洲、欧洲、亚洲，三地区占全球市场份额从 2007 年的 92.73% 上升至 2014 年的 94.38%（图 1.17）。

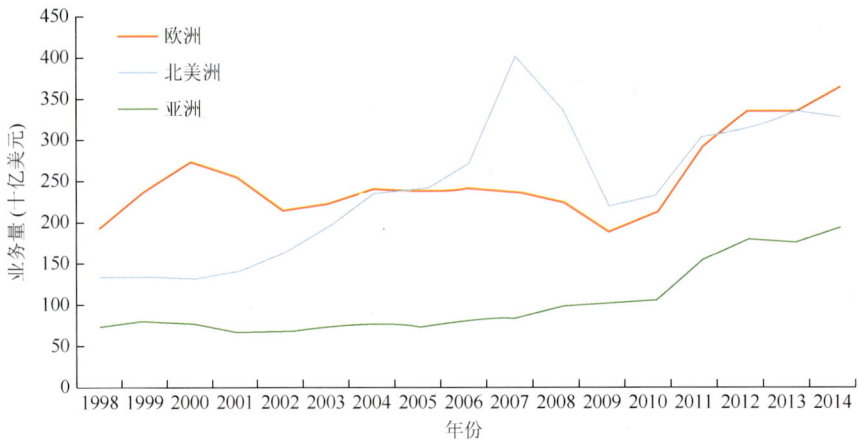

图 1.17　北美洲、欧洲和亚洲地区租赁业务量（1998～2014 年）

数据来源：WCG 全球租赁报告

① White Clarke Group. Global Leasing Report. 2016.

1）北美洲——成熟的市场

作为现代融资租赁行业的发源地，北美洲一直在全球租赁行业中保持领先地位。1998 年至 2014 年，北美洲常年保持全球最大租赁市场的地位，仅在 2005～2011 年被欧洲短暂超越，金融危机后北美洲租赁市场受经济复苏的带动走出低迷，欧洲则被债务危机所拖累，北美洲于 2012 年再次占据全球第一大租赁市场的地位。2014 年，北美洲租赁行业继续保持了良好的增长态势，租赁业务量达 3684 亿美元，稳居全球首位[①]。

美国是全球租赁业最为发达的国家之一，在北美洲占据绝对主导地位，2014 年租赁业务量达到 3369.5 亿美元，独占全球设备租赁业务量的三分之一。美国融资租赁行业早期发展由银行系融资租赁公司带动，后期在经营放开以及税收优惠政策的影响下，融资租赁行业新进入者迅速增加，市场不断扩张，产品创新大量涌现，融资租赁行业迅速发展，渗透率快速提升。

2）欧洲——危机中发展

欧洲是全球租赁第二大区域，2014 年北美洲和欧洲的全球市场份额占比难分伯仲，租赁业务量分别为 3684 亿美元和 3278 亿美元，欧洲占据全球租赁市场份额的 34.72%[①]。受全球金融危机和欧债危机的影响，2007 年至 2009 年欧洲租赁行业经历了迅猛增长和快速下滑。2007 年欧洲租赁业务量出现了前所未有的迅猛增长，增长率超过 50%，紧接着于 2008 年、2009 年连续两年大幅下跌，2008 年业务量下滑 16.1%，2009 年下滑 34.5%，2010 年后开始复苏。

2014 年租赁业务量排名前 20 的国家中有 13 个欧洲国家，分别是英国、德国、法国、瑞典、意大利、俄罗斯、瑞士、波兰、土耳其、丹麦、挪威、西班牙和奥地利。欧洲租赁业务量最大的三个国家占该地区业务总量的 65%，业务集中度较高。英国和德国占据欧洲租赁市场的主导地位。2014 年，英国租赁业务量超过德国，取代德国成为全球第三大租赁市场。2014 年，英国租赁业务量达 781.6 亿美元，较上年增长 16.45%，创全球金融危机以来最高增幅。英国的商用汽车与机械设备融资租赁业务量不断攀升。

3）亚洲——新兴增长点

亚洲是全球租赁市场的第三大主体，与北美洲和欧洲不同，全球金融危机对亚洲租赁行业的影响较小，租赁业务量从 2007 年开始呈现持续高速增长。金融危机前，亚洲租赁市场规模不大，危机后强劲增长，不仅迅速扩大了全球市场份额，并且成为全球租赁行业止跌回升的重要力量。经历了 2013 年的短暂收缩之后，亚洲租赁业务量在 2014 年实现了 10% 的增幅，全球市场份额占比从 20.10% 上升至 20.65%[①]。

中国融资租赁行业的快速崛起带动亚洲租赁业务高速增长。金融危机后，中国的融资租赁业务快速发展，年均增速维持在 50% 以上，成为亚洲租赁行业发展的主要驱动力之一，并于 2010 年超过德国成为全球第二大租赁市场。2014 年，中国租赁业务量达到 1148.5 亿美元，较上年增长 31.06%，巩固了全球第二大租赁市场的地位。日本租赁业务量自 2011 年以来持续攀升，工业设备、施工机械、医疗设备和计算机信息设备等领域业务均保持两位数的增长速度，但在 2014 年全部呈现负增长。中小型租赁企业业务量五年

---

① White Clarke Group. Global Leasing Report. 2016.

内首次呈现负增长，非厂商背景的租赁企业业务量也在四年内首次回落。2014年日本租赁业务量为558.5亿美元，较上年减少16.96%。韩国作为亚洲第三大租赁市场，2014年租赁业务量为111.1亿美元，较上年增长14.8%，位列全球第14位。运输设备是韩国最主要的租赁市场，约占租赁业务量的67.3%。我国台湾地区租赁业在全球金融危机之后迅速复苏，2010年租赁业务量增速达37.7%，2014年租赁业务量为94.5亿美元，较上年增长15%。中小企业是台湾经济的支柱，融资租赁企业将中小企业作为业务重点，目前融资租赁已成为台湾中小企业最主要的融资方式。

1.3.2 发达国家融资租赁行业的发展经验——以美国为例

现代融资租赁行业20世纪50年代起源于美国，美国租赁业务量常年位居全球首位，因此本书以美国为例，总结发达国家融资租赁行业的发展经验。第二次世界大战后，美国步入经济恢复和重建期，军用技术转民用加速技术进步，促使企业设备更新的需求迅速增长。然而，银行信贷等传统融资方式难以满足企业设备更新的资金需求。在此背景下，融资租赁作为新型融资模式在美国兴起，现代融资租赁行业应运而生。1952年，世界第一家融资租赁企业——美国租赁公司成立，标志着现代融资租赁行业的开端。经过60多年的发展，美国的融资租赁业已经步入成熟阶段，是世界融资租赁行业的标杆。

1. 美国融资租赁行业的发展现状

1）市场规模

美国作为全球最大的融资租赁市场，2014年租赁业务量为3369.5亿美元。美国融资租赁行业经过全球金融危机的冲击大幅下滑后，从2010年开始逐渐回升，2011～2014年租赁业务量的平均增长率达到14%。

2）竞争格局

美国融资租赁公司主要分为三种类型：银行系融资租赁公司、厂商系融资租赁公司和独立系融资租赁公司。企业数量方面，银行系融资租赁公司约占35%，厂商系融资租赁公司约占25%，独立系融资租赁公司约占40%[1]。市场份额方面，2014年银行系融资租赁公司在新增租赁业务量中的比重约为55%，其次为厂商系融资租赁公司，业务比重约为31%，独立系融资租赁公司的业务占比仅约为14%[1]。

银行系融资租赁公司依托银行具有天然的资金优势和风险控制经验，融资成本较低，在利息收入、交易收入和余值处理收入方面的表现都较为出色；厂商系融资租赁公司主要经营母公司所生产的设备，促进母公司产品销售，设备管理经验丰富；独立系融资租赁公司与金融机构和厂商保持密切合作，具有专业优势，经营方式更为灵活。

3）业务模式

美国融资租赁市场的业务模式有直接租赁、杠杆租赁和经营租赁三种类型。其中，

---

[1] U. S. Equipment Leasing & Finance Association. https://www.elfaonline.org/.

直接租赁约占 45%，杠杆租赁约占 40%，经营租赁约占 15%。采用直接租赁形式的有电子计算机、办公设备、产业机械等；采用杠杆租赁形式的有飞机、铁路车辆、船舶等价格昂贵的设备；而二手货市场、石油钻井台等设备通常采用经营租赁形式。业务领域方面，美国融资租赁行业的服务范围较为广泛，2014 年融资租赁业务集中在交通运输（28%）、信息技术（20%）、建筑设备（11%）、农业（11%）、医疗设备（4%）等行业[①]。

4）发展特点

美国融资租赁行业发展具有以下特点：第一，融资租赁行业已经成为美国金融市场的重要组成部分，融资租赁公司与银行、保险公司、基金公司等金融机构的合作十分密切，银行等金融机构通过租赁资产证券化等方式为融资租赁公司提供资金；第二，美国融资租赁行业注重提供某一设备或产业的专业化服务，如国际商业机器公司（IBM）和通用电气公司（GE）专攻信息技术设备租赁和医疗器械租赁；第三，通过融资租赁实现的产品销售已经成为美国大型制造企业销售收入的主要来源，如通用电气公司和吉尼公司（Genie）的融资租赁销售收入占总销售收入的比重均大于 60%；第四，美国融资租赁行业的业务领域以服务业为主导，融资租赁业务中服务业占比超过 50%；第五，美国融资租赁行业不断改组整合，大型融资租赁公司收购兼并中小型融资租赁公司[②]。

2. 美国融资租赁行业发展的经验借鉴

1）法律制度

美国对融资租赁行业没有专门的融资租赁法，但是其法律体系较为完善，有关融资租赁的规定分散在民法、商业法、税法等法律中。美国不断修改完善各项法律法规，以促进融资租赁行业的发展。例如，1970 年《银行控股公司法》中允许银行附属的融资租赁公司独立开展租赁业务；1981 年《经济复苏和税收法案》进一步修改了融资租赁的折旧年限和成本计算方法，并加大了税收优惠力度；1987 年，《统一商法典》将租赁作为第 2A 篇纳入，对租赁交易的范围，租赁合同的订立与解释、效力、履行、违约等做了全面规定。

2）监管形态

美国对融资租赁行业的监管持开放态度，不采取特殊监管。厂商系融资租赁公司和独立系融资租赁公司被视为普通的工商企业进行管理，仅对银行系融资租赁公司采取并表监管模式，纳入银行监管部门的管理范围。

3）税收政策

美国对融资租赁行业的税收支持力度较大，税收优惠政策主要体现在投资税收抵免与加速折旧两方面。投资税收抵免方面，1962 年实行的"投资税收抵免"制度规定出租人投资购买的租赁设备按其购置成本的 10% 抵扣应缴税额，出租人可以将直接获得的税收抵免收益以优惠租金的形式部分转移给承租人；1981 年《经济复苏和税收法案》推出了加速成本回收制度，规定折旧年限小于 3 年的设备减税 2%，折旧年限在 3～5 年的设备减税 6%，折旧年限大于 5 年的设备减税 10%。加速折旧方面，《美国通用会计准则》规定，租赁公司计提折旧可以选择直线折旧法、双倍余额折旧法或 150% 折旧法，

---

① U. S. Equipment Leasing & Finance Association. https：//www.elfaonline.org/.

② 中银国际 . 融资租赁行业深度研究：稳增长中逆生长，促转型中大变身 . 2015.

自定呆坏账准备金比例，允许承租人将租金计入成本，从而使得出租人和承租人都能够获得税收优惠。

4）会计准则

1976 年，美国财务会计准则委员会（Financial Accounting Standards Board，FASB）发布了《第 13 号财务会计准则——租赁会计》（FAS 13），全面规范了出租人和承租人的业务会计标准，并从多个角度对租赁进行了分类。在区分融资租赁和经营租赁的基础上，按租赁方式的不同将租赁分为直接融资租赁、销售式租赁、杠杆租赁、租回租赁和转租租赁，按租赁客体的不同分为一般租赁和不动产租赁。随后美国财务会计准则委员会陆续发布了相关的陈述、解释和技术公告。2016 年，国际会计准则理事会（International Accounting Standards Board，IASB）和美国财务会计准则委员会联合发布了《国际财务报告第 16 号——租赁》（IFRS 16），新准则将于 2019 年生效，届时将替换现行的《国际会计准则第 17 号——租赁》（IAS 17）。

5）信贷和保险政策

信贷政策方面，美国建立了托拉斯信贷制度，由若干出租人组成托拉斯代理公司，共同向金融机构筹资购买设备后出租给承租人，共同承担风险与收益，以降低单一出租人在出租大型设备时面临的过高风险，解决巨额资本的资金来源问题。保险政策方面，美国对跨国租赁专门设立了出口担保、政治风险保险和商业风险保险用以保障跨国租赁业务的安全。政府对融资租赁公司，特别是在发展中国家开展业务的租赁公司提供全面的政治风险保险，进出口银行对租赁公司的对外租赁交易提供综合性出口信贷、出口担保和出口保险等。

6）行业协会

美国的租赁行业协会在统一行业规则、加强行业交流、防范行业风险和规范行业运作方面发挥了重要作用。租赁行业协会主要有美国租赁协会（American Rental Association，ARA）和美国设备租赁和金融协会（Equipment Leasing & Finance Association，ELFA）。ARA 是设备租赁业的国际性组织，拥有超过 9500 家租赁服务提供商会员和超过 1000 家制造业企业会员，会员覆盖全美 50 个州、30 多个国家和地区。ELFA 成立于 1961 年，拥有超过 580 家会员，包括大型金融服务公司、制造业企业、区域性银行等。ELFA 专注于提供设备租赁、设备金融、商业借贷、资产管理、租赁审计方面的服务。

1.3.3　发达国家融资租赁行业的发展经验总结

1. 发达国家融资租赁行业的发展阶段

为了促进我国融资租赁行业的发展，有必要了解融资租赁行业在发达国家的发展历程。回顾美国、英国、日本等发达国家融资租赁行业的发展历程，可将其总结为六个阶段[4]（图 1.18）。

1）租赁时期

承租人一般要先交质押物，确定租赁期限，并需要先交付租金；归还租赁物时需要检查是否被破坏，然后取回质押物。有关租赁物的权利和责任（所有权、购买选择权和

图 1.18　发达国家融资租赁行业的发展阶段

资料来源：根据《融资租赁在中国》等综合整理

维修责任、瑕疵责任）全部由出租人享有和承担。

2）简单的融资租赁时期

根据承租人的选择，由出租人出资从供货商处购买租赁物。承租人的意愿是租赁期结束时留购租赁物，出租人则是不返还租赁物。在租赁期限内，租赁物的所有权归出租人；租赁物的购买选择权和维修责任归承租人；租赁物的瑕疵责任则由供货商承担；承租人在租赁期限内，定期支付租金；出租人完全不承担风险，也不提供任何服务。

3）创造性的融资租赁时期

随着融资租赁行业竞争加剧，出租人不得不推出一些具有创新意义的解决方案，主要体现在租金支付方式和租期长短方面。租赁物在期末的处理方式由原来的单一购买，变成可以在续租、留购、退租等方式中选择；还租方式由原来的定额定期变成灵活的方式，可以先少后多，也可以先多后少。

4）经营性租赁出现时期

由于跨境租赁的出现，跨境承租人提出了非全额支付的要求。在这种背景下，税务当局认为出租人完全不承担风险的租赁不算真正的租赁，只有出租人承担设备余值风险的租赁，才能称为"真实租赁"，因而在 1972 年，经营租赁称为融资租赁的一种会计处理的术语。经营租赁退还的设备需要寻找出路，从而促成了二手设备市场的发展。

5）融资租赁全面业务创新时期

伴随着行业竞争加剧，融资租赁行业出现多种创新业务和产品。除传统的融资租赁模式外，出现了风险租赁、项目租赁、杠杆租赁等新型业务模式。

6）成熟的融资租赁时期

成熟的融资租赁行业通过缩短业务办理时间、加快资金流通速度、提高服务水平等方式进一步完善业务。成熟的融资租赁市场具有以下标志：融资租赁渗透率平稳；行业竞争激烈，融资租赁公司数量极多，处于低利和微利状态，盈利依赖提供增值服务；法律法规和市场机制完善；租赁知识在公众中的普及程度极高。

美国、英国、日本等发达国家的融资租赁行业历经以上六个发展阶段，现在均处于成熟的融资租赁时期。相比之下，我国的融资租赁行业发展还不够成熟，在法律环境、监管机制、会计制度、税收政策等方面仍需完善，融资租赁行业有待进一步整合。

2. 发达国家融资租赁行业发展的驱动因素

总结发达国家融资租赁行业的发展经验，思想基础、经济因素、政策因素和技术因素是促使融资租赁行业较快发展的主要原因[1]。

---

[1] 浙商证券 . 融资租赁行业深度报告：高成长，政策和机遇来驱动 . 2016.

1）思想基础

较强的信用经济意识是发达国家融资租赁行业得以长期稳定发展的思想基础。发达的市场经济和金融市场使企业关于资产的价值观念发生重大转变，由重视设备所有权转为重视设备使用权，融资租赁具备所有权和使用权相分离的特点，迅速被企业广泛认同，扫清了融资租赁行业发展和普及的思想障碍。

2）经济因素

通过分析美国等发达国家融资租赁行业的发展历程，可以发现融资租赁行业的发展状况与一国所处的经济发展阶段具有较强的联系。实体经济发展的需要使得融资租赁的独特优势显现，融资租赁兼具融资和融物功能，满足了企业更新设备和筹措资金的双重需要。第二次世界大战后，发达国家面临着严峻的经济重建任务，急需大规模更新改造工业设备。但是，银行信贷等传统融资方式明显不能满足企业的投资需求。通过融资租赁，企业不必一次性投入巨额资金就能获取所需设备。融资租赁在经济增长时期能发挥融资功能，在经济萧条时期能发挥融物功能，即为双向调节功能，融资租赁行业无论在经济增长时期还是经济萧条时期都表现出了良好的发展趋势。

3）政策因素

融资租赁促进实体经济发展的重要作用受到了发达国家的普遍重视，各国均制定了有利于融资租赁行业发展的政策，包括加速折旧、投资减税、信用保险、财政补贴等。政府以积极的政策导向，促使企业采取融资租赁方式更新设备替代直接购买设备。信贷政策使融资租赁公司的融资成本降低。完备的法律体系维护了承租企业和融资租赁公司的合法利益，成为融资租赁行业发展的重要保障。

4）技术因素

科技进步也是驱动融资租赁行业发展的重要因素。20世纪50年代以来的科技革命在为各行业提供先进技术和生产设备的同时，也迫使企业不断更新设备。与购买设备相比，设备的租赁期限一般短于其法定使用年限，与技术设备的市场生命年限一致。因而融资租赁成为企业获取先进技术设备、规避技术设备淘汰风险的有效途径。

当前我国处于产业创新升级和经济结构转型的关键时期，融资租赁行业快速发展。此外，融资租赁行业的发展离不开国家政策支持。因此我国融资租赁行业要想取得长足的发展，必须进一步完善行业发展环境，不断推进法律、监管、会计、税收等支持政策的建设与完善。

1.3.4 中国融资租赁行业发展的省际借鉴

1. 中国融资租赁行业格局——东南沿海地区省市竞赛

2016年，全国融资租赁企业地区分布不平衡状况有所改变。截至2016年底，全国31个省、市及自治区都设立了融资租赁公司，但绝大部分企业分布在东南沿海地区（图1.19～图1.21）。其中，广东、上海、天津、福建、北京、江苏、山东、浙江8个省市的企业总数占到了全国总数的96%。

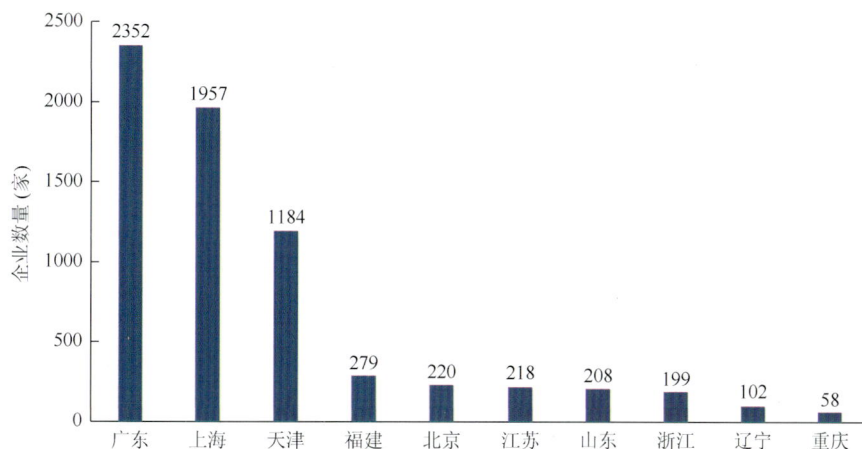

图 1.19　融资租赁企业数量排名前十的省市（2016 年）

数据来源：中国租赁联盟

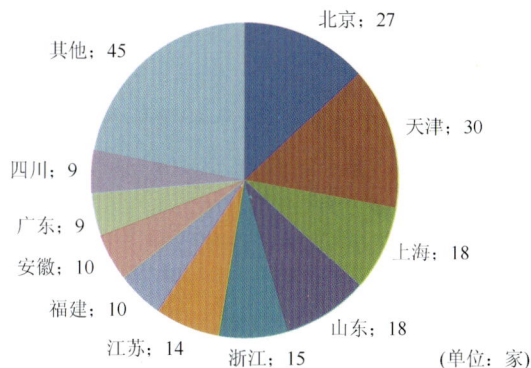

图 1.20　内资试点融资租赁公司数量地区分布（2016 年）

数据来源：中国租赁联盟

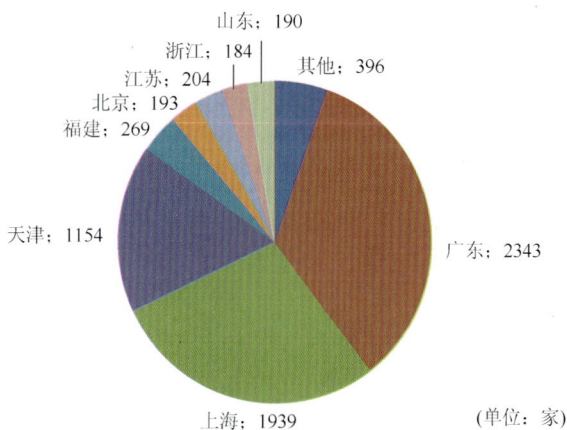

图 1.21　外资融资租赁公司数量地区分布（2016 年）

数据来源：中国租赁联盟

我国融资租赁公司集中在东南沿海地区，说明投资人在融资租赁公司注册地的选择上，贯彻资源地优先原则[4]。东南沿海地区省市经济发达，拥有较多的人力资源、资金资源、项目资源与税收优惠。在广东、上海、天津、福建四地，当地政府均依托自贸区的区位优势，鼓励发展船舶、飞机等大型设备租赁业务；北京则依托中关村高新技术产业，引进顶端人才，促进科技租赁产业的发展[5]；江苏作为制造业大省，融资租赁行业近年来快速发展，有助于江苏基础设施建设和高新技术产业发展（表1.8）。

表1.8　全国主要省市融资租赁企业数量对比（2016年）

企业类型	广东	上海	天津	福建	北京	江苏
内资租赁	9	18	30	10	27	14
外资租赁	2343	1939	1154	269	193	204
总计	2352	1957	1184	279	220	218

数据来源：中国租赁联盟

2. 主要省市融资租赁行业的发展特点

目前我国融资租赁行业已经在东南沿海地区省市形成了一定的集聚效应，广东省、上海市、天津市、福建省、北京市的融资租赁行业发展各具特色（表1.9）。

表1.9　我国主要省市融资租赁行业发展特点

地区	特点
广东省	依托广东自贸区和毗邻港澳的地缘优势，发展飞机、船舶、海洋工程装备、游艇产业、新能源装备和石化通用机械等特色产业融资租赁业务，聚焦装备制造业以及传统制造业智能化改造，着力打造华南地区融资租赁中心
上海市	依托上海自贸区，融资租赁企业集聚效应凸显，企业竞争力较强，在飞机、船舶、汽车、电气设备、印刷、医疗设备、成套设备租赁等业务领域居于全国领先地位
天津市	依托天津自贸区，以飞机租赁和船舶租赁为重点，现已成为中国航空租赁中心和中国融资租赁行业研发基地
福建省	依托福建自贸区，鼓励自贸区融资租赁企业开展智能装备制造、新一代信息技术、节能环保等战略性新兴产业的融资租赁业务，利用海峡股权交易中心拓宽融资租赁企业融资渠道
北京市	依托天竺综合保税区，大力开展飞机租赁业务，同时结合中关村国家自主创新示范区规划，以科技金融创新为中心，鼓励中关村科技企业通过融资租赁方式实现发展

资料来源：根据各省市政府部门公告整理

1）广东省

广东省立足于其雄厚的制造业基础和毗邻港澳的地缘优势，不断推动融资租赁行业快速发展。截至2016年底，广东省共拥有融资租赁公司2352家，融资租赁公司数量位列全国第一，约占全国融资租赁公司总数的33.23%。其中，内资试点融资租赁公司9家，外资融资租赁公司2343家。

2014年以来，深圳、广州、珠海相继推出融资租赁扶持政策，引导融资租赁企业在自贸区落户。2014年12月，包含广州南沙新区片区、深圳前海蛇口片区和珠海横琴新区片区的自贸区成立之后，广东省政府积极扶持融资租赁行业发展，着重推动内外资统一的融资租赁行业管理改革试点，打造融资租赁资产交易平台，开展跨境租赁资产证券化试点。发展飞机、船舶、海洋工程装备、游艇产业、新能源装备和石化通用机械等特色产业融资租赁业务的同时，聚焦装备制造业以及传统制造业智能化改造发展融资租赁，推动产业转型升级，着力打造华南地区融资租赁中心。

2）上海市

自 1985 年第一家融资租赁公司成立，上海融资租赁行业已经走过 30 年历程。截至 2016 年底，上海共成立融资租赁公司 1957 家，融资租赁公司数量位列全国第二，约占全国融资租赁公司总数的 27.65%。其中，内资试点融资租赁公司 18 家，外资融资租赁公司 1939 家。

自 2013 年上海自贸区成立后，上海市政府不断出台各种政策鼓励融资租赁行业的发展，围绕准入门槛、经营范围、财税支持等制定了系列优惠政策和创新举措，吸引了大量融资租赁企业落地发展，快速形成了融资租赁企业集聚效应。凭借自贸区优势，上海市融资租赁行业的业务领域也在不断拓展，在飞机、船舶、汽车、电气设备、印刷、医疗设备、成套设备租赁等方面居于全国领先地位，广泛服务于农业、工业、服务业等各个领域。目前，上海自贸区既有远东租赁、中航租赁等从事飞机、船舶、大型设备租赁的知名融资租赁公司，也有专注服务于中小企业的小型融资租赁公司。

3）天津市

截至 2016 年底，总部设在天津市的各类融资租赁公司（不含单一项目租赁公司、分公司和海外收购的公司）达到 1184 家，注册资金达到 4654 亿元人民币。其中，内资试点融资租赁公司 30 家，注册资金达到 419 亿元人民币；外资融资租赁公司 1154 家，注册资金达到 4235 亿元人民币。

2008 年，天津东疆保税港区成立，依托政策优势，同时发挥邻近天津港口、空港的优势，天津东疆保税港区现已成为全国最大的融资租赁企业聚集区域之一。目前天津东疆保税港区内的融资租赁产业基本形成三大板块：大飞机、商务机和通用航空飞机板块；船舶、海洋工程结构物、游艇板块；设备、基础设施、不动产板块。三大业务板块涵盖了国内顶尖的内资试点融资租赁公司和外资融资租赁公司，业务范围涉及飞机、船舶、设备、基础设施等国民经济重要领域，为打造中国融资租赁行业研发基地和国际航空租赁中心奠定了坚实的基础。

4）福建省

自 2015 年福建自贸区正式挂牌成立后，福建省融资租赁行业得到了前所未有的发展。截至 2016 年底，福建省共有融资租赁公司 279 家，其中内资试点融资租赁公司 10 家，外资融资租赁公司 269 家，融资租赁公司数量位列全国第四。

与此同时，福建省多次出台政策鼓励自贸区融资租赁企业开展智能装备制造、新一代信息技术、节能环保等战略性新兴产业的融资租赁业务，拓展飞机、汽车、船舶等运输工具的专业融资租赁服务，推进医疗、教育、检验检测等装备融资租赁服务。在拓宽融资租赁企业融资渠道方面，利用邻近台湾海峡的优势，支持融资租赁企业在海峡股权交易中心挂牌交易。

5）北京市

北京市作为我国融资租赁行业的发源地，凭借其区位优势，近年来融资租赁行业得到快速发展。截至 2016 年底，北京市共有融资租赁公司 220 家，其中内资试点融资租赁公司 27 家，外资融资租赁公司 193 家，融资租赁公司数量位列全国第五。

北京顺义区天竺保税区是目前国内唯一包含机场口岸操作区、实现区港无缝对接、高效作业的空港型综合保税区，这些条件为飞机租赁业务的开展提供了良好的政策环境。国内航空公司通过保税区内注册的融资租赁公司即可以进口优惠税率进口飞机，实现了国内航空公司与融资租赁企业的双赢。此外，北京市政府根据自身特点，结合中关村国家自主创新示范区规划，以科技金融创新为中心，鼓励中关村科技企业通过融资租赁方式实现发展，鼓励融资租赁企业不断创新融资租赁经营模式。

参 考 文 献

[1] 中华人民共和国财政部 . 企业会计准则 [M]. 北京：经济科学出版社，2006.

[2] 中国社会科学院金融研究所，中国博士后特华科研工作站 . 融资租赁蓝皮书：中国融资租赁业发展报告（2015—2016）[M]. 北京：社会科学文献出版社，2016.

[3] 中国租赁联盟，天津滨海融资租赁研究院 . 中国融资租赁蓝皮书：2015 年中国融资租赁业发展报告 [M]. 天津：南开大学出版社，2016.

[4] 姜仲勤 . 融资租赁在中国：问题与解答 [M]. 4 版 . 北京：当代中国出版社，2015.

[5] 中国融资租赁三十人论坛，零壹融资租赁研究中心 . 中国融资租赁行业 2016 年度报告 [M]. 北京：中国经济出版社，2017.

第 2 章 江苏省融资租赁行业数据统计分析

2.1 江苏省融资租赁行业数据分析[①]

2016 年，伴随江苏省融资租赁行业政策支持力度加大，行业管理服务体系不断完善，融资租赁社会认知度进一步提高，江苏省融资租赁行业规模继续快速增长，新兴业务领域拓宽加快，企业经营管理和风险控制能力持续加强，行业整体发展态势良好。

2.1.1 江苏省融资租赁行业市场规模分析

2016 年江苏省融资租赁行业规模继续保持增长态势，企业数量快速增长，注册资本同步增加，资产总额有所提升。其中，外资融资租赁企业呈现较快发展态势。

1. 企业数量快速增长

根据全国融资租赁企业管理信息系统数据，截至 2016 年底，江苏省登记在册的融资租赁企业共 218 家，比上年增加 39 家，增速为 21.79%，增速比上年提高 8.50%。其中，内资试点融资租赁企业 14 家，无增加数量；外资融资租赁企业 204 家，比上年增加 39 家，增速为 23.64%，增速比上年提高 9.06%（图 2.1 和图 2.2）。

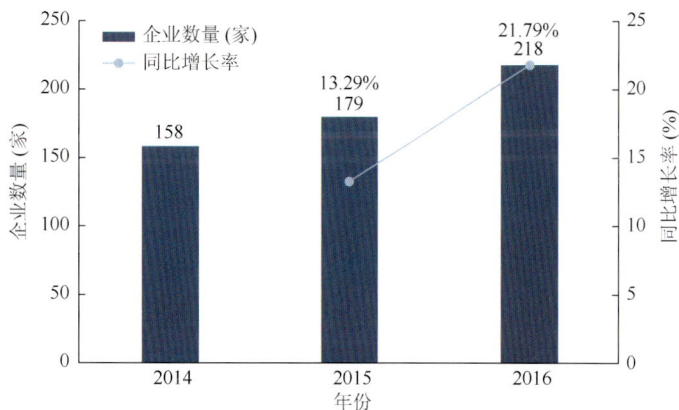

图 2.1 江苏省融资租赁企业数量（2014 ～ 2016 年）

数据来源：全国融资租赁企业管理信息系统

[①] 本章所使用的江苏省融资租赁行业数据均来源于全国融资租赁企业管理信息系统，并按照正常经营的融资租赁企业统计所得。

图 2.2　江苏省内外资融资租赁企业数量对比（2014～2016 年）

数据来源：全国融资租赁企业管理信息系统

分地区来看，截至 2016 年底，苏州市融资租赁企业数量最多，为 94 家，其次为南京市和南通市，分别为 39 家和 20 家，三地融资租赁企业数量占全省的 70.18%（图 2.3）。

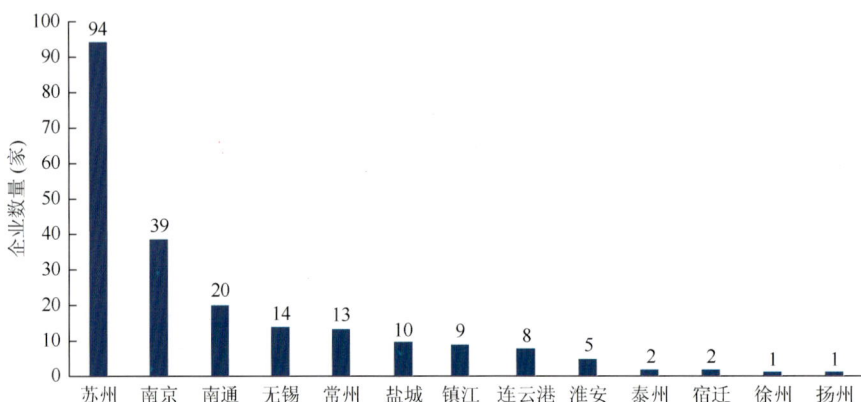

图 2.3　江苏省十三市融资租赁企业数量（2016 年）

数据来源：全国融资租赁企业管理信息系统

2. 注册资本同步增加

截至 2016 年底，江苏省融资租赁企业注册资本总额 554.09 亿元，比上年增加 104.94 亿元，增速为 23.36%，增速比上年提高 10.82%。其中，内资试点融资租赁企业注册资本为 33.10 亿元，较上年无变化；外资融资租赁企业注册资本为 520.99 亿元，比上年增加 104.94 亿元，增速为 25.22%，增速比上年提高 11.55%（图 2.4 和图 2.5）。

3. 资产总额增长较快

截至 2016 年底，江苏省融资租赁企业资产总额 1103.85 亿元，比上年增加 400.85 亿元，增速为 57.02%，增速比上年提高 9.30%。其中，内资试点融资租赁企业资产总额 131.88 亿元，比上年增加 0.39 亿元；外资融资租赁企业资产总额 971.97 亿元，比上年增加 400.46 亿元（图 2.6 和图 2.7）。

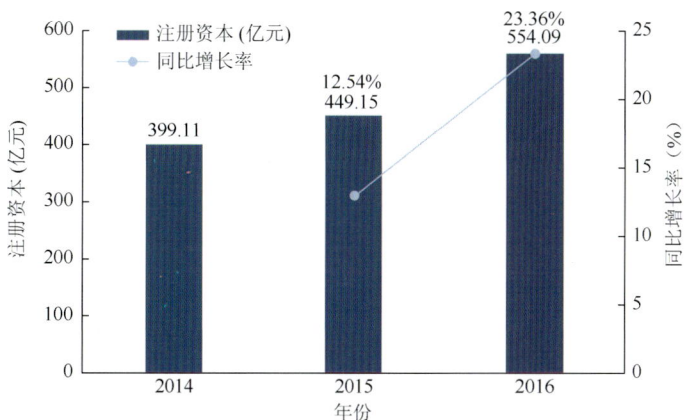

图 2.4　江苏省融资租赁企业注册资本（2014 ～ 2016 年）

参考中国租赁联盟，外资融资租赁企业注册资本按 1 ∶ 6.3 的平均汇率折算为人民币

数据来源：全国融资租赁企业管理信息系统

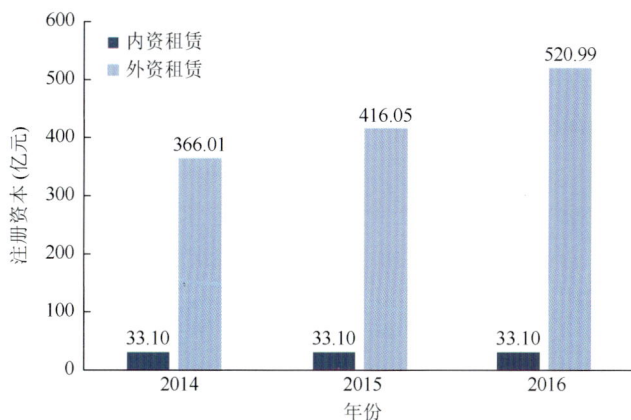

图 2.5　江苏省融资租赁企业注册资本对比（2014 ～ 2016 年）

参考中国租赁联盟，外资融资租赁企业注册资本按 1 ∶ 6.3 的平均汇率折算为人民币

数据来源：全国融资租赁企业管理信息系统

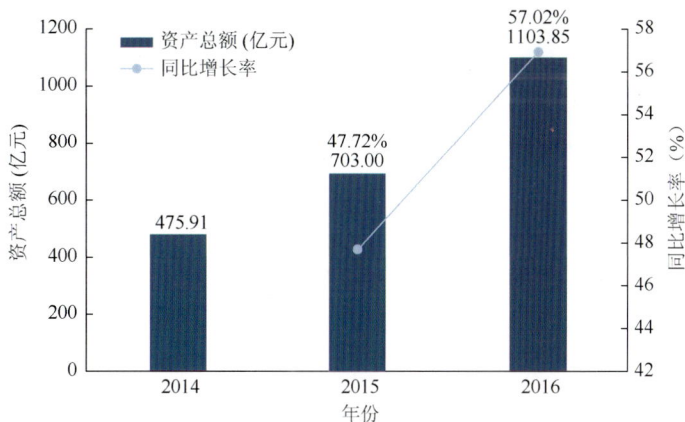

图 2.6　江苏省融资租赁企业资产总额（2014 ～ 2016 年）

数据来源：全国融资租赁企业管理信息系统

图 2.7　江苏省融资租赁企业资产总额对比（2014～2016 年）

数据来源：全国融资租赁企业管理信息系统

4. 负债总额有所增加

截至 2016 年底，江苏省融资租赁企业负债总额 799.89 亿元，比上年增加 330.25 亿元，增速为 70.32%，增速比上年提高 6.88%。其中，内资试点融资租赁企业负债总额 110.80 亿元，比上年增加 10.38 亿元；外资融资租赁企业负债总额 689.09 亿元，比上年增加 319.87 亿元（图 2.8 和图 2.9）。

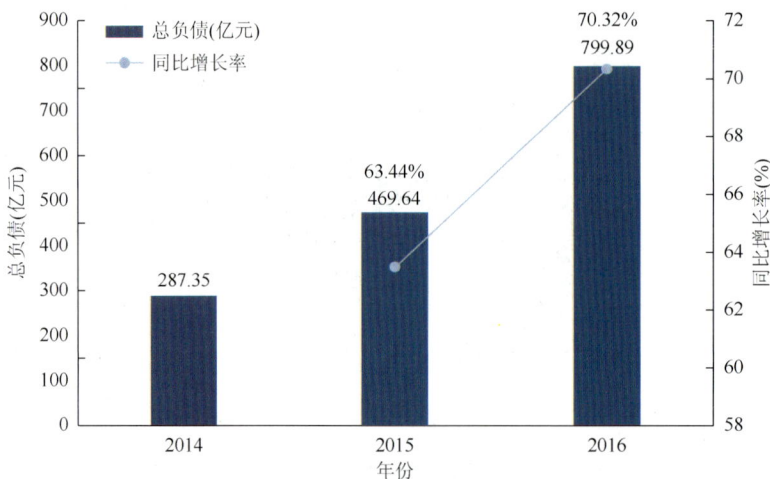

图 2.8　江苏省融资租赁企业负债总额（2014～2016 年）

数据来源：全国融资租赁企业管理信息系统

2.1.2　江苏省融资租赁行业经营状况分析

2016 年江苏省融资租赁行业经营状况良好，融资租赁总收入和总利润稳步增长。此外，融资租赁投放总额不断加大，其中售后回租投放额占比为 80.84%，较上年有所上升。

图 2.9　江苏省融资租赁企业负债总额对比（2014 ～ 2016 年）

数据来源：全国融资租赁企业管理信息系统

1. 利润稳步增长

2016 年，江苏省融资租赁企业实现总收入 135.58 亿元，其中融资租赁业务收入 70.70 亿元，融资租赁业务收入占总收入比重为 52.15%。其中，内资试点融资租赁企业总收入 10.86 亿元，融资租赁业务收入占内资试点融资租赁企业总收入比重为 92.63%；外资融资租赁企业总收入 124.72 亿元，融资租赁业务收入占外资融资租赁企业总收入比重为 48.62%。全年融资租赁企业税前总利润 27.61 亿元，较上年增长 43.80%，其中，内资试点融资租赁企业 1.32 亿元，外资融资租赁企业 26.29 亿元。全年融资租赁企业共缴纳税收 11.17 亿元，其中，内资试点融资租赁企业 0.54 亿元，外资融资租赁企业 10.63 亿元（表 2.1 ～表 2.3）。

表 2.1　江苏省融资租赁行业经营情况（2014 ～ 2016 年）

项目	2014 年	2015 年	2016 年
总收入（亿元）	104.04	129.23	135.58
融资租赁业务收入（亿元）	99.54	113.77	70.70
融资租赁业务收入占总收入比重（%）	95.67	88.04	52.15
税前总利润（亿元）	9.45	19.20	27.61
缴纳税收（亿元）	4.12	6.42	11.17

数据来源：全国融资租赁企业管理信息系统

表 2.2　江苏省内资试点融资租赁企业经营情况（2014 ～ 2016 年）

项目	2014 年	2015 年	2016 年
总收入（亿元）	79.03	39.74	10.86
融资租赁业务收入（亿元）	78.01	37.20	10.06

项目	2014 年	2015 年	2016 年
融资租赁业务收入占总收入比重（%）	98.71	93.61	92.63
税前总利润（亿元）	1.02	1.19	1.32
缴纳税收（亿元）	0.94	0.56	0.54

数据来源：全国融资租赁企业管理信息系统

表 2.3 江苏省外资融资租赁企业经营情况（2014～2016 年）

项目	2014 年	2015 年	2016 年
总收入（亿元）	25.01	89.49	124.72
融资租赁业务收入（亿元）	21.53	76.57	60.64
融资租赁业务收入占总收入比重（%）	86.09	85.56	48.62
税前总利润（亿元）	8.43	18.01	26.29
缴纳税收（亿元）	3.18	5.86	10.63

数据来源：全国融资租赁企业管理信息系统

2. 售后回租投放额占比上升

2016 年，融资租赁企业融资租赁投放额为 482.56 亿元，比上年增加 114.26 亿元，增速为 31.02%。从业务模式看，直接租赁投放额占比 18.95%，售后回租投放额占比 80.84%，售后回租投放额占比较上年提高 3.20%。从企业类型看，内资试点融资租赁企业融资租赁投放额为 31.63 亿元，其中直接租赁投放额占比 40.59%，售后回租投放额占比 56.43%；外资融资租赁企业融资租赁投放额为 450.93 亿元，其中直接租赁投放额占比 17.44%，售后回租投放额占比 82.56%（表 2.4～表 2.6）。

表 2.4 江苏省融资租赁行业融资租赁投放额情况（2014～2016 年）

项目	2014 年	2015 年	2016 年
融资租赁投放额（亿元）	274.09	368.30	482.56
直接租赁投放额（亿元）	116.85	78.57	91.46
售后回租投放额（亿元）	156.29	285.95	390.12
直接租赁投放额占比（%）	42.63	21.33	18.95
售后回租投放额占比（%）	57.02	77.64	80.84

数据来源：全国融资租赁企业管理信息系统

表 2.5 江苏省内资试点融资租赁企业融资租赁投放额情况（2014～2016 年）

项目	2014 年	2015 年	2016 年
融资租赁投放额（亿元）	87.36	57.05	31.63
直接租赁投放额（亿元）	56.72	34.92	12.84

续表

项目	2014 年	2015 年	2016 年
售后回租投放额（亿元）	30.64	22.12	17.85
直接租赁投放额占比（%）	64.93	61.21	40.59
售后回租投放额占比（%）	35.07	38.77	56.43

数据来源：全国融资租赁企业管理信息系统

表 2.6　江苏省外资融资租赁企业融资租赁投放额情况（2014～2016 年）

项目	2014 年	2015 年	2016 年
融资租赁投放额（亿元）	186.73	311.25	450.93
直接租赁投放额（亿元）	60.13	43.65	78.62
售后回租投放额（亿元）	125.65	263.83	372.27
直接租赁投放额占比（%）	32.20	14.02	17.44
售后回租投放额占比（%）	67.29	84.76	82.56

数据来源：全国融资租赁企业管理信息系统

2.1.3　江苏省融资租赁行业风险控制分析

2016 年江苏省融资租赁行业资产负债率和逾期租金率有所上升，流动比率有所下降。

1. 资产负债率上升

截至 2016 年底，融资租赁企业总资产和总负债分别为 1103.85 亿元和 799.89 亿元，融资租赁企业资产负债率约为 72.46%，较上年增长 5.65%。其中，内资试点融资租赁企业总负债为 110.80 亿元，较上年增加 10.38 亿元，资产负债率上升至 84.02%，较上年增长 7.65%；外资融资租赁企业总负债为 689.09 亿元，较上年增加 319.87 亿元，资产负债率上升至 70.90%，较上年增长 6.30%（表 2.7～表 2.9）。

表 2.7　江苏省融资租赁行业资产负债率（2014～2016 年）

项目	2014 年	2015 年	2016 年
总资产（亿元）	475.91	703.00	1103.85
总负债（亿元）	287.35	469.64	799.89
资产负债率（%）	60.38	66.81	72.46

数据来源：全国融资租赁企业管理信息系统

表 2.8　江苏省内资试点融资租赁企业资产负债率（2014～2016 年）

项目	2014 年	2015 年	2016 年
总资产（亿元）	135.46	131.49	131.88
总负债（亿元）	109.03	100.42	110.80
资产负债率（%）	80.49	76.37	84.02

数据来源：全国融资租赁企业管理信息系统

表 2.9　江苏省外资融资租赁企业资产负债率（2014～2016 年）

项目	2014 年	2015 年	2016 年
总资产（亿元）	340.45	571.51	971.97
总负债（亿元）	178.32	369.22	689.09
资产负债率（%）	52.38	64.60	70.90

数据来源：全国融资租赁企业管理信息系统

2. 整体逾期租金率上升

2016 年，融资租赁企业逾期租金合计 48.64 亿元，占融资租赁资产总额比例为 7.68%，较上年增长 4.90%。其中，内资试点融资租赁企业的逾期租金为 33.72 亿元，外资融资租赁企业的逾期租金为 14.92 亿元，分别占其融资租赁资产总额比例为 33.04% 和 2.81%（表 2.10～表 2.12）。

表 2.10　江苏省融资租赁行业逾期租金率（2014～2016 年）

项目	2014 年	2015 年	2016 年
逾期租金（亿元）	10.84	13.36	48.64
融资租赁资产总额（亿元）	319.07	479.99	633.57
逾期租金比例（%）	3.40	2.78	7.68

数据来源：全国融资租赁企业管理信息系统

表 2.11　江苏省内资试点融资租赁企业逾期租金率（2014～2016 年）

项目	2014 年	2015 年	2016 年
逾期租金（亿元）	2.15	1.23	33.72
融资租赁资产总额（亿元）	104.03	83.69	102.07
逾期租金比例（%）	2.07	1.47	33.04

数据来源：全国融资租赁企业管理信息系统

表 2.12　江苏省外资融资租赁企业逾期租金率（2014～2016 年）

项目	2014 年	2015 年	2016 年
逾期租金（亿元）	8.69	12.13	14.92
融资租赁资产总额（亿元）	215.04	396.30	531.50
逾期租金比例（%）	4.04	3.06	2.81

数据来源：全国融资租赁企业管理信息系统

3. 流动比率下降

截至 2016 年底，融资租赁企业流动资产总额和流动负债总额分别为 312.14 亿元和 507.37 亿元，融资租赁企业流动比率约为 0.62，较上年减少 0.14。其中，内资试点融资租赁企业流动负债总额为 72.71 亿元，较上年增加 8.11 亿元，流动比率为 0.55，较上年减少 0.04；外资融资租赁企业流动负债总额为 434.66 亿元，较上年增加 139.88 亿元，流动比率为 0.63，较上年减少 0.17（表 2.13～表 2.15）。

表 2.13　江苏省融资租赁行业流动比率（2014～2016 年）

项目	2014 年	2015 年	2016 年
流动资产总额（亿元）	35.01	272.81	312.14
流动负债总额（亿元）	19.42	359.38	507.37
流动比率（倍）	1.80	0.76	0.62

数据来源：全国融资租赁企业管理信息系统

表 2.14　江苏省内资试点融资租赁企业流动比率（2014～2016 年）

项目	2014 年	2015 年	2016 年
流动资产总额（亿元）	1.88	37.99	40.16
流动负债总额（亿元）	2.05	64.60	72.71
流动比率（倍）	0.92	0.59	0.55

数据来源：全国融资租赁企业管理信息系统

表 2.15　江苏省外资融资租赁企业流动比率（2014～2016 年）

项目	2014 年	2015 年	2016 年
流动资产总额（亿元）	33.13	234.82	271.98
流动负债总额（亿元）	17.37	294.78	434.66
流动比率（倍）	1.91	0.80	0.63

数据来源：全国融资租赁企业管理信息系统

2.2　江苏省融资租赁承租人和供货商分析

2.2.1　承租人概况

1. 融资租赁资产行业分布概况

从融资租赁资产行业分布看，2016 年江苏省融资租赁资产总额排名前五位的行业分别是基础设施及不动产、其他设备、通用机械设备、工业装备和交通运输设备，前五大行业融资租赁资产总额占总融资租赁资产总额 85.54%（图 2.10）。

2. 融资租赁资产行业分布特征

融资租赁行业作为与实体经济结合较为紧密的产业，近年来在推动江苏省制造业、农

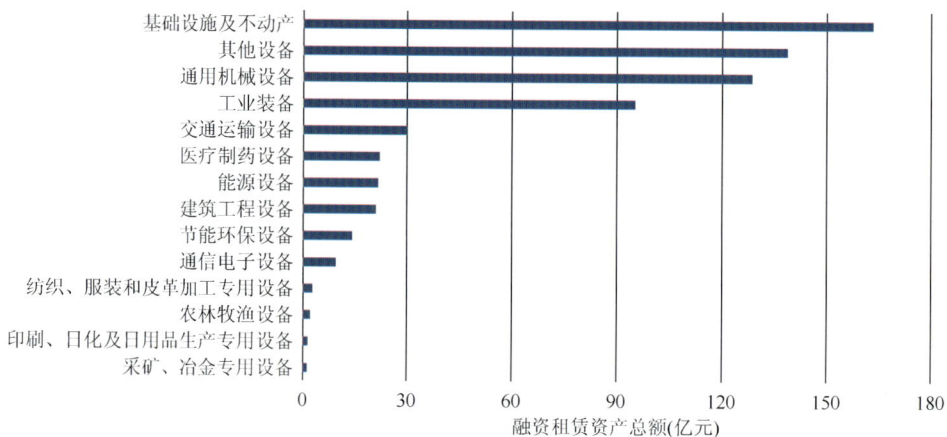

图 2.10　江苏省融资租赁资产行业分布（2016 年）

数据来源：全国融资租赁企业管理信息系统

业、现代服务业等多个产业结构调整和转型升级中发挥着重要作用。从现阶段江苏省融资租赁资产行业分布来看，通用机械设备、基础设施及不动产和交通运输设备等传统领域融资租赁规模较大，"三农"、医疗卫生、节能环保、高新技术等新兴产业领域融资租赁投放额较少，市场空间广阔。2016 年江苏省政府出台的《关于加快融资租赁业发展的实施意见》中明确提出，鼓励融资租赁公司优先开展节能环保、信息技术、高端装备制造、新能源、新材料、生物医药等新兴产业融资租赁业务，推动融资租赁业与现代服务业互促互进，推动组建服务"三农"的融资租赁公司[1]。目前江苏省处于经济结构转型升级的关键时期，大力推进传统行业和重点培育新兴产业融资租赁市场的发展，有助于带动相关行业的市场需求，加大融资租赁与各产业的融合程度。

1）传统业务领域

（1）装备制造业领域。装备制造业是为国民经济各部门、各行业提供装备技术支持的战略性基础产业，其发展水平是衡量一个国家及地区制造业竞争力、科技水平和综合国力的重要指标。江苏作为制造业大省，"十二五"期间，装备制造业规模总量稳步增长，行业效益持续改善，航空航天装备、轨道交通装备、智能制造装备、高端专用装备等高端装备制造业实现快速发展。现阶段，江苏省处于由装备制造大省向装备制造强省转变的关键时期，如何推进自主创新和产业升级，增强装备供给保障能力和产业核心竞争力是江苏省装备制造业面临的主要任务。融资租赁作为与实体经济紧密结合的融资工具，将助推装备制造业战略转型升级。目前，江苏省已出台相关政策鼓励融资租赁公司支持江苏省重点培育产业发展，优先开展高端装备制造融资租赁业务，促进装备制造业加速发展。

（2）基础设施领域。"十三五"时期，随着江苏省城镇化进程的加快，基础设施投资规模将会继续加大，以财政资金支持的基础设施融资模式将面临严峻的资金缺口，难以满足基础设施建设的需求。融资租赁作为一种现代投融资方式，开辟了长期限、低成本筹集项目资金的渠道，以兼具融资和融物的独特功能广泛运用到基础设施建设领域。基

---

[1] 江苏省政府办公厅 . 关于加快融资租赁业发展的实施意见 . 苏政办发〔2016〕32 号，2016.

础设施融资租赁对城市基础设施建设具有积极推动作用，它不仅能够筹集建设资金，盘活存量资产，还能推动民间资本参与基础设施建设，提高资金配置效率，完善政府投融资体制。在基础设施建设领域引入融资租赁，给城镇化建设提供了重要的金融支撑。为更好地发挥融资租赁在基础设施融资上的积极作用，江苏省鼓励融资租赁公司开展基础设施融资租赁业务，推动供电、供气、地铁、机场、高速公路、高速铁路、污水处理、垃圾处理、农田水利等基础设施建设，同时鼓励对已建成的基础设施通过售后回租方式，盘活存量资产和沉淀资金，减轻财政压力。

2）新兴业务领域

（1）"三农"领域。中国作为农业大国，长期以来重视农业在国民经济中的基础性地位和作用，不断加快农业现代化进程和生产集约化进程。当前我国财政发放的农机购置补贴金额持续增长，农业机械化率不断提升，农业机械市场需求持续扩大。同时，土地流转不断开展也进一步带动农机需求。相比其他融资方式，融资租赁集融资与融物为一体，是最适合解决农机购置主体资金短缺的融资方式。农机融资租赁可以最大限度盘活农村的存量闲置资产，整合农业各方资源，缓解农业经营主体资金短缺问题。农机行业的发展使农机融资租赁成为融资租赁领域的快速增长部分，市场前景广阔。江苏作为农业大省，多年来始终坚持"三农"重中之重的地位不动摇，并紧紧围绕"推动现代农业建设迈上新台阶"的要求，深入实施农业现代化工程，加快转变农业发展方式，持续深化农村改革，统筹城乡协调发展。2016年江苏省政府出台的《关于加快融资租赁业发展的实施意见》更是提出要推动组建服务"三农"的融资租赁公司，鼓励开展面向种粮大户、家庭农场、农民合作社等新型农业经营主体的融资租赁业务，解决农业大型机械、生产设备、加工设备购置更新资金不足问题[1]。

（2）医疗卫生领域。随着人口老龄化进程加快以及居民健康意识的提升，居民对医疗服务及医疗设备的需求快速上升，然而我国仍面临着基层医疗资源紧缺和医疗资源分布不均衡等问题。为了缓解医疗资源分布不均的现状，卫生部、财政部等政府主管部门开始加大对基层医疗机构的扶持力度和财政投入，其中很大部分是医疗设备更新购置支出。而部分医院资金来源有限，难以及时采购设备，为了满足医疗设施设备投入的增长需要，需要探寻新的融资渠道。融资租赁为此提供了很好的解决方案，成为医院更新医疗设备、增加医疗设施资源投入的重要融资来源。为拓宽医院融资途径、加快医疗设备及时更新换代、为居民提供优质的医疗资源，江苏省已出台相关政策鼓励医院积极采用融资租赁方式解决医疗设备融资问题，降低项目总投资及所需资本金。

（3）节能环保领域。我国在经济高速发展过程中对环境问题重视程度不够、投入不足，企业生产和居民生活中的环境污染问题十分突出。然而由于环保投入无法直接使企业受益，企业加大环保投入的积极性并不高。在污染企业中推广普及空气治理环保设备，除了政府强制措施外，考虑到污染企业的难处，适宜的融资手段不可或缺。银行对钢铁企业等产能过剩行业企业逐步收紧信贷，这些企业购置节能环保设备较为合适的方式为融资租赁。"十三五"期间，江苏省坚持以提高环境质量为核心，系统推进以大气、

---

[1] 江苏省政府办公厅.关于加快融资租赁业发展的实施意见.苏政办发〔2016〕32号，2016.

水、土壤为重点的污染综合治理，强化主要污染物减排，着力解决突出环境问题①。相关环境规划和政策的先后出台为节能环保行业发展带来极大利好，而巨大的融资缺口也是节能环保行业发展的主要障碍，融资租赁可以在该领域获得较大的发展机会。

（4）文化产业领域。近年来，我国文化产业繁荣发展，然而文化产业在扩张的同时，也面临着融资困难等突出问题，中小文化企业面临的情况更加严峻。文化产业因其轻资产、高风险的特点，很难通过银行信贷等传统融资渠道进行融资，而融资租赁为文化企业搭建了新的融资渠道。针对广播影视、动漫、游戏、文艺演出等行业，融资租赁公司可以对文化企业开展以影视剧版权、著作权、专利权等为租赁物的融资租赁业务。现阶段，江苏省融资租赁行业主要服务于装备制造、交通运输等大型固定资产行业，很少涉及轻资产领域，文化产业融资租赁市场的开辟将为江苏省文化产业拓宽融资渠道，有利于推动融资租赁行业与文化产业互促互进。

2.2.2　供货商概况

现阶段，江苏省融资租赁的主要业务模式为售后回租，占比80.84%。在售后回租模式中，承租人将自有设备出卖给出租人，承租人和供货商为同一人。由上文对承租人结构的分析可知，供货商不仅来自于装备制造、基础设施、交通运输等传统行业，近年来更在"三农"、医疗卫生、节能环保、文化产业等新兴领域有所涉及。

2.3　江苏省融资租赁行业的发展现状

2.3.1　江苏省融资租赁行业的发展特征

江苏省融资租赁行业的发展始于20世纪80年代，首家外资融资租赁公司——南京国际租赁有限公司（现更名为江苏省国际租赁有限公司）于1989年1月成立。江苏省融资租赁行业经过了30多年的发展，行业规模不断扩大，市场渗透率水平不断提高，呈现出强劲的发展态势。截至2015年底，江苏省融资租赁企业数量位居全国第六，行业资产总额位于上海、天津、北京之后，跃居全国第四（图2.11和图2.12）②。

截至2016年底，江苏省融资租赁企业数量为218家，注册资本达到554.09亿元，资产总额达到1103.85亿元。竞争格局方面，2016年江苏省共有外资融资租赁公司204家，占全省融资租赁公司总数的93.58%，内资试点融资租赁公司近三年来数量未发生变化，维持2014年的14家（图2.13）。融资租赁投放额方面，2016年外资融资租赁公司的融资租赁投放额为450.93亿元，占全省融资租赁行业融资总额的93.44%，内资试点融资租赁公司的融资租赁投放额为31.63亿元，占全省融资租赁投放总额的6.56%（图2.14）。

---

① 江苏省政府办公厅．省政府关于印发江苏省国民经济和社会发展第十三个五年规划纲要的通知．苏政办发〔2016〕35号，2016.

② 商务部流通发展司．2015年融资租赁行业运行情况分析．2016.

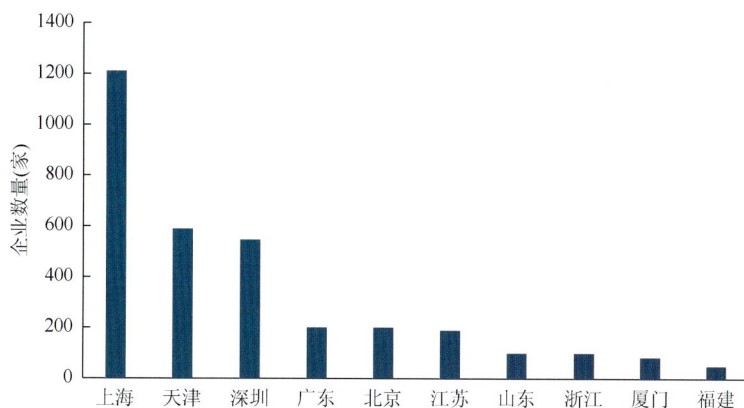

图 2.11　融资租赁企业数量排名情况（2015 年）

数据来源：商务部流通业发展司

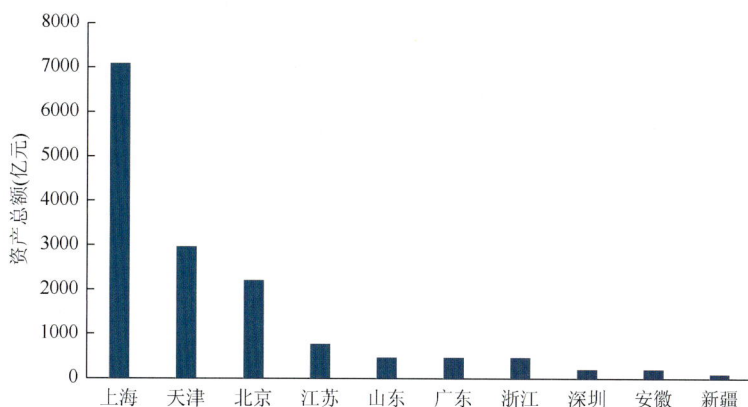

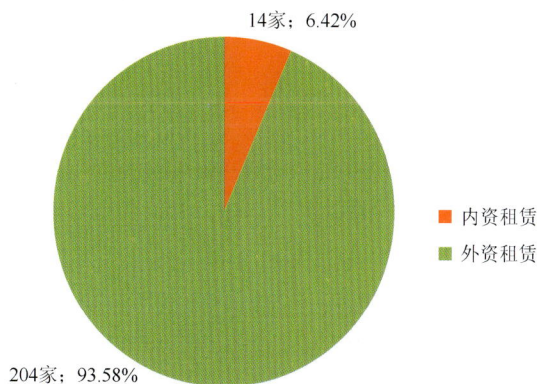

图 2.12　融资租赁资产总额排名情况（2015 年）

数据来源：商务部流通业发展司

14家；6.42%

■ 内资租赁
■ 外资租赁

204家；93.58%

图 2.13　江苏省融资租赁企业数量分布（2016 年）

数据来源：全国融资租赁企业管理信息系统

31.63亿元：6.56%

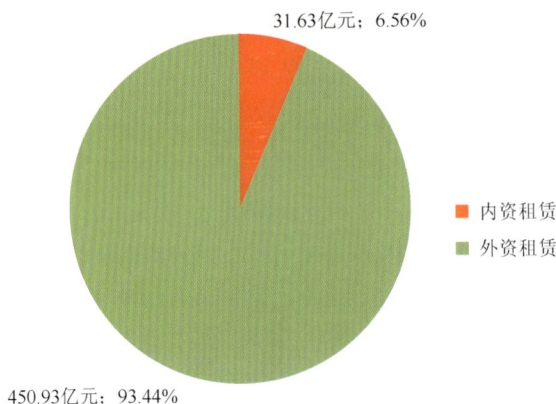

■ 内资租赁
■ 外资租赁

450.93亿元：93.44%

图 2.14　江苏省融资租赁投放额分布（2016 年）

数据来源：全国融资租赁企业管理信息系统

2.3.2　江苏省融资租赁行业的业务模式分析

1. 业务模式总括

在融资租赁交易中，通常有三个参与方：出租人（融资租赁公司）、供货商（租赁物的提供商）、承租人（融资租赁业务客户）。在实际业务操作中，可将融资租赁业务模式划分为直接租赁、售后回租、转租赁、委托租赁、联合租赁、杠杆租赁六种类型（表 2.16）。2016 年，江苏省融资租赁的主要业务模式为售后回租，占比为 80.84%，其次是直接租赁，占比为 18.95%，其他业务模式占比较少，仅有 0.21%（图 2.15）。

表 2.16　融资租赁业务模式对比

	主要参与者	优势	劣势
直接租赁	出租人、承租人、供货商	可借助融资租赁公司降低设备的购置成本	出租人对指定的租赁物和供货商了解不足，残值处理能力一般
售后回租	出租人、承租人	有利于承租人及时盘活其存量资产，提高资产融资能力	承租人违约时，出租人的租赁物处置收益较低
转租赁	第一出租人、第二出租人（转租人）、承租人、供货商	转租人能够充分借助其他融资租赁公司的融资便利及时获取租金差收益	第一出租人能获取的收益较低且交易环节增加使操作难度加大
委托租赁	出租人、承租人、委托人、供货商	使没有融资租赁业务经营资质的企业，达到"借壳"经营的目的	委托人的介入，增加了交易成本，将会降低出租人的租赁收益
联合租赁	多家出租人、承租人、供货商	在承办融资规模较大的项目时，多家出租人能够实现利益分享和风险分担	出租人之间可能出现利益纠纷问题
杠杆租赁	出租人、承租人、贷款人、供货商	有利于出租人扩大业务规模，并获取更多的租赁收益	给出租人带来了较大的财务风险

2. 直接租赁

直接租赁是指出租人根据承租人对供货商、租赁物的选择，向供货商购买租赁物并提供给承租人使用，向承租人收取租金的交易形式（图 2.16）。

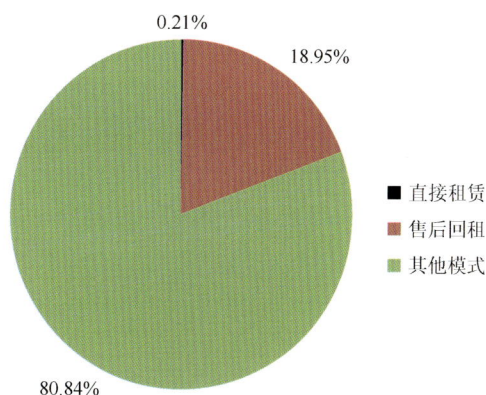

图 2.15　江苏省融资租赁业务模式分布（2016 年）

数据来源：全国融资租赁企业管理信息系统

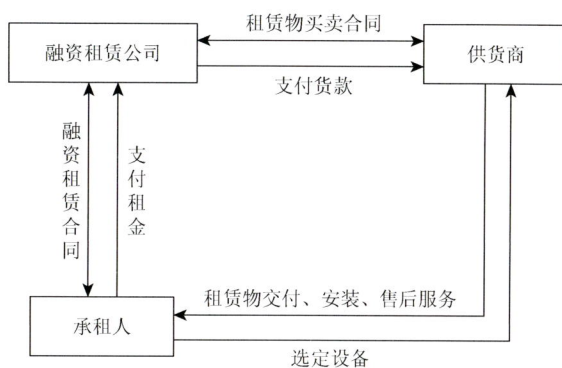

图 2.16　直接租赁模式

3. 售后回租

售后回租是指承租人将自有设备出卖给出租人，同时与出租人签订融资租赁合同，再将该设备从出租人处租回并按期向出租人支付租金的交易形式。该业务模式适用于流动资金不足的企业，具有新投资项目而自有资金不足的企业，盘活固定资产、实现当期现金流流入的企业（图 2.17）。

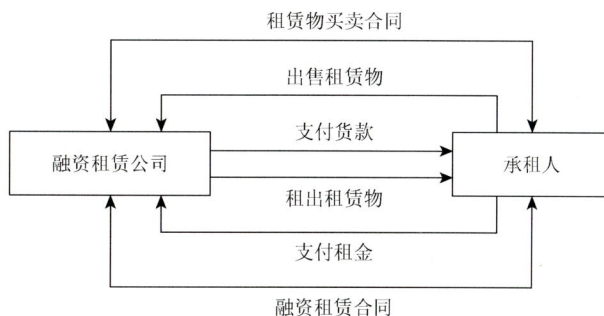

图 2.17　售后回租模式

4. 转租赁

转租赁是指以同一租赁物为标的物的多次融资租赁业务。在转租赁业务中，上一租赁合同的承租人同时又是下一租赁合同的出租人，称为转租人。转租人从其他出租人处租入租赁物再转租给第三人，转租人以收取租金差为目的的租赁形式。租赁物的所有权归第一出租人（图2.18）。

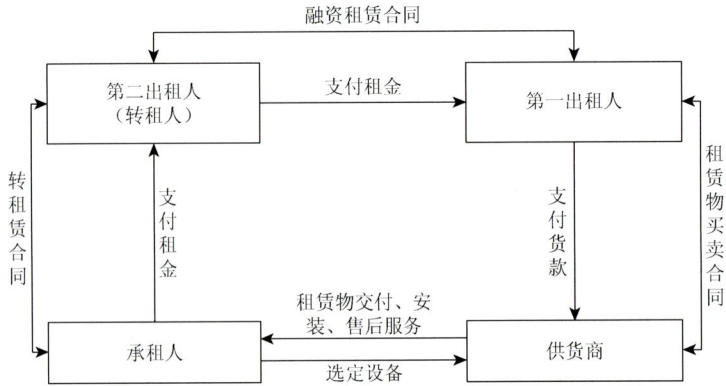

图 2.18 转租赁模式

5. 委托租赁

委托租赁是指出租人接受委托人的资金或租赁标的物，根据委托人的书面委托，向委托人指定的承租人办理租赁业务的交易形式。在租赁期内，租赁物的所有权归委托人，出租人只收取一定费用不承担风险（图2.19）。

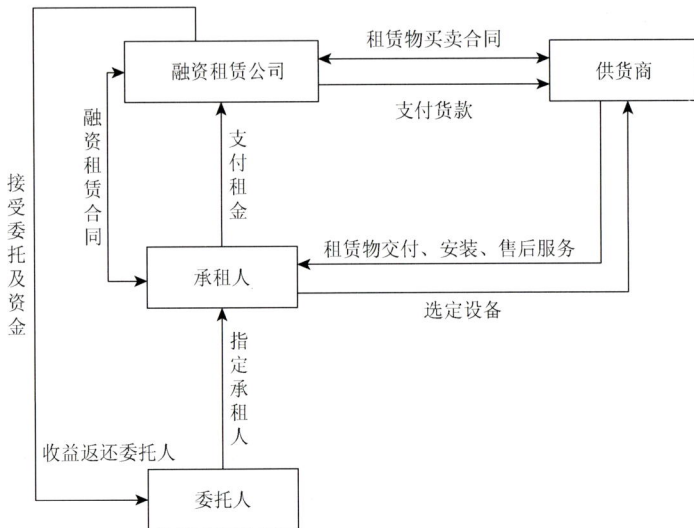

图 2.19 委托租赁模式

6. 联合租赁

联合租赁指由一家融资租赁公司牵头，根据资金投入比例分享利益和承担风险的原则，组织多家融资租赁公司对同一个融资租赁项目提供融资的交易形式（图 2.20）。

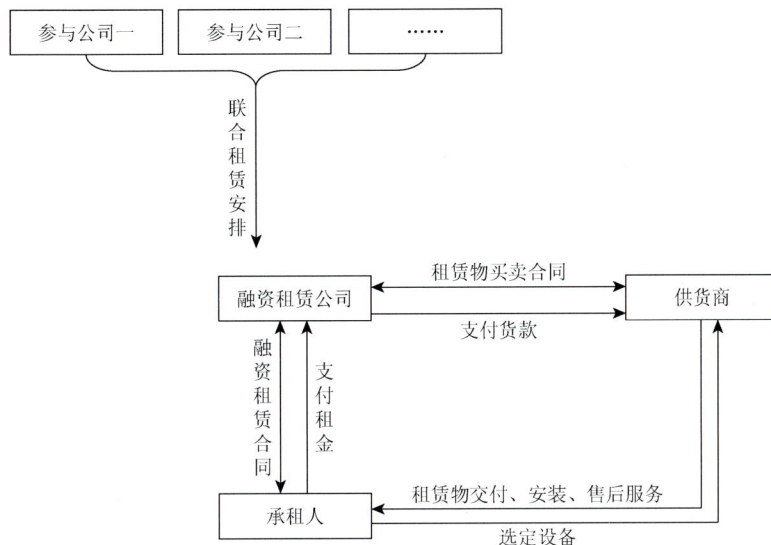

图 2.20　联合租赁模式

7. 杠杆租赁

杠杆租赁指出租人只需投资租赁物购置款项 20% ~ 40% 的金额，即可以此作为财务杠杆，带动其他债权人对该项目 60% ~ 80% 的款项提供无追索的融资，出租人向其他债权人转让与融资比例相对应的租赁合同权益的一种交易形式（图 2.21）。

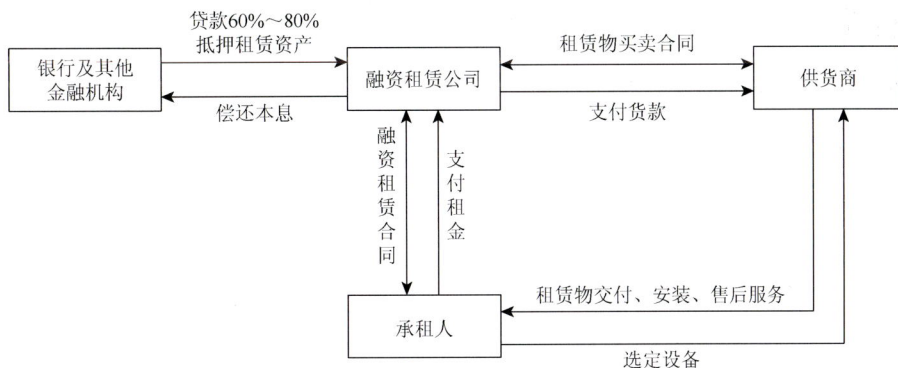

图 2.21　杠杆租赁模式

2.3.3 江苏省融资租赁行业发展的影响因素

1. 政策红利

江苏省融资租赁行业的快速扩张离不开政策的扶持，近年来江苏省政府和地方各级政府出台了相关文件，鼓励和支持融资租赁行业的发展，为融资租赁行业的持续发展提供了良好的政策支持。

2015 年 9 月 7 日国务院办公厅发布《关于加快融资租赁业发展的指导意见》，从总体要求、主要任务和政策措施三大方面提出了融资租赁行业发展的意见。指导意见的颁布标志着我国融资租赁行业发展已被提升到国家层面，融资租赁行业在经济发展中的战略地位逐步凸显。2016 年 4 月 8 日，江苏省出台《关于加快融资租赁业发展的实施意见》（以下简称《实施意见》），明确指出要推动江苏省融资租赁行业快速发展、集聚发展，进一步提高行业覆盖面和市场渗透率，发挥融资租赁与实体经济的互促共赢作用，推动融资租赁行业又好又快发展[①]。

《实施意见》从总体要求、主要任务和保障措施三个方面对加快江苏省融资租赁行业的发展提出了建议。《实施意见》提出了"到 2020 年，培育 3 至 5 家租赁资产规模过百亿、利润过亿、在全行业有影响的融资租赁龙头企业，引进和培育一批品牌知名度高、市场竞争力强的融资租赁骨干企业，全省融资租赁业市场渗透率超过 6%，资产规模位居全国前列，融资租赁业成为全省投融资体系中的重要组成部分"的发展目标。此外，《实施意见》从加大融资租赁与产业融合、支持融资租赁企业集聚发展、推动融资租赁创新发展、加强行业事中事后监管四大方面对未来加快融资租赁行业发展的主要任务提出了要求。在保障措施方面，《实施意见》就完善工作机制、强化政策扶持和优化发展环境三大重点进行了规划部署。

2. 监管制度

长期以来，江苏省融资租赁公司的设立准入实行"审批制"，内资试点融资租赁公司的审批实行试点模式，由商务部和国家税务总局审批设立，外资融资租赁公司的设立则由江苏省商务厅负责审批。内资试点融资租赁公司和外资融资租赁公司统一受 2013 年出台的《融资租赁企业监督管理办法》监管。

2016 年，江苏省融资租赁行业的监管形态发生了一些变化。2016 年 4 月出台的《实施意见》提出要建立多部门参与的融资租赁监督管理机制，采用"谁审批、谁主管、谁监管"的原则，各市、国家级经济技术开发区建立健全融资租赁事中事后监管及风险防范机制，明确牵头部门，加强属地管理。2016 年 10 月 8 日商务部公布的《外商投资企业设立及变更备案管理暂行办法》对不涉及国家规定实施准入特别管理措施的外商投资企业的设立及变更实施备案管理，外资融资租赁公司的设立由"审批制"改为"备案制"。监管机制的转变简化了审批流程，为江苏省融资租赁公司的快速发展提供了条件，

[①] 江苏省政府办公厅. 关于加快融资租赁业发展的实施意见. 苏政办发〔2016〕32 号，2016.

但也使监管部门完善融资租赁行业监管和风险处置机制、实现监管创新面临一系列的挑战。表 2.17 是 2012 ～ 2016 年江苏省融资租赁行业的政策红利。

表 2.17　江苏省融资租赁行业的政策红利（2012 ～ 2016 年）

时间	政策	内容
2012 年 3 月 30 日	《南京市人民政府关于印发全市加快人才资金向现代农业园区集聚的实施意见的通知》	引导融资租赁机构为农业企业发展租赁、回租赁融资业务
2012 年 9 月 26 日	《江苏省保护和促进台湾同胞投资条例》	鼓励台湾同胞投资者依法成立融资租赁或担保公司，提供融资租赁、担保服务
2013 年 6 月 26 日	《泰州市政府关于进一步加快民营经济发展的意见》	支持设立金融（融资）租赁公司等非银行金融机构
2014 年 4 月 30 日	《关于充分发挥工商部门市场准入职能作用进一步支持非公有制经济发展的意见》	鼓励和引导非公制企业通过融资租赁等多种方式参与国有企业的改制重组
2014 年 5 月 28 日	《宿迁市政府关于促进融资租赁业发展的意见》	推动宿迁市融资租赁业发展，建立多层次金融服务体系，为实体经济提供融资支持
2014 年 7 月 25 日	《江苏省企业技术进步条例》	鼓励和引导企业通过上市融资、股权融资、发行债券、融资租赁等方式筹集资金，开展技术进步活动
2014 年 9 月 26 日	《江苏省保护和促进香港澳门同胞投资条例》	鼓励符合条件的港澳同胞投资者参与发起设立融资租赁公司等非银行金融机构
2016 年 1 月 29 日	《江苏省政府办公厅关于加快转变农业发展方式的实施意见》	稳妥推进农村宅基地财产权、农民承包土地经营权抵押贷款、大型农机具融资租赁试点
2016 年 4 月 5 日	《江苏省政府关于供给侧结构性改革去杠杆的实施意见》	探索支持融资租赁、商业保理等类金融资产证券化；鼓励省内金融机构和有实力的企业设立金融租赁公司、融资租赁公司，提高市场渗透率；密切关注"营改增"对融资租赁行业的税负影响，依法落实各项降负举措
2016 年 4 月 8 日	《江苏省政府办公厅关于加快融资租赁业发展的实施意见》	从总体要求、主要任务和保障措施三个方面对加快江苏省融资租赁行业的发展提出了意见
2016 年 9 月 5 日	《江苏省政府关于金融支持制造业发展的若干意见》	大力发展融资租赁业务，为制造业企业技术改造、扩建生产线提供重点设备租赁服务

资料来源：根据江苏省政府及各市级政府公告整理

3. 税收政策

2016 年 3 月 23 日，财政部和国家税务总局正式出台《关于全面推开营业税改征增值税试点的通知》（财税〔2016〕36 号），规定自 2016 年 5 月 1 日起，在全国范围内实施"营改增"政策。财税〔2016〕36 号文将融资性售后回租业务归类为贷款服务，税率从 17% 降至 6%，其他融资租赁业务为租赁服务，其中不动产租赁业务税率为 11%，有形动产租赁业务税率为 17%。同时对即征即退政策进行了新表述：经中国人民银行、银监会或商务部批准从事融资租赁业务的试点纳税人中的一般纳税人，提供有形动产融资租赁服务和有形动产融资性售后回租服务，对其增值税实际税负超过 3% 的部分实行增值税即征即退政策。

"营改增"的全面实施可能会对融资租赁行业发展产生至少以下几点影响[1]。第一，将售后回租归入贷款服务，税率从 17% 降至 6%，融资租赁公司开展售后回租业务税负下降，但由于承租人无法抵扣利息支出，融资租赁相对于银行信贷的比较优势下降。第二，融资租赁公司的主要资金来源为银行信贷，由于银行贷款利息收入的税率从 5% 营业税改为 6% 增值税且不得抵扣，因此贷款利率可能会提升，从而导致融资租赁公司融资成本上升。

4. 融资渠道多元化

在融资租赁行业高速发展、前景广阔的背景下，融资租赁公司能否成功融通资金成为融资租赁公司扩张的关键因素。随着金融深化改革和国家支持政策的不断推出，江苏省融资租赁企业的融资模式由单一转向多元化发展，融资渠道逐步拓宽。

1）传统融资渠道多样化发展

（1）银行信贷。银行信贷是融资租赁公司的主要资金渠道。股东背景强大的融资租赁公司可以有效实现低成本融资，而缺乏强大实力股东的融资租赁公司处于融资劣势，议价能力较弱。

（2）债券融资。融资租赁公司通过发行公司债券，可有效降低融资成本。2016 年，全国融资租赁企业共发行公司债 20 只，与 2015 年基本持平，发行总金额达 235.5 亿元，同比增长 467%[1]。例如，狮桥融资租赁（中国）有限公司于 2016 年 1 月 29 日公开发行 4.5 亿元公司债，山东晨鸣融资租赁有限公司于 2016 年 11 月 16 日获批非公开发行 30 亿公司债。

（3）上市。通过在资本市场上市，融资租赁公司除了能够获取更多的资金还能有效提高企业知名度，有利于业务的进一步开展。据不完全统计，至少有工商银行、渤海金控、晨鸣纸业等 101 家 A 股上市公司通过设立或参股融资租赁公司的方式开展融资租赁业务。此外，数家融资租赁公司在新三板挂牌，新三板因其挂牌门槛低、包容性高、审批流程快等特点，成为融资租赁企业股权融资的重要渠道。其中，顺泰融资租赁股份有限公司于 2015 年登录新三板，成为江苏省首家在新三板挂牌交易的融资租赁企业。

2）新兴融资渠道蓬勃发展

（1）资产证券化。资产证券化成为加快融资租赁公司资金周转，优化报表盘活资产的新方式。2014 年 12 月，证监会对企业资产证券化业务实行备案制，发行资产证券化产品成为融资租赁公司一种便捷高效的融资渠道。例如，2016 年 4 月，顺泰融资租赁股份有限公司通过一期资产支持专项计划，募集资金 4.93 亿元。

（2）商业保理。融资租赁企业可以充分利用商业保理的特点，为客户提供更丰富、更具个性化的金融服务，增加与客户的相互依存度，提升融资租赁企业的竞争力。现今，江苏省国际租赁有限公司等多家融资租赁公司均已尝试商业保理业务。

2.3.4 江苏省融资租赁行业的发展机遇

"十二五"期间，江苏省经济综合实力显著提升，发展动力加快转变，发展空间不断拓展，特别是"一带一路"、"中国制造 2025"、长江经济带建设、长三角一体化等国家战略在江苏交汇叠加，为"十三五"发展提供了新的重大机遇。2016 年，江苏省经济发展步入"十三五"规划，经济结构转型进一步加快，金融业进一步扩大开放，融资租赁行业将面临如下发展机遇。

"一带一路"背景下融资租赁行业迎来发展新机遇。"一带一路"倡议以通路、通航和通商为主要目标，涉及公路、铁路、港口、机场、电信、核电等大量基础设施建设和成套设备设施，技术和资金需求量大，在很大程度上需要依托融资租赁。"一带一路"倡议为融资租赁行业带来了巨大的发展机遇，特别表现在助力装备制造业发展和企业"走出去"方面。融资租赁在支持实体经济、优化产业结构、支持中国高端装备制造业发展、占领新兴市场等方面的宏观作用日益显现。江苏作为"一带一路"建设及辐射带动沿线地区发展的重要开放门户、综合交通枢纽和国际商贸物流中心，着力于推进基础设施互联互通、构建与"一带一路"国家的陆海空综合交通运输体系、建设东陇海沿线经济带。在新的战略背景下，融资租赁行业发展必将为江苏实现金融新突破、放大开放型经济优势、带动区域经济发展注入新动力。"十三五"期间，江苏将强化"一带一路"建设对全省开放布局优化和区域协调发展的牵引作用，深化"一带一路"建设与长江经济带、江苏沿海开发、苏南现代化示范区建设战略的互动融合，加快形成多点支撑、多区域联动、全方位深层次参与的对外开放新格局①。充分发挥江苏地处"一带一路"重要交汇点的独特区位优势，协调推动向东与向西双向开放，深入发掘与沿线国家和地区的合作潜力，不断拓展对外开放的广度和深度，参与打造沿线区域合作的贸易流、产业带、联通网和人文圈，建设辐射带动力强的重要开放门户。加大西向陆上开放，强化新亚欧大陆桥经济走廊东方起始区域重要作用，积极参与国际经济合作走廊建设，推动与沿线国家和地区广泛合作。继续扩大向东开放优势，在更高层次、更宽领域、更大范围深化与欧美、日韩、东南亚等国家和地区交流合作。

"中国制造 2025"为融资租赁行业提供广阔的发展前景[2]。"中国制造 2025"战略规划明确提出支持符合条件的制造业企业建立融资租赁公司，推广大型制造设备、生产线等融资租赁服务。同时要求深化金融部门各项改革，为制造业拓宽融资渠道，降低企业融资成本。鼓励对符合相关条件的制造业信贷租赁资产进行资产证券化试点。支持各大领域的制造业大型企业集团开展产融结合相关试点，通过融资租赁方式促进制造业转型升级。伴随"中国制造 2025"战略逐步实施，以高铁、太阳能、风电、民用飞机、船舶、海洋工程、大型成套设备等为代表的中国高端装备制造业，将逐步向国外市场发展，作为连接金融服务业与制造业实体产业的重要纽带桥梁，融资租赁行业将为中国制造业的转型升级战略提供强大的资本后盾。江苏作为制造业大省，制造业规模位居全国前列，综合实力强大，对支撑全省经济增长、推动社会进步、增进民生福祉发挥了巨大作用。为践行落实"中国制造 2025"战略部署，适应和引领新常态，促进产业向中高端迈进，江苏省于 2015 年制定出台了《中国制造 2025 江苏行动纲要》，为融资租赁行业的发展提供了良好的发展机遇。

---

① 江苏省政府办公厅. 省政府关于印发江苏省国民经济和社会发展第十三个五年规划纲要的通知. 苏政办发〔2016〕35 号，2016.

2.4　江苏省融资租赁业务面临的主要问题

2.4.1　政策法规仍需完善

政策红利方面，江苏省已于2016年出台《实施意见》，为江苏省融资租赁行业的健康发展提供了良好的政策环境。法律法规方面，目前针对融资租赁行业的法律法规有《合同法》《融资租赁企业监督管理办法》等，但缺少专门立法。随着行业迅速发展，有关法律法规细节的适用性不足问题凸显，法律纠纷不断，影响行业健康发展[①]。

2.4.2　融资渠道相对单一

目前江苏省融资租赁公司的主要资金来源为银行信贷，融资渠道相对单一。尽管融资租赁公司可以在主板上市或新三板挂牌吸引投资者，但由于挂牌门槛的限制，能够成功上市的公司数量十分有限。截至2016年底，江苏省仅有一家融资租赁公司在新三板挂牌交易——顺泰融资租赁有限公司（股票代码：833771），且交易层级属于新三板基础层。为了拓宽融资渠道，一些融资租赁公司开始转向新兴融资模式，开展租赁资产证券化、发行信托产品、保理融资等业务获取资金，但这些融资模式未能被江苏省融资租赁公司大规模运用。

2.4.3　业务模式有待创新

江苏省融资租赁行业的业务模式以售后回租为主、直接租赁为辅，联合租赁、委托租赁、转租赁、杠杆租赁等在国际上被普遍采用的业务模式占比很小。部分融资租赁企业的客户偏重于大型企业，造成目前行业资本消耗加速、业务同质化严重、扎堆特定行业、同业竞争加剧等问题较突出[①]。这些问题促使融资租赁行业亟须向专业化转型，拓展业务领域和优化客户结构将是下一步融资租赁企业实现专业化经营的重点。

2.4.4　风险防范有待加强

新常态背景下，江苏省融资租赁企业在经营过程中面临着诸多风险因素，如信用风险、技术落后风险、经济周期风险、利率风险等。近年来多种融资模式的兴起也伴随着新的风险因素，例如"明股实贷"融资方式带来的法律风险、信用风险等潜在风险因素。为了促进融资租赁行业的健康有序发展，融资租赁公司、行业协会、监管部门必须加强风险控制，建立风险控制机制，完善风险防范体系。外资融资租赁公司的设立准入实行"备案制"后，商务部门需按照职责分工牵头负责，建立多部门参与的融资租赁监

[①] 商务部流通发展司.中国融资租赁业发展报告（2015）.2015.

督管理机制，定时开展风险排查工作，加强信息共享，强化风险防范。同时要发挥行业组织自律作用，融资租赁行业协会要进一步完善机制，履行协调、维权、自律、服务职能，鼓励各类融资租赁公司加入行业协会，引导融资租赁公司积极承担社会责任，完善风险防范机制，带动行业健康发展。

2.4.5 专业人才亟须培养

与融资租赁行业的高速增长态势相比，行业发展所需的专业技术人才、管理人才数量明显不足。融资租赁行业涉及面宽、覆盖域广、交叉性强，要求从业人员具备金融、财务、法律等多方面的知识储备。人才短缺导致部分企业不能有效开展业务，制约了行业的发展[①]。目前，江苏省高等院校未有开设融资租赁专业，行业从业人员普遍缺乏全面的专业知识。2014 年江苏省融资租赁行业协会成立，行业人才培训体系也在逐步构建，但总体上江苏省融资租赁行业的人才培养体系比较薄弱。

2.4.6 行业发展有待整合

融资租赁行业的高速发展同时也带来了一些问题，一些融资租赁公司并未实质开展融资租赁业务，造成了江苏省融资租赁行业空置率偏高等问题。融资租赁行业发展存在壁垒低、竞争无序的状态，未来行业发展必将进入整合阶段。对融资租赁公司来说，只有不断进行业务模式和盈利模式创新才能够获得竞争优势，占据更大的市场份额。在行业监管方面，监管部门应建立健全事中事后监管机制，创新监管方式，促进融资租赁行业有序健康发展。

参 考 文 献

[1] 中国融资租赁三十人论坛，零壹融资租赁研究中心 . 中国融资租赁行业 2016 年度报告 [M]. 北京：中国经济出版社，2017.

[2] 中国社会科学院金融研究所，中国博士后特华科研工作站 . 融资租赁蓝皮书：中国融资租赁业发展报告（2015—2016）[M]. 北京：社会科学文献出版社，2016.

[①] 商务部流通发展司 . 中国融资租赁业发展报告（2015）. 2015.

第**3**章　江苏省融资租赁行业的创新实践

江苏省经济发展一直走在全国前列，2016 年经济总量排名全国第二位，因而在经济发展中遇到的矛盾和问题早于全国，在实践中的探索创新也先于全国。近年来，江苏省融资租赁行业发展迅速，市场规模不断扩大，渗透率水平不断提高，呈现出良好的发展态势，与此同时，国家对于"三农"、高端制造、医疗设备等融资租赁服务行业不断推出支持政策，为进一步满足客户日益多样化的需求，融资租赁行业的创新实践势在必行。本章从产品业务、市场平台与运营模式三个方面探讨江苏省融资租赁行业的创新实践。

3.1　江苏省融资租赁行业的产品业务创新

3.1.1　医疗设备融资租赁项目

1. 产品界定与创新

伴随人口老龄化和居民健康意识提升，居民对高质量医疗服务的需求旺盛，然而部分医院由于资金受限，无法及时更新设备，难以满足居民日益增长的医疗需求。为拓宽医院融资途径、加快医疗设备更新换代，我国已出台相关政策鼓励医院采用融资租赁方式更新医疗设备。2015 年 9 月 7 日，国务院办公厅发布的《关于加快融资租赁业发展的指导意见》指出要根据融资租赁特点，便利融资租赁公司申请医疗器械经营许可或办理备案[①]；2016 年 3 月 11 日，国务院办公厅发布的《关于促进医药产业健康发展的指导意见》提出要探索医疗器械生产企业与融资租赁公司合作，为各类所有制医疗机构提供分期付款采购大型医疗设备的服务[②]。

医疗设备融资租赁多以直接租赁和售后回租两种模式展开。直接租赁是指融资租赁公司（出租人）根据医院（承租人）对医疗设备（租赁物）和供货商的选择，将从医疗设备供货商处取得的设备按合同约定出租给医院使用，并向医院收取租金；售后回租是指医院（承租人）将自有医疗设备出卖给融资租赁公司（出租人），同时与融资租赁公司签订融资租赁合同，将该设备从融资租赁公司处租回，医院同时作为供货商和承租人参与。例如，珠海恒源融资租赁有限公司与其母公司珠海和佳医疗设备股份有限公司在医疗健康产业联合开展厂商租赁、售后回租等业务。公立医院医疗设备融资租赁项目因具备政府担保而风险较低，是江苏省融资租赁行业业务创新的热门项目类型[③]。

---

① 国务院办公厅 . 关于加快融资租赁业发展的指导意见 . 国办发〔2015〕68 号，2015.
② 国务院办公厅 . 关于促进医药产业健康发展的指导意见 . 国办发〔2016〕11 号，2016.
③ 招商国际 . 环球医疗——从融资租赁扩展到医院管理 . 2016.

2. 产品创新意义

1）满足医疗设备更新换代需求

受益于医疗体制改革、人口老龄化、设备周期性更新和私立医院增长等因素，目前，我国医疗设备行业发展迅速，呈现需求与资金不平衡状态：医疗器械产量自 2005 年以来保持近 20% 的增长率，而医疗机构所使用的医疗设备大部分为 20 世纪 80～90 年代产品，亟待更新。由于我国医疗机构收入结构不合理，以"以药养院"为主，资金成为医院发展的瓶颈。融资租赁集融资与融物为一体，可以一定程度地满足医院更新设备的需求，同时帮助医院规避技术淘汰的风险，有利于医院体制改革。

2）为融资租赁公司提供风险可控的优质业务

对于融资租赁公司来说，公立医院因其事业单位性质，常具有政府隐性担保，是风险控制的有效手段。此外，融资租赁公司还可通过参股医院来实施风险管理，分享收益。

3. 具体案例

1）江苏苏豪融资租赁有限公司医疗设备直接租赁项目案例

江苏苏豪融资租赁有限公司（以下简称苏豪租赁）成立于 2014 年 6 月，是一家国有控股中外合资融资租赁公司。2015 年，苏豪租赁与宿迁市第一人民医院完成总额近 1.6 亿元的医疗设备直接租赁业务。宿迁市由于特殊的历史原因，在宿迁市第一人民医院尚未建立之前，全市域范围内没有大型公立医院，宿迁市委市政府为了解决市民看病困难的问题，决定按照三级甲等的标准建立全新的宿迁市第一人民医院，并邀请江苏省人民医院合作管理。苏豪租赁承担了医院三分之二的医疗设备采购和直接租赁。目前宿迁市第一人民医院已顺利开业，所有医疗设备按时到货、安装和调试并正常运行，保证了医院的正常运营。

2）悦达融资租赁有限公司医疗设备售后回租项目案例

悦达融资租赁有限公司（以下简称悦达租赁）隶属于江苏悦达集团有限公司（以下简称悦达集团），于 2012 年 7 月正式成立。悦达租赁为某大型综合医院提供医疗设备售后回租服务。某大型综合医院近几年病床数量基本饱和，收入增长缓慢。医院发现所在城市新区暂无综合性大型医院，决定在新区设立分院。作为事业单位的医院难以通过土地抵押方式取得足够的银行贷款，而一次性支出大量自有资金比较困难。因此，该医院向悦达租赁提出用自有医疗设备进行售后回租的方案，悦达租赁经过对该医院的尽职调查后认定符合悦达租赁的业务开展标准，向该医院提供了所需资金。

3.1.2　汽车融资租赁项目

1. 产品界定与创新

汽车制造业既是落实制造强国战略的重要领域，又是助推消费金融升级的核心支撑。2016 年 1 月 15 日，国务院发布的《关于印发推进普惠金融发展规划（2016～2020 年）

的通知》指出要促进消费金融和汽车金融公司的发展[①]；2016 年 3 月 30 日，中国人民银行、银监会联合发布的《关于加大对新消费领域金融支持的指导意见》为汽车金融及融资租赁行业发展助力[②]。

汽车融资租赁目前已成为国际流行的汽车销售模式，现今汽车融资租赁的主流模式为厂商租赁。厂商租赁是汽车制造商或经销商通过融资租赁方式，将设备交付给客户使用的一种销售模式。厂商租赁和其他融资租赁方式的区别在于，出租人与租赁设备生产厂商的身份重叠，该特征决定了其相较汽车消费信贷具备一定优势，具体包括：第一，厂商租赁可解决汽车消费信贷中的被动性问题。商业银行在进行汽车销售信贷评估时往往缺少汽车专业知识而无法准确判断汽车的性能和市价，从而无法确定贷款额度和所需的担保及抵押。而汽车制造商或经销商作为出租人对于汽车的性能和市价十分了解，可有效避免上述问题。第二，融资租赁可促进汽车销售。在厂商租赁模式下，出租人多为汽车生产厂商的销售子公司或租赁子公司，依托母公司易于开展展销活动并为客户提供售后服务，有助于汽车销售。

2. 产品创新意义

1）符合汽车市场扩张需求

我国经济结构转型和城镇化建设加速为汽车租赁市场提供了经济基础。我国经济发展将逐渐摆脱投资率偏高、消费率偏低的状况，城镇居民、年轻人将成为未来购车用车的主力军[1]。目前我国已成为世界第一大汽车生产国和消费国，未来十年亚洲汽车总量将大幅度增长，2010 ～ 2025 年，中国将预计增加 2.2 亿辆汽车，汽车租赁市场广阔[③]。

2）有利于汽车厂商布局全产业链

对于厂商系融资租赁企业，汽车融资租赁能够促进汽车销售，有利于厂商全面布局产业链。以悦达集团为例，汽车是悦达集团的主产业，集团布局汽车全产业链战略，汽车金融是其重要方向之一[④]。

3. 具体实施流程及案例

1）实施流程

融资租赁公司以汽车为租赁标的物，根据承租人对汽车和供货商的选择，将其从供货商处取得的汽车按合同约定出租给承租人，并向承租人收取租金。简单而言，消费者通过汽车融资租赁方式先取得汽车使用权，然后每月支付租金，在租赁期结束后可获得汽车所有权。

2）悦达融资租赁有限公司汽车租赁案例

悦达租赁作为一家典型的厂商系融资租赁公司，其依托东风悦达起亚主机厂资源，业务模式主要为售后回租和直接租赁，公司下设汽车金融业务部，业务主要为零售汽车金融（新车与二手车）、经销商融资、大宗商用车融资、汽车经营性租赁。具体包括：①个人用

---

① 国务院.关于印发推进普惠金融发展规划（2016 ～ 2020 年）的通知.国办发〔2015〕74 号，2015.

② 中国人民银行，银监会.关于加大对新消费领域金融支持的指导意见.银发〔2016〕92 号，2016.

③ World Bank.https://data.worldbank.org/

④ 渤海证券.融资租赁是加快新能源汽车推广的催化剂.2015.

户购车融资服务，即个人新车及二手车融资租赁，专业服务于东风悦达起亚汽车品牌，流程相对简单、手续较为便捷；②法人客户购车融资服务，即大宗业务及团购融资支持驾校、企业、车队购车，为企业设计专属服务方案；③东风悦达起亚经销商库存融资服务，即作为东风悦达起亚唯一厂商系融资租赁公司，专注于服务东风悦达起亚经销商，盘活存量资产，拓宽经销商融资渠道，优化资产负债结构；④经营性租赁服务，即拓展合作经销商盈利渠道，与东风悦达起亚经销商合作，为客户提供汽车租赁服务。

3.1.3　农业机械融资租赁项目

1. 产品界定与创新

长期以来，中国高度重视农业基础地位，持续推进农业现代化，鼓励涉农融资租赁发展，为农机融资租赁发展释放政策红利。2015 年 8 月 7 日，国务院办公厅出台的《关于加快转变农业发展方式的意见》指出要推进大型农机具融资租赁试点，并且提供农机购置补贴[①]；2016 年 1 月 15 日，国务院发布的《关于印发推进普惠金融发展规划（2016～2020 年）的通知》提出鼓励金融租赁公司和融资租赁公司更好地满足小微企业和涉农企业设备投入与技术改造的融资需求[②]。

江苏作为农业大省，始终重视"三农"发展，不断加快农业现代化进程。2016 年 4 月 8 日，江苏省政府办公厅出台《关于加快融资租赁业发展的实施意见》明确推动组建服务"三农"的融资租赁公司，鼓励开展面向种粮大户、家庭农场、农民专业合作社等新型农业经营主体的融资租赁业务，解决农业大型机械、生产设备、加工设备购置更新资金不足问题，通过融资租赁方式获得农机的实际使用者可享受农机购置补贴[③]。

农业机械融资租赁项目多采用直接租赁模式，即融资租赁公司根据农户、农村集体合作社或农业企业（承租人）对农业机械（租赁物）的选择，将其从农业机械设备销售商处取得的农业机械按合同约定租赁给农户、农村集体合作社或农业企业使用，并向承租人收取租金，租赁期满后承租人可选择获得设备所有权。

农业机械融资租赁的创新之处在于融资租赁交易方的变革，传统融资租赁的交易方有出租人、承租人和供货商，承租人往往是单个企业或个人。而农业机械因个体农户难以承担租金，多由农村集体合作社出面作为承租人，支付由全村农户共同筹集的款项作为租金；或者由多个农村合作社作为联合承租人，农业机械在多个村庄之间轮流使用，这种"众筹"的农业机械融资租赁方式实现了资源的整合与共享[2]。

2. 产品创新意义

1）符合农业机械市场扩张需求
中国作为农业大国，农业生产机械化还未全面普及，农业融资租赁市场具有广阔前

①国务院.关于加快转变农业发展方式的意见.国办发〔2015〕59 号，2015.
②国务院.关于印发推进普惠金融发展规划（2016～2020 年）的通知.国办发〔2015〕74 号，2015.
③江苏省政府办公厅.关于加快融资租赁业发展的实施意见.苏政办发〔2016〕32 号，2016.

59

景。我国农业发展机械化加速，农业生产方式由粗放式向集约化转变，新型农业经营主体不断出现，经营规模不断扩大。新型农业经营主体发展对大型先进农业机械设备需求增加，但农机设备往往价格昂贵，农业经营主体的自有资金一般不足以一次性购买所需设备，即使是自筹资金购得设备，资金成本也较高。在江苏省随机选择的100家农机专业合作社或家庭农场的调研结果显示，89%的农机专业合作社或家庭农场有贷款需求，需求高于100万元的超过61%。以宜信惠琮国际融资租赁有限公司（以下简称宜信租赁）为例，宜信租赁于2013年7月与内蒙古自治区通辽市广联农机有限责任公司签订了合作协议，为农户购买农机提供融资租赁服务。截至2013年底，宜信租赁为内蒙古通辽地区农户提供近300台农业机械设备，累计金额达3000多万元，为当地近300家农户购买农机设备提供融资便利。

2）促进融资租赁公司开拓涉农业务

对于农机设备制造厂商和融资租赁公司，大力发展农村融资租赁业务，能够促进开拓涉农业务。随着农业发展，融资租赁在农村的服务范围将不再局限于农业机械，可在服务农业机械化、农田水利建设、农产品加工等涉农产业发挥积极作用。目前国内融资租赁公司在农村的业务发展已拓展至养殖、食品加工等领域。例如，宜信租赁定位于农业装备行业，农机种类包括动力机械、耕整地机械、种植施肥机械、田间管理机械、收获机械、排灌机械、收获后处理机械等。

3. 具体实施流程及案例

1）实施流程

融资租赁公司（出租人）根据农户、农村集体合作社或农业企业（承租人）对农业机械（租赁物）的选择，将从农业机械设备销售商处取得的农业机械按合同约定出租给农户、农村集体合作社或农业企业使用，并向承租人收取租金，租赁期满后承租人可选择获得设备所有权。

2）苏州市农发融资租赁有限公司"农机租赁易"案例

苏州市农发融资租赁有限公司（以下简称苏州农发）是苏州市一家开展农机租赁业务的融资租赁公司。苏州农发于2014年开发出"农机租赁易"产品，该产品主要针对苏州地区需要购买农业机械的农户、专业合作社、村集体组织，在客户资金短缺时，通过融资租赁方式给予其支持。该产品同时引入农机经销商提供回购保证，一方面帮助经销商销售农机实现资金及时回笼，另一方面作为农机购置补贴的申请代理方，苏州农发能够及时了解补贴资金的回笼情况，最大程度降低风险。"农机租赁易"明确要求金额在30万元以下的业务在资料齐全后，3个工作日完成放款。截至2016年底，苏州农发的农机租赁业务实现苏州市全范围覆盖，涉及种植大户12户，各类专业合作社6户，最小金额为5万元，最大金额为34万元。同时，苏州农发加强与苏州以及下辖县市的农机经销商合作，按照厂商租赁的模式，给予经销商一定回购额度，实行反向授信，使得农机租赁业务不断延伸扩大。

3.1.4 节能环保融资租赁项目

1. 产品界定与创新

《中华人民共和国环境保护法》自2015年1月1日起执行，被称为"史上最严"环保法。按照环保法要求，目前许多制造企业不能完全实现达标排放，必须进行环保改造。节能环保行业由于前期投入大、回报周期长、能源合同管理严格等特征难以获取传统的银行信贷，为融资租赁行业涉入节能环保领域提供了机遇。区别于飞机、船舶、钢铁等融资租赁传统业务领域，节能环保融资租赁项目着重于新能源、污染治理、循环经济等环境友好型产业，业务模式主要包括直接租赁与售后回租两种。

2. 产品创新意义 [3]

1) 促进环境保护

作为集融资与融物于一体的融资模式，融资租赁具有 100% 融资、租金支付方式灵活等优点，是连接金融体系与实体经济的重要纽带。节能环保设备融资租赁的发展能够满足新能源、污染治理、循环经济等环境友好型产业的融资融物需求，进一步促进环境保护。

2) 推动融资租赁绿色债券发行

绿色债券指依法发行的、募集资金用于支持绿色产业并按约定还本付息的有价证券。"绿色"已被作为"十三五"规划的五大发展理念之一，中国人民银行、上海证券交易所和深圳证券交易所于 2015 年 12 月、2016 年 3 月与 4 月相继发布《关于发行绿色金融债券有关事宜的公告》《关于开展绿色公司债券试点的通知》鼓励绿色债券发行。2017 年 5 月，中电投融和融资租赁有限公司非公开定向债务融资工具获准注册，该债券是目前国内银行间及交易所市场落地的首单融资租赁绿色债券，债券发行规模为 20 亿元，期限为 3 年，所募资金将全部用于清洁能源类租赁项目。

3. 具体实施流程及案例

1) 实施流程

节能环保融资租赁项目多采用直接租赁和售后回租模式。在直接租赁模式下，承租人与设备供应商达成节能服务合作意向，同意选用设备供应商提供的节能设备和技术服务，并愿意采用融资租赁方式获取节能服务；融资租赁公司与承租人达成合作意向，向设备供应商购买节能设备及技术服务并租赁给承租人使用，承租人按合同约定支付租金，租赁期满可选择获得节能设备所有权。在售后回租模式下，融资租赁公司向节能设备供应商购买节能项目所需设备，然后回租给节能设备供应商，租赁设备指定用于节能用户；节能用户与融资租赁公司、节能设备供应商共同确认租金分成款支付方式与金额至合作银行的指定账户，并根据项目的具体情况确定是否要求节能用户向融资租赁公司提供担保。此外，近年来环保行业受政府高度重视，以政府采购服务为核心的环保 PPP (public-private partnership) 项目涌现①。

2) 江苏苏豪融资租赁有限公司节能环保项目案例

2016 年，苏豪租赁完成了与江苏华晟生物发电有限公司的售后回租业务。江苏华晟生物发电有限公司拥有 2 台 75t/h 次高温、次高压秸秆锅炉和 2 台 15MW 抽凝式汽轮发电机组，主要燃料为树皮、秸秆、稻壳等生物质燃料，发电模式为热电联产，年用电量

---

① 广证恒生. 颁大教育："PPP+ 融资租赁"加速跑马圈地，2015 年营收增长 287.94%. 2016.

1.6 亿 kW·h，由国家电网江苏分公司按照 0.75 元/(kW·h) 全额收取。该业务以江苏华晟生物发电有限公司的已有主要发电设备为租赁物，投放金额为 0.5 亿元。2017 年，苏豪租赁为泰兴某不锈钢清洗中心提供设备售后回租服务，该项目的实施有助于当地政府全面关停 140 多家污染严重的酸洗中心，切断破坏土壤和水源的源头。

3.1.5　高科技企业融资租赁项目

1. 产品界定与创新

高科技企业具有"三高一轻"的特征，即高成长、高风险、高收益、轻资产。科技型企业的轻资产相对于固定资产、存货等需要大额资金投入的重资产而言，指企业品牌、核心技术、知识产权等无形资产。轻资产行业往往不需要大型设备，但是设备更新换代速度快，设备使用周期短。融资租赁公司可以充分发挥租赁期限灵活等优势满足高科技企业设备更新需求，具体模式包括直接租赁、售后回租、风险租赁、集群租赁等。

2. 产品创新意义

1）解决科技型企业融资难问题

科技型中小企业具有规模小、高成长、高风险等特征，融资难度大于普通企业。融资租赁公司拥有租赁物作为抵押物，在风险控制上具备自然优势，在进行项目审核时相比于银行等传统信贷部门较为开放，更能满足科技型中小企业的融资需求。

2）减轻高科技企业购置设备负担

高科技企业设备更新换代快，设备技术寿命周期短，设备过时风险较大。如果企业直接购买设备，新引进设备往往几年后就需要更新换代，处理淘汰设备成本较高。高科技企业可以通过融资租赁方式减轻购置新设备压力。江苏作为高科技产业大省，拥有包括苏州工业园区在内的高新技术开发区，已形成高科技产业集聚，设备融资租赁需求量大。

高科技产业融资租赁是融资租赁在中国科技创新迅速发展的背景下，针对高科技产业提供融资租赁服务，对于解决科技型中小企业融资瓶颈、促进科技型中小企业转变发展方式、进一步提升自主创新能力、培育壮大战略性新兴产业具有重大的战略意义。

3. 具体实施流程及案例

1）实施流程

科技租赁是针对科技型企业量身打造的融资租赁服务，主要包括创投融资租赁、风险融资租赁、集群融资租赁、项目融资租赁等。

（1）创投融资租赁。作为债权融资与股权融资的有机组合，创投融资租赁是融资租赁公司以租金和认股权作为投资回报，通过"股权＋租赁"模式为处在初创期和成长期的科技型企业提供融资租赁服务的一种创新形式。

（2）风险融资租赁。科技型企业取得一项新技术成果时，由于市场对新技术缺乏认知度，目标客户难以确定购买决策。融资租赁公司采用风险融资租赁模式，与科技型企业建立战略合作关系，在新技术推广过程中，联合其他相关各方采用风险共担、利益共享机制，为使用新技术的客户提供融资租赁服务，从而有效解决新技术推广问题。一方面通过"体验式营销"让目标客户先行试用新技术实现推广，提高新技术的知名度和认知度；另一方面加速资金回笼，改善科技型企业现金流状况。

（3）集群融资租赁。融资租赁公司联合科技园区内各企业，搭建产业集群合作平台，为产业链上各企业提供中长期发展资金，促进上游企业产品销售，拓宽中游企业技术服务领域，满足下游企业技术服务需求。通过打造具有技术主导权的产业集群，集聚企业及相关支撑机构，有利于加强集群内企业间的有效合作，增强企业的创新能力，提高产业的整体竞争能力，形成强劲持续的竞争优势。

（4）项目融资租赁。科技型企业的设备具有专用性较强、可转换性较差的特点，项目融资租赁将租赁对象由传统的融资租赁设备延伸至一个完整独立的项目，租金偿还则由项目价值及未来收益保证。

2）江苏苏豪融资租赁有限公司高科技融资租赁项目案例

2016 年，苏豪租赁与某锂离子电池生产企业完成了一笔售后回租业务。该公司专业从事锂离子动力电芯和电池模组的研发、设计、制造与经营，为终端用户提供综合性解决方案。该公司目前已建成 2 条叠片式电芯生产线及 2 条叠片电池组装线，可生产年 1.5 亿瓦时锂离子动力电池电芯。该公司由于备货资金短缺，需要短期资金支持。苏豪租赁考察该公司及相关技术后，弱化原有的担保措施，通过生产设备售后回租方式，为该电池生产企业提供有效的资金支持。

3.2　江苏省融资租赁行业的市场平台创新

3.2.1　投资银行模式融资租赁

1. 平台界定与创新

投资银行模式融资租赁可分为两种模式。

第一，融资租赁公司兼营投资银行业务。除融资租赁业务外，提供产业基金、资本市场、股权投资、资产管理等投资银行业务。例如，华中融资租赁有限公司（以下简称华中租赁）以融资租赁为主体，业务领域涉及基础设施、高端制造、绿色经济、公用事业、文化与消费等产业，同时在项目融资、结构性融资、资产证券化、资本运作、资产管理等领域提供决策支持和增值服务。

第二，投资银行通过收购融资租赁公司，在既有业务基础上拓展融资租赁业务。例如，海通证券全资子公司——海通国际控股有限公司于 2013 年 9 月收购恒信金融集团 100% 股份，而恒信金融集团的全资子公司——海通恒信国际租赁股份有限公司致力于向客户提供公共服务、医疗健康、小微、交通物流、互联网等融资租赁服务。海通证券在既有证券相关业务运营基础上，通过收购方式进入融资租赁行业，将投资银行服务平台升级为综合金融服务平台。

2. 平台创新意义

1）提供全方位金融服务以增强竞争力

在竞争日益激烈的金融市场中，金融产品日趋同质化，融资租赁公司／投资银行要获得优质客户，可为其提供全方位多层次的金融服务。融资租赁公司在做融资租赁业务的同时，为客户提供私募基金投资管理、并购、咨询、财富管理等服务；投资银行除开展传统投行业务外，为客户提供融资租赁服务。投资银行模式融资租赁通过整合各项金融业务，为处于不同发展阶段的企业提供包括融资租赁、直接股权投资、债务融资、结构性融资、并购咨询等在内的全方位服务，以更好地满足机构客户多样化的金融需求，从而提高客户的忠诚度，提高企业市场竞争力。

2）提高业务协同效应

融资租赁业务与投行业务在投融资、兼并收购、资产证券化等领域具有很强的协同效应。投资银行模式融资租赁具有内部协同效应，在其各项不同业务或者同一业务的不同环节共同利用同一资源而产生整体效应，包括产生的规模经济、优势互补、成本降低、市场份额扩大等，从而提高融资租赁公司／投资银行的效率和收益。

3. 平台运行模式

1）模式类型

投资银行模式融资租赁可分为两种运行模式：①融资租赁公司兼具投资银行业务与职能，除融资租赁业务外，为客户提供产业基金、资本市场、股权投资、资产管理等投资银行业务；②投资银行通过收购融资租赁公司，在原有业务的基础上开展融资租赁业务（图3.1）。

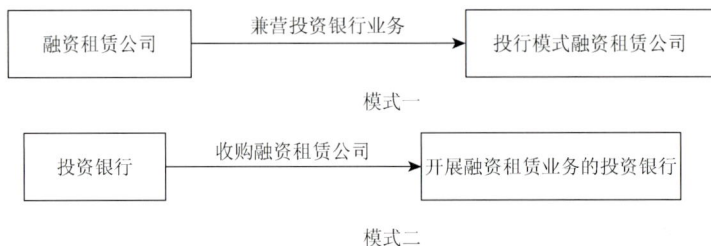

模式一

模式二

图 3.1　投资银行模式融资租赁

2）华中融资租赁有限公司投行模式平台创新案例

以华中租赁为例，华中租赁的业务可分为融资租赁、产业基金、资本市场、股权投资等，其中融资租赁包括直接租赁、售后回租、委托贷款等业务，服务包括文化与消费、绿色经济、高端制造、基础设施和公用事业等领域。产业基金以"股权＋债权"的投资模式为主，服务包括节能环保、医药医疗、文化传媒和基础设施建设等领域，主要包括两个方向：与地方政府合作成立产业基金（包括 PPP 投资基金）以及与上市公司合作成立产业并购基金。地方政府产业基金主要配合当地政策导向，投资于政府扶持的行业和企业，促进当地经济结构优化和产业升级；上市公司产业并购基金，主要配合上市公司的战略转型和未来发展规划，投资于其横向或纵向发展的领域，并通过上市公司收购的路径退出①。

资本市场业务由华中租赁有限公司的全资子公司——世纪华中资本管理有限公司（以下简称华中资本）运营，华中资本主营业务包括资本产业并购整合、产业战略、私募投资及资产管理等，业务领域包括定增投资、并购基金、金融服务，与政府合作设立产业引导基金，财富管理，并与多家券商、银行、信托、保险以及基金子公司搭建策略联盟。股权投资业务也由华中资本运行，聚焦于节能环保、新能源、新材料、医疗健康、高端制造、文化旅游等行业，与行业领先的（拟）上市公司建立长期合作伙伴关系，围绕公司及控股股东的资金和业务需求提供金融解决方案[4]。

3.2.2　合伙制融资租赁

1. 平台界定与创新

合伙制融资租赁是指若干股东联合成立融资租赁平台，获得融资租赁牌照，发起人作为公司普通合伙人，有限合伙人提供项目或资金，利用融资租赁平台开展业务。公共费用按出资比例分摊，融资租赁平台可从收益中提取一定比例作为运营费用。

2. 平台创新意义

合伙制融资租赁模式的兴起源自资金供求方对于通道业务的需求和融资租赁公司税收抵扣的优越性。同时，一些拥有低成本资金或优质项目的中介机构也希望借助融资租赁这一渠道拓展业务。相比传统的融资租赁企业经营模式，融资租赁平台的融资过程更加灵活，并且有利于扩大业务规模。在项目风险控制方面，一般由平台的主发起人负责。目前合伙制融资租赁模式仍处于萌芽阶段，大多数融资租赁公司采用传统运营模式和合伙制融资租赁相结合的模式。

3. 平台运行模式

融资租赁公司通常包括业务、风险控制、资产管理、财务等部门，而合伙制融资租赁模式下，企业按照不同的事业部来运营，每个普通合伙人是一个独立事业部，负责项目的全部流程控制，利润分享和风险承担也是以事业部为主体。

合伙制融资租赁模式存在一定风险。尽管融资租赁平台以事业部制经营，但进行融资时仍以平台为借款主体。一旦项目出现逾期风险，会对平台的整体授信产生影响。此外，银行委托贷款业务通常被视作表外业务，尽管风险由资金供给方进行控制，但是如果某个项目风险不能得到有效控制，融资租赁平台仍需承担较大风险。

融资租赁公司要想真正做强，仅依靠融资租赁平台的牌照优势做通道业务，追求短期效益，并非长期发展策略，而应基于"融物"特性深耕特定业务领域，以实现长期可持续发展。

---

① 广证恒生 . 颂大教育："PPP+ 融资租赁"加速跑马圈地，2015 年营收增长 287.94%. 2016.

3.3 江苏省融资租赁行业的运营模式创新[5]

3.3.1 商业银行＋融资租赁模式

1. 模式界定与创新

商业银行与融资租赁公司均为重要金融中介，是典型的"竞争＋合作"关系（图3.2）。一方面，融资租赁与银行信贷存在替代和竞争关系，实操中融资租赁甚至只能做银行信贷不愿做的"高风险"业务；另一方面，商业银行可通过与融资租赁公司合作的方式，以较低成本介入融资租赁市场，增强在产业链中的竞争优势；融资租赁公司与商业银行进行深度合作，获得稳定资金来源与客户资源，有利于业务持续拓展。目前，我国融资租赁行业尚处发展期，而商业银行发展相对成熟，探讨两者的合作模式具有较强的现实意义。

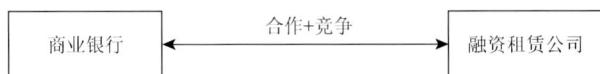

图 3.2   商业银行与融资租赁公司的关系

2. 模式操作流程

现阶段，商业银行与融资租赁公司的合作主要体现在以下三个方面。

1）客户与金融产品共享的合作

（1）商业银行推荐客户，并提供结算等服务的模式。商业银行向融资租赁公司推荐有融资租赁需求的客户，由融资租赁公司独立开展业务，商业银行负责提供应收租赁款归集、资金账户监管等服务，这种模式的风险和执行难度均较低。

（2）融资租赁公司推荐客户，银行协助管理的模式。融资租赁公司与商业银行签署合作协议，融资租赁公司将其客户统一到合作商业银行开设结算账户，由合作商业银行提供应收租赁款归集、资金账户监管、租后管理等服务，这种模式的风险和执行难度也较低。

2）境内人民币融资方面的合作

（1）融资租赁公司推荐客户，商业银行提供保理服务的模式。融资租赁公司向商业银行推荐已完成的融资租赁项目和客户给银行，银行基于对承租人的授信或者融资租赁公司提供的增信，提供应收租赁款的保理服务。这种模式下，银行承担信用风险，需要在承租人的授信条件和额度内或在融资租赁公司的增信条件和额度内合作。

（2）融资租赁公司推荐客户，银行提供结构化保理服务的模式。融资租赁公司向商业银行推荐尚未完成资金交付的融资租赁项目和客户，商业银行基于对融资租赁项目的评估，视"未完成租金"为"已完成租金"提供保理服务。这种模式下，商业银行基于融资租赁公司的优质项目而开展合作。商业银行承担信用风险，需要在对承租人进行主体评级授信的基础上，对融资租赁项目进行项目评级授信，两个评级授信都符合商业银行要求时才可以开展合作。

（3）联合营销，杠杆租赁的模式。融资租赁公司和商业银行针对具有综合金融需求的优质客户合作开展杠杆租赁业务。杠杆租赁的做法类似银团贷款，由牵头的融资租赁公司出资总价款的 20%～40% 购买租赁物，其余资金由商业银行提供，融资租赁公司需将设备所有权、租赁合同和收取租金的权利抵押给银行。

（4）银行发行理财产品，对接融资应收租赁收益权模式。融资租赁公司与银行、信托公司三方合作，由银行发行理财产品购买融资租赁公司的应收租金收益权。这种模式既可对接新融资租赁业务，也可对接存量融资租赁业务，优势在于作为表外资产进行管理，不占用商业银行的信贷规模。

3）国际业务方面的合作

商业银行可以为融资租赁公司提供国际结算、结售汇、外汇衍生品等传统国际业务，也可以提供内保外贷、内保内贷等创新业务。

（1）内保外贷的模式。该模式是指境外金融机构以境内商业银行开出的融资性保函为担保条件，向外资融资租赁公司发放外债贷款。这种模式的优势在于借用外资融资租赁公司的外债额度，使其获得低成本资金。这种模式需符合国家外汇管制的要求，外资融资租赁公司有足够的外汇规模，商业银行要有对开证申请人的授信额度。

（2）内保内贷的模式。内保内贷在内保外贷的基础上发展而来，由商业银行根据境内融资租赁公司的申请，为其向境外商业银行开出融资性保函或备用信用证，境外商业银行据此向境内融资租赁公司提供境外人民币融资业务。这种模式有利于境内融资租赁公司利用境外融资成本较低的人民币资金。

3.3.2　信托＋融资租赁模式

1. 模式界定与创新

信托＋融资租赁模式（图 3.3）是指委托人将自有资金委托给信托公司，由信托公司按委托人意愿运用于融资租赁业务的交易活动。信托＋融资租赁可有效缓解融资租赁公司的资金压力。因此，与信托公司合作成为不少融资租赁公司的现实选择之一。我国信托公司资金来源广泛，可通过单一资金信托计划与集合资金信托计划等多种方式向投资者募集资金，我国融资租赁公司可以通过与信托公司合作，实现互利共赢。

租赁信托计划主要是由融资租赁公司将相同或类似的租赁资产打包，以其作为发售信托计划的基础，盘活公司资产，扩大资金来源渠道。租赁信托计划在承租人、设备生产厂商、第三者担保金融机构、出租人、信托公司、社会投资人之间实现风险结构安排，实现了风险的分散。

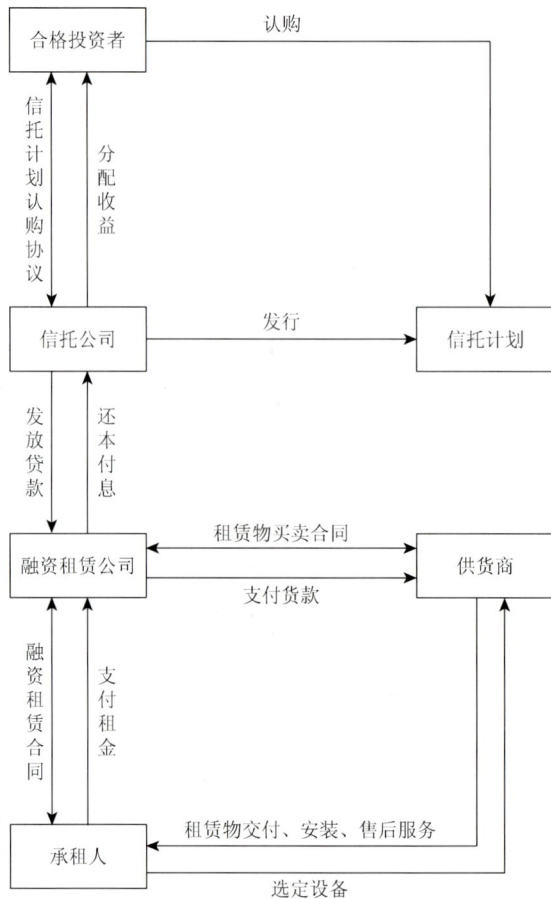

图 3.3 信托 + 融资租赁模式

2. 模式操作流程

从目前我国已成功发行的融资租赁信托计划来看，融资租赁公司参与信托融资的运作模式大体可分为两类。第一类为"信租"合作模式。该模式中的参与主体为融资租赁公司和信托公司，具体又可以分为两种：第一种为贷款信托模式，信托公司直接将其通过发行信托计划募集的资金投放给融资租赁公司开展融资租赁业务，其本质是一种指定用途的信托贷款；第二种为受让租赁资产收益权集合资金信托模式，融资租赁公司将融资租赁项目租金收取权进行分离或重组，然后委托给信托公司，由其在金融市场上向特定投资者出售，投资者在信托期间享有融资租赁租金收益权，信托公司将投资者的购买金交付给融资租赁公司，融资租赁公司将应收租金折现，实现表外融资。信托计划期满后，融资租赁公司需要进行溢价回购。

第二类为"银信租"合作模式。该模式中的参与主体为商业银行、融资租赁公司和信托公司。该模式在操作上也分为信托贷款和受让租赁资产收益权集合资金信托。与第一类合作模式的最大区别在于，"银信租"合作模式下，商业银行将其通过发行融资租赁理财产品募集的资金委托给信托公司，信托公司发行单一资金信托计划，将资金以贷款或受让租赁资产收益权的方式投放给融资租赁公司。该模式下商业银行提供初始资金来源，占据主导地位，而信托公司则相对被动。

3.3.3　保理＋融资租赁模式

1. 模式界定与创新

保理＋融资租赁是融资租赁业务与保理业务结合形成的金融创新产品，其核心内容是"债权的转让与受让"，即在供货商与出租人、出租人与承租人分别形成购买关系、融资租赁关系的前提下，融资租赁公司与商业银行／商业保理公司根据保理合同约定，将融资租赁合同项下应收租金债权转让给商业银行／商业保理公司，商业银行／商业保理公司向融资租赁公司支付一定比例的融资款项，并作为租金债权受让人直接向承租人收取租金。

2015 年 9 月 7 日，国务院办公厅发布的《关于加快融资租赁业发展的指导意见》允许融资租赁公司兼营与主营有关商业保理业务。政策红利进一步驱动融资租赁公司尝试通过自营商业保理业务或建立商业保理子公司灵活资金运用。

对于融资租赁公司来说，商业保理融资具有以下优势：第一，将应收租金提前变现，不仅缓解资金紧张问题，还有利于进一步扩大业务规模；第二，在无追索权的保理业务中，融资租赁公司既可表外融资，优化财务结构，又可安全退出，无需承担承租人的信用风险；第三，借助商业银行／商业保理公司的应收账款管理等相关服务，既可加强自身对承租人应收租金的规范管理，又可降低管理成本，特别是当集团内从事商业保理业务和融资租赁业务的两家子公司合作开展业务时，协同效应更加凸显。

2. 平台运行模式

1）模式类型

保理有多种不同的运作方式，按照是否附追索权，可分为有追索权保理和无追索权保理。按照是否将保理业务通知购货商来区分，可分为明保理和暗保理。而保理＋融资租赁根据租金性质不同，可分为普通融资租赁保理和结构性融资租赁保理两种模式。

（1）普通融资租赁保理模式。在该模式下，商业保理融资针对融资租赁公司的"已形成租金"进行保理，其实质是"先交付后保理"。融资租赁公司已经分别与供货商和承租人签订了租赁物购买合同和融资租赁合同，货款已支付，设备已交付，融资租赁公司已经对承租人形成应收租金权利。融资租赁公司将该租金权益转让给商业银行／商业保理公司，以提前获得一部分资金。商业银行／商业保理公司负责应收账款账户管理、应收账款催收和承担承租人的信用风险等一项或多项综合金融服务。

（2）结构性融资租赁保理模式。在该模式下，商业保理融资针对融资租赁公司的"即将形成租金"进行保理，是一种交付前的"结构性融资"。融资租赁公司已分别与供货商和承租人签订了租赁物购买合同和融资租赁合同，已经形成附带生效条件的"三方两合同"法律关系，但是融资租赁公司并未向供货商支付货款。在此情况下，通过供货商或者第三方提供担保，融资租赁公司将其即将形成的应收租金转让给商业银行／商业保理公司以获得融资。在取得资金后，融资租赁公司按照合同约定向供货商支付货款，上述合同随即生效，商业银行／商业保理公司取得应收租金收益权。该模式能突破性地解决融资租赁公司在购买环节因缺乏充足资金而无法支付货款的问题，使得融资租赁公司在面临优质项目时不至因为资金匮乏而失去机会（图3.4）。

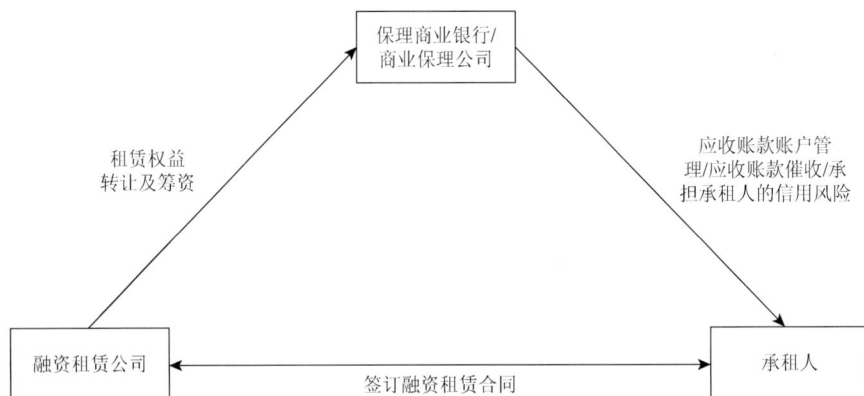

图 3.4　保理＋融资租赁模式

2）江苏省国际租赁有限公司保理案例

江苏省国际租赁有限公司成立于 1989 年 3 月，控股股东为江苏省广播电视总台（集团）。江苏广电商业保理有限公司由江苏省国际租赁有限公司与江苏省广播电视总台共同出资设立，首期出资 1 亿元人民币，于 2016 年 11 月 16 日开始运营，主营业务包括：以受让应收账款的方式提供贸易融资、应收账款的收付结算管理与催收、销售分户账管理、与公司业务相关的信用风险担保、客户资信调查与评估、相关咨询服务等。

参 考 文 献

[1] 耿磊，高勇，武秋丽，等 . 互联网创新助力汽车融资租赁发展研究 [J]. 汽车工业研究，2015，5：47-51.

[2] 于晓娟，王杰 . 融资租赁服务农业的前景、作用及建议 [J]. 时代金融，2011，20：36-39.

[3] 包斯文 . 环保装备租赁将迎来发展黄金期 [N]. 中国冶金报，2015-03-05：5 版 .

[4] 杨光，尹军，夏家平 . 文化创意产业融资租赁发展的问题及对策研究 [J]. 现代管理科学，2016，8：69-71.

[5] 国开联产业研究院 . 中国融资租赁行业深度研究报告（2015 年）. 2015.

第4章 江苏省融资租赁行业的风险分析

融资租赁作为一项相对复杂的资金融通活动，兼具融资和融物两种职能，主要涉及出租人、承租人和供货商三方当事人，并且往往签订两个或两个以上的合同。作为一种类金融业务，融资租赁业务面临着诸多复杂风险。在开展融资租赁业务的过程中，充分了解各种风险的特征，有利于全面、科学地对风险进行分析、控制和管理。

4.1 融资租赁面临的主要风险

根据巴塞尔协议III（Basel III）对风险的分类，融资租赁行业面临的风险主要有以下三类：信用风险、市场风险和操作风险（图4.1）[①]。

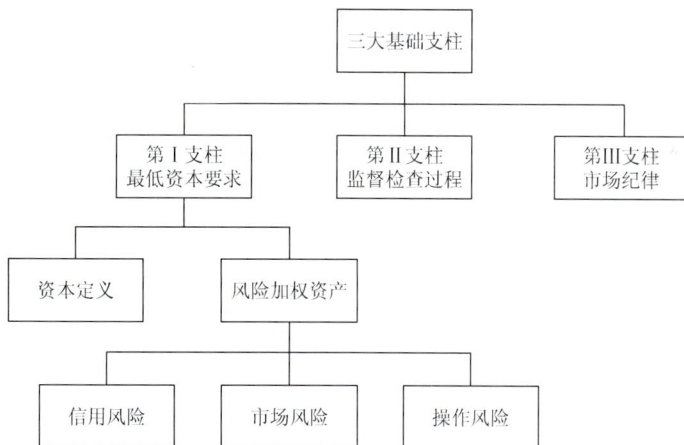

图4.1 巴塞尔协议III的基本结构

资料来源：根据 Basel III 综合整理

4.1.1 信用风险

信用风险是指交易对手未能履行约定契约中的义务而造成经济损失的风险。在融资租赁行业中，主要是指承租人、供货商等交易对手的信用状况及其履约能力的变化导致的融资租赁公司（出租人）遭受损失的风险。信用风险是我国的融资租赁公司所面临的主要风险。

信用风险主要源自承租人和供货商两个方面。承租人方面，因为融资租赁的业务通

[①] Basel Committeeon Banking Supervision. Basel III: A globalregulatory framework formore resilient banks and banking systems. 2010.

常期限较长，等于或接近于租赁物的经济寿命，导致融资租赁项目风险的暴露期较长，使得风险发生概率也随之增大。在租赁期限内，承租人的经济实力和经营状况发生改变，或是擅自改变租赁物状况、不合理地处置租赁物等，都可能导致承租人发生违约，从而产生信用风险。供货商方面，供货商对出租人的风险主要是间接的。如果供货商提供的租赁标的物质量不合格、无法按时交货或是无法满足设备售后服务需求，一方面会影响承租人开展业务，减少其租金收入；另一方面，承租人也有可能以此为借口拖欠甚至拒交租金，使融资租赁公司面临信用风险。

综合上述分析，融资租赁业务的长期性和租赁物的不确定性等特征，让出租人担负了较大的信用风险，对于信用风险的管理，应该加强内部的过程控制以及外部的监督，同时引入现代风险管理技术进行风险管理。

4.1.2　市场风险

市场风险是指融资租赁设备的收益与融资租赁资产的价值受市场上价格变化的影响所产生的不确定性。利率风险、汇率风险等市场风险直接影响到融资租赁的收益情况与融资租赁资产的核心价值。

1. 利率风险

利率风险是指市场利率变化的不确定性导致融资租赁公司发生损失的可能性。利息是租金高低的重要影响因素，融资租赁公司的主要利润来源为利差收益。若融资租赁项目的净现值（NPV）大于零，即租赁设备时预期的现金流量净现值大于购买设备时预期现金流量净现值，则项目是可行的。作为贴现率的市场利率是变动的，而立项时的租金是商定的，所以当租赁期间内利率明显上升，甚至超过项目的内部收益率（IRR，即使项目的净现值等于零时的折现率，若市场利率超过 IRR 则项目不可行）时，出租方的利润就会下降，甚至不能抵补融资成本。

在利率市场化的背景下，利率风险毫无疑问将成为我国融资租赁公司所面临的主要市场风险。融资租赁公司面临最主要的利率风险是期限错配风险，融资租赁公司通常以短期贷款作为融资租赁业务的资金来源，当利率上升时，由于租金收入固定，贷款利息支出随着利率上升而增加，从而导致融资租赁公司的预期收益减少、经济价值下降。

2. 汇率风险

汇率风险是指由于汇率不利变动致使融资租赁公司发生业务损失的风险，大多存在于国际融资租赁业务中。汇率风险主要取决于外汇市场的供求状况，其中主要包括国际收支状况、通货膨胀率、利率和汇率政策、市场的预期和投机活动的冲击等，以及各国的政治形势、经济发展情况等多种因素。随着国际金融自由化和汇率市场化的日益加深，汇率变动带来的风险已不可小觑。其主要体现在两个方面：①融资租赁公司筹措资金时引入的外汇借款，遭遇本币贬值时，会造成融资租赁公司成本增加风险；②融资租赁公司使用外汇结算的进出口设备（租赁物），遭遇汇率价格变化时带来的成本变动风险。

受融资条件和其他各方面限制，银行信贷以外的融资方式还没有被融资租赁公司大规模运用。飞机、船舶等资产以美元资产为主，而国内的资产支持票据市场尚未开放美元币种，也未将飞机租赁纳入基础资产范围，无法满足融资租赁公司的融资需求。相反，融资租赁公司在境外设立的项目公司可以直接取得美元借款，融资成本低于国内。不少融资租赁公司的外币资产规模因此远小于其负债规模，造成外币资产负债出现净负债敞口。随着外币资产负债缺口的扩大，建立健全汇率风险的对冲机制也越来越重要。

3. 经济周期风险

经济周期对融资租赁业务发展的影响主要是间接的。经济增长较快时，实体经济对资金的需求量增加，融资租赁业务发展也较好；相反，经济增长遇到阻力时，实体经济减少其资金需求量，融资租赁业务的风险也会相应加大。例如，金融危机期间，大量中小企业受其影响陷入倒闭的困境，无法持续经营，违约行为自然难以避免。

4. 政策风险

2009 年开始，为缓解国际金融危机对我国的影响，各级政府相继出台了一系列推动产业调整的政策，促进我国企业进行产业升级，提高竞争力。一方面，企业产业升级本身具有一定的不确定性，增加了相关融资租赁业务的风险；另一方面，产业升级意味着一些原有的落后设备需要更新换代，企业进行产业调整时尚未到期的融资租赁设备会失去其原有的价值，部分企业可能因资金原因不再续租，导致违约。这些因素都使得融资租赁的风险大大增加。

5. 税务风险

税收制度和纳税条款变动会对融资租赁公司的收益产生极大的影响，如果税收制度和纳税条款在租赁期间发生不利变动，融资租赁公司将会遭受损失。出租人面临的税收风险主要来自两个方面：①税率和资本折旧抵税额的变动会影响某项融资租赁业务的盈利水平，从而对出租人的税后利润率产生影响；②税收制度变动带来的风险，如对特定类型的资产取消资本折旧，或者规定原来由出租人享有的资本折旧改为由承租人享有。2016 年 3 月，财政部和国家税务总局联合下发《关于全面推开营业税改征增值税试点的通知》，宣布自 2016 年 5 月 1 日起，全面实行营改增[①]。税收政策的变化对融资租赁公司的业务及盈利产生了巨大影响。

4.1.3　操作风险

操作风险是指由不完善或有缺陷的内部程序、信息科技系统、员工及外部事件造成损失的风险。操作风险产生的原因较为复杂，如业务流程漏洞、虚假信息、信息系统故障、犯罪行为等。操作风险的产生与公司自身的管理也息息相关，如管理制度是否完善、人员技能培训是否通过、评估体系是否健全、业务流程是否合理、流程执行是否到位等。

---

① 财政部，国家税务总局 . 关于全面推开营业税改征增值税试点的通知 . 财税〔2016〕36 号，2016.

1. 技术风险

技术风险主要表现为租赁物在使用过程中发生的无形损耗带来的风险。技术同质化和技术创新是导致技术风险的主要原因。在承租人使用租赁物的过程中，技术不断进步，租赁物技术的落后必然会导致承租人收益的下降和租赁物使用寿命的减少，进而影响融资租赁公司的租金回收和现金流的匹配。

2. 流动性风险

流动性风险是指融资租赁公司无法及时获得或者无法用合理的成本获得充足资金，以支付到期债务或者其他支付义务、满足租赁业务发展需要的风险。简单来说，当融资租赁公司流动性不够充分时，无法以合适的成本融资或者通过变现资产来获得充足的资金，导致融资租赁公司资不抵债，妨碍正常的生产经营活动。流动性风险与其他几种风险相比，有更加复杂的成因和更加广泛的波及领域，一般被看作一种多维风险。所以，管理这一风险除了应当做好流动性计划之外，还应当对跨种类的风险管理引起充分重视。从某种意义上说，体现融资租赁公司整体能力的就是流动性风险管理水平。

对于融资租赁公司来说，流动性风险具体包括市场流动性风险和融资流动性风险。前一种风险是指由于市场深度不足或市场动荡，融资租赁公司无法以合理的市场价格卖出资产以获取资金的风险，反映了融资租赁公司在没有损失或者损失非常小的情况下迅速将资产变现的能力。资产变现的能力越强，融资租赁公司的流动性状况也就越好，流动性风险也就较低。所以，融资租赁公司应该对所持有的可迅速变现资产量进行合理估算，并与预期的流动性需求进行对比，以便判断流动性是否充足。后一种风险是指融资租赁公司在不影响日常经营或财务状况的情况下，无法及时有效地满足资金需要的风险，这反映了融资租赁公司在合理的时间、一定成本条件下迅速获得资金的能力。融资租赁公司获取资金的能力越薄弱，流动性风险相应越高。融资租赁公司流动性风险管理的根本就是要尽最大可能提高资产的流动性及负债的稳定性，进而在这两者之间达到最好的平衡。

以下几点会严重影响融资租赁公司的流动性：①资本的充足程度；②进入行业的货币市场的便利程度；③流动性较强的资产在总资产中所占的比例；④融资租赁公司所投资产业的分散性等。这些因素在不同程度上会影响融资租赁公司资金的流动性。集中发生租金拖延偿付与租赁设备的回收困难都可能会导致融资租赁公司的流动性风险。另外，当投入较大的项目出现信用风险，造成租金或租赁物回收出现困难时，融资租赁公司也会产生流动性风险。

就国内而言，融资租赁公司的筹资渠道较为单一，大部分来源于自有资金或银行信贷。商业银行办理的融资主要为无担保的贷款（授信）和第三者担保贷款，两者期限均较短。另外，融资租赁公司也可用租赁物进行质押融资，但这种方式的负债期限大多不匹配，租赁期限长而融资资金期限短，对融资租赁公司管理风险的要求更高。

3. 法律风险

法律风险是指融资租赁公司因日常经营管理和租赁业务活动中发生的诉讼或者其他

法律纠纷进而造成经济损失的风险。这种风险是操作风险中的一种特殊类型，主要是指因为监管部门的监管措施以及解决民事或者商事争议而不得不支付的罚款、罚金等所产生的风险敞口。

4.道德风险

道德风险表现为在融资租赁合同签订之后，客户利用拥有的信息优势、对行业规则及潜规则的了解、出租人对设备实际使用监管难度大等情况，采用融资租赁公司难以观察监督的隐蔽性行为获取私利，损害出租人的利益，如任意转移、拆卸或销售租赁设备，不努力经营以归还出租人租金，从而给融资租赁公司的资产安全带来风险。

出租人面临的道德风险包括承租人故意欺诈、还款意愿差和不作为。故意欺诈的具体表现为利用融资租赁获得设备后暗自转手出卖以获利、将售后回租标的设备二次抵押等；还款意愿差表现为承租人在有实力还款的情况下仍然故意拖延还款日期造成逾期或者故意不偿还租金而形成违约行为；不作为具体表现为不妥善使用、维护、管理租赁设备、不努力工作以从设备租赁中获得应有收益、不按规定给设备投保、续保等。

4.2　融资租赁的风险评估方法 [1]

4.2.1　公司风险评估

1. CAMELS 骆驼评级简介

CAMELS 评级系统是全球通用的一种对金融机构的信誉水平、业务运营状况等展开制度化、全面性、标准性及定量性的综合性层级测评系统。其测评指标主要有 6 个，即资本充足性（capital adequacy）、资产质量（asset quality）、管理水平（management quality）、盈利能力（earnings）、资产的流动性（liquidity）及市场风险敏感性（sensitivity to market risk），最终形成一个综合评级。

"经济大萧条"期间，为营造平稳健康的金融市场环境，美国金融监管当局推出了骆驼评级法（CAMEL rating）。骆驼评级法选择资本充足性、资产质量、管理能力、盈利能力和资产的流动性五项指标作为综合评价和衡量金融机构经营状况的标准。此后这套测评系统不但运用在对美国的金融机构进行监督管理，也被全球各个国家的金融监管部门广泛运用。1991 年，美联储和其他的金融监管部门对这一体系进行了更深入的完善，着重关注风险监督管理的关键性，对之前的评估指标进行了整改与再定义，并增加了第六项评价指标——市场风险敏感性，这一指标用来体现股权价格、汇率、利率及产品价格改变对金融机构获利水平产生的影响。新增第六项评价指标之后，将六项指标的英文首字母连在一起便组成了 CAMELS。骆驼评级法采取单项评价与整体评价相结合、定性分析与定量分析相结合，突出强调了风险监管和风险管理的重要性。

2. 融资租赁公司的 CAMELS 骆驼评级标准

通过 CAMELS 评价体系对融资租赁公司进行评估，能在一定程度上反映出融资租赁公司的风险状况。在使用 CAMELS 评价体系对融资租赁公司进行风险评估时，各个指标均具有关键性的意义。

（1）资本充足性（capital adequacy）是反映融资租赁公司运行水平的一个关键性的指标，较高的资本充足率是融资租赁公司在提供融资租赁服务过程中处理支出及各种风险的基本要求。融资租赁公司只有拥有充足的资金，才可以确保整个公司运行的稳健性及公司管理的持续性。

（2）融资租赁公司的资产质量（asset quality）影响着该公司的运营风险。它不仅决定着融资租赁公司获利的多少，而且对公司资产的流动水平及融资租赁公司的信用产生较大的影响。资产质量决定融资租赁公司未来是否能够平稳发展。

（3）融资租赁公司的管理水平（management quality）是决定融资租赁公司能否稳健发展的内在要素。融资租赁公司员工及管理层素养的优劣，理事会与董事会等职能机构管理水平的高低，是反映融资租赁公司营运稳健性的关键因素。

（4）融资租赁公司的盈利能力（earnings）是衡量融资租赁公司积聚能力和发展潜能的最关键因素。此外，盈利能力也为反映融资租赁公司运行平稳性及抵御风险能力的关键指标。

（5）融资租赁公司资产的流动性（liquidity）是保证融资租赁公司在运营过程中有足够资金的必要基础。融资租赁公司在寻求利润最大化时，应加强对公司资产的流动性提升，关注公司的财务指标对经济环境的适应情况。

（6）融资租赁公司对市场风险的敏感程度表现为对利率风险及市场风险反应的敏锐性。通过管控和处理相应的利率风险及市场风险，融资租赁公司能够保持稳健的运营与发展。

最后，根据上述六大指标形成融资租赁公司风险的综合评级。

1）资本充足性

通常情况下，资本充足率被用于衡量融资租赁公司内部资本的充足状况。

资本充足率具体的计算公式为

$$资本充足率 = 资本总额 / 风险资产 \tag{4.1}$$

就我国的融资租赁公司而言，可以依据表 4.1 中的标准来衡量其资本充足性。

表 4.1　资本充足性评级标准

等级	1 级	2 级	3 级	4 级	5 级
资本充足率	10% 以上	8%～10%	6%～8%	4%～6%	4% 以下

资料来源：根据《融资租赁风险管理》综合整理

当融资租赁公司的资本充足率大于 10% 时，融资租赁公司资本充足性的等级为 1 级。此时，融资租赁公司的资本非常充足，有足够的把握面对可能出现的一些风险，基本没有其他潜在风险存在。融资租赁公司充实的资本展现出优秀的运营管控能力。

当融资租赁公司的资本充足率大于 8% 且小于 10% 时，融资租赁公司资本充足性的等级为 2 级，此时融资租赁公司的资本充足性是令人满意的。融资租赁公司令人满意的资本展现出良好的运营管控能力，能够平稳地开展融资租赁业务，面临的风险相对较少，可以维持当前的业务水平。

当融资租赁公司的资本充足率大于 6% 且小于 8% 时，融资租赁公司资本充足性的等级为 3 级。此时，融资租赁公司的资本充足率较低，面临着因资产充足性低而产生的经营风险。

当融资租赁公司的资本充足率大于 4% 且小于 6% 时，融资租赁公司资本充足性的等级为 4 级。此时，该融资租赁公司的资本不足，也有可能因为业务拓展速度太快而使得资本储备无法跟上企业拓展的步伐，进而导致资本出现缺乏的状态。所以，融资租赁公司缺乏较好的运营管控能力，盈利能力也难以保证和维系。

当融资租赁公司的资本充足率小于 4% 时，融资租赁公司资本充足性的等级为 5 级。此时，融资租赁公司的资本充足率明显偏低，面临着因资产充足性低而产生非常大的经营风险，融资租赁公司的生存和发展受到威胁，亟需外界资金支持和援助。

事实上，在对融资租赁公司的资本充足性进行测量时，还需要对公司的资本获利水平、资产的质量、股权和利益分割状况等多种指标进行全面考察。

2）资产质量

资产质量不仅能够展现融资租赁公司的资产及与资产有关的信誉风险情况，并且能够体现融资租赁公司判断、测度、管控及处理信誉风险的水平。资产质量的高低是测度融资租赁公司抵御风险能力、盈利能力、信誉度及资产流动性的关键要素。

本书采用不良资产（占全部资产）比例来对融资租赁公司的资产质量进行定量地测度。其测算公式为

$$不良资产比例 = 不良资产额 / 资产总额 \qquad (4.2)$$

其中，不良资产额通常包含融资租赁业务中超期的贷款额、超期超过规定年限以上仍未归还且还没有执行完全计提坏账的贷款、超期超过规定年限以上仍未归还且可以完全计提坏账的贷款及不良投资。

理论上，要对资产质量进行评估，应运用多种不同的衡量标准，如融资租赁业务的坏账率、应收账款等。但由于实际操作中数据的可得性，往往无法将各种指标都考虑在内。故本书采用不良资产比例来对资产质量进行评估。具体的度量标准如表 4.2 所示。

表 4.2　资本质量评级标准

等级	1 级	2 级	3 级	4 级	5 级
不良资产比例	2% 以下	2% ~ 5%	5% ~ 10%	10% ~ 20%	20% 以上

资料来源：根据《融资租赁风险管理》综合整理

当融资租赁公司的不良资产比例小于 2% 时，融资租赁公司资产质量的等级为 1 级。

此时，融资租赁公司的资产质量非常好，企业具有丰富的管理经验，能够充分掌控企业内在资产，可以应对面临的各种风险。融资租赁公司往往仅需适时关注企业的资产。

当融资租赁公司的不良资产比例大于2%且小于5%时，融资租赁公司资产质量的等级为2级。此时，融资租赁公司的资产质量比较高，对资产的掌控及协调情况恰好可以应对面临的各种风险。融资租赁公司需要对其资产的整体状况及某些存在缺陷的资产予以重视和处理。

当融资租赁公司的不良资产比例大于5%且小于10%时，融资租赁公司资产质量的等级为3级。此时，融资租赁公司的资产质量呈现下滑的趋势，公司在运行中面临的风险越来越多。融资租赁公司需要提高资产掌控及抵御风险的能力以全面管控企业的资产。

当融资租赁公司的不良资产比例大于10%且小于20%时，融资租赁公司资产质量的等级为4级。此时，融资租赁公司的资产质量比较低，融资租赁业务中超期的贷款额、超期超过规定年限以上仍未归还且还没有时间完全计提坏账的贷款、超期超过规定年限以上仍未归还且可以完全计提坏账的贷款及不良投资等所占比重较大。

当融资租赁公司的不良资产比例大于20%时，融资租赁公司资产质量的等级为5级。此时，融资租赁公司的资产质量非常差，极大程度地制约着融资租赁公司的生存和发展。

厂商系融资租赁公司主要依靠其自有产品运营业务，不良资产比例较易遭受市场波动影响。

3）管理水平

融资租赁公司的管理水平体现了公司内部管理人员及董事会对企业面临风险的判断、度量、管控及处理能力。融资租赁公司的管理水平是确保公司平稳妥当地开展业务的内部要素。衡量融资租赁公司的管理水平，通常需对如下指标进行考察：

（1）公司董事会及管理层对公司经营活动的重视程度，以及公司业务受政府金融监管部门或权威影响的程度；

（2）公司内部管理的健全程度、管理的深度及管理的连续性；

（3）公司是否对关键业务制定了充分的内部政策和管理控制办法；

（4）公司对来自监管部门及审计机关的建议的反应；

（5）公司是否拥有与公司规模、所面临风险相匹配的高效运转的信息系统及风险控制体系；

（6）公司总体的绩效水平及风险框架。

本书借鉴银监会的规定，采用融资租赁公司资产负债比例指标作为评价公司管理状况的标准，如表4.3所示，并划为如下级别。

1级，融资租赁公司的资产负债比例指标全部达标，表明公司拥有非常强的管理能力，经营绩效比较好。公司的管理能力不存在问题，管理者对所有重要风险都能够有效地防范和控制。

2级，有1项比例指标没有达标，融资租赁公司拥有比较强的管理能力，在公司的运营管理过程中仅有部分非关键的问题需要解决，这些问题往往对融资租赁公司运营的稳健性影响不大。所有重要风险都能够有效地防范和控制。

3级，有2项比例指标没有达标，融资租赁公司的管理能力不够令人满意，虽然还没有出现非常严重的问题，但是在公司的运营管理过程中潜藏着某些风险，而当前融资租赁公司的管理水平很可能无法顺利消除这些风险。

4 级，有 3 项比例指标没有达标，融资租赁公司的管理能力较低，公司管理层不能很好地经营管理公司，缺乏战略决断的能力，对于已经出现的问题没有恰当的解决对策，对重要风险无法有效防范和控制。公司内部的管理人员亟须调整，以确保有效判断、度量、管控及处理所面临风险。

5 级，有 4 项及以上比例指标没有达标，公司的管理能力非常低，无法解决问题，重要风险无法控制且极有可能威胁公司的生存。管理者对于所面临风险无法进行恰当地判断、度量、管控及处理，因而对融资租赁公司的生存与发展造成了巨大的影响。因此，公司内部的管理人员需要撤换。

表 4.3　融资租赁公司资产负债比例

指标项目	指标类别	标准值（%）
资本充足率	本外币	≥ 8
租赁资产比例	本外币	≥ 50
拆入资金比例	本外币	≤ 100
租赁逾期率	本外币	≤ 5
租赁催收率	本外币	≤ 15
资产风险分散比例	本外币	≤ 30
长期投资比例	本外币	≤ 20
对股东金融比例	本外币	≤ 100

资料来源：根据《融资租赁风险管理》综合整理

注：（1）拆入资金比例 = 拆入资金余额 / 实收资本；

（2）租赁逾期率 = 逾期一年内的租赁余额 / 应收租赁余额；

（3）租赁催收率 = 逾期一年以上的租赁余额 / 应收租赁余额；

（4）资产风险分散比例 =（对单一债务人全部贷款 + 租赁 + 担保 ×50%）/ 总资产；

（5）对股东金融比例 =（对股东的全部贷款 + 租赁 + 担保 ×50%）/ 资本总额

4）盈利能力

融资租赁公司的盈利能力一般被用来测度该公司营运的平稳程度及抵御风险的能力。本书使用资产收益率和资本收益率来对融资租赁公司的盈利能力进行测度。相关计算公式如下：

$$资产收益率 = 净利润 / 平均资产总额 \tag{4.3}$$
$$资本收益率 = 净利润 / 实收资本 \tag{4.4}$$

关于盈利水平的具体度量标准如表 4.4 所示。

表 4.4　盈利能力评级标准

等级	1 级	2 级	3 级	4 级	5 级
资产收益率	1% 以上	0.7% ～ 1%	0.3% ～ 0.7%	0% ～ 0.3%	小于 0
资本收益率	10% 以上	7% 以上	3% 以上	—	—

资料来源：根据《融资租赁风险管理》综合整理

当融资租赁公司的资产收益率大于 1%，而资本收益率在 10% 以上时，融资租赁公司盈利能力的等级为 1 级。此时，融资租赁公司具有非常强的盈利能力，获取的利润能够维系整个公司正常运转、保留足够的营运资金及应对诸多潜在风险。

当融资租赁公司的资产收益率大于 0.7% 且小于 1%，而资本收益率在 7% 以上时，融资租赁公司盈利能力的等级为 2 级。此时，融资租赁公司具有比较强的盈利能力，其资产所得收益及资本所得收益均较好。

当融资租赁公司的资产收益率大于 0.3% 且小于 0.7%，而资本收益率在 3% 以上时，融资租赁公司盈利能力的等级为 3 级。此时，融资租赁公司的盈利能力不太突出，其获取的利润勉强维系整个公司正常运转、保留足够的营运资金及应对诸多潜在风险。

当融资租赁公司的资产收益率大于 0% 且小于 0.3% 时，融资租赁公司盈利能力的等级为 4 级。此时，融资租赁公司的盈利能力偏低，呈现支出大于收入的情况。

当融资租赁公司的资产收益率小于 0% 时，融资租赁公司盈利能力等级为 5 级。此时，融资租赁公司的支出远远大于收入，资本耗费严重，公司无法继续正常经营。

5）资产的流动性

资产的流动性一般用于估量融资租赁公司在恰当的成本支出的情况下，不用强行将正在运作中的相关资产转换为现金而对资金进行协调的能力。本书采用流动资产比例来度量融资租赁公司资产的流动性，具体的度量方式为

$$流动资产比例 = 流动资产额 / 总资产额 \tag{4.5}$$

关于资产流动性的评级标准，如表 4.5 所示。

表 4.5　资产流动性标准

等级	1 级	2 级	3 级	4 级	5 级
流动资产比例	25% 以上	17% ～ 25%	10% ～ 17%	5% ～ 10%	5% 以下

资料来源：根据《融资租赁风险管理》综合整理

当融资租赁公司的流动资产比例大于 25% 时，公司资产流动性的等级为 1 级。此时，公司资产的流动性很强，对资金的掌控、周转、变现及偿还等方面的能力均非常突出，在任何时间能够获得足够的资金进行周转。

当融资租赁公司的流动资产比例大于 17% 且小于 25% 时，公司资产流动性的等级为 2 级。此时，公司资产的流动性比较强，在资金的掌控与协调方面有待加强。

当融资租赁公司的流动资产比例大于 10% 且小于 17% 时，公司资产流动性的等级为 3 级。此时，公司能够获取的流动性资金尚不能够进行资金偿还，公司在资金筹集方面可能会陷入困境。

当融资租赁公司的流动资产比例大于 5% 且小于 10% 时，公司资产流动性的等级为 4 级。此时，公司资产的流动性比较低，能够获取的流动性资金不能应对大量的资金需求。

当融资租赁公司的流动资产比例小于 5% 时，公司资产流动性的等级为 5 级。此时，公司资产的流动性非常低，在资金运用方面陷入困境，难以维系公司的正常营运，公司

极有可能由于流动性不足而濒临倒闭。

6) 市场风险敏感性

市场风险敏感性（sensitivity of market risk）主要考察相关利率、汇率、证券价格等发生改变时，融资租赁公司的经济利益受到影响的程度。市场风险敏感性用来衡量融资租赁公司控制、处理市场风险的能力。根据我国融资租赁公司的实际运营及财务处理情况，本书使用利率匹配度指标来度量融资租赁公司对市场风险的反应程度，具体方式为

$$利率匹配度 = 长期资产比重 - 长期负债比重 \tag{4.6}$$

其中，

$$长期资产比重 = 长期资产 / 总资产额 \tag{4.7}$$

$$长期负债比重 = 长期负债 / 总负债额 \tag{4.8}$$

关于市场风险敏感度的评级标准，如表 4.6 所示。

表 4.6　市场风险敏感性评级标准

等级	1 级	2 级	3 级	4 级	5 级
利率匹配度	10% 以下	10% ～ 20%	20% ～ 30%	30% ～ 40%	40% 以上

资料来源：根据《融资租赁风险管理》综合整理

当融资租赁公司的利率匹配度在 10% 以下时，市场风险敏感性等级为 1 级。此时，公司对市场风险的敏感性强，公司的资本构成合理，公司能够较好地管控市场风险，公司的盈利能力强。

当融资租赁公司的利率匹配度在 10% 与 20% 之间时，市场风险敏感性等级为 2 级。此时，公司对市场风险的敏感性比较强，公司的资本构成比较合理，能够较好地抵御市场风险，公司的盈利能力较强。

当融资的利率匹配度在 20% 与 30% 之间时，市场风险敏感性等级为 3 级。此时，公司对市场风险的敏感性比较弱，不能够较好地抵御市场风险，公司的盈利能力和资本构成需进一步提升。

当融资租赁公司的利率匹配度在 30% 与 40% 之间时，市场风险敏感性等级为 4 级。此时，公司对市场风险的敏感性严重不足，不能够很好地抵御市场风险，公司的盈利能力和资本构成造成负面阻碍的情况很可能出现，公司欠缺风险管控能力。

当融资租赁公司的利率匹配度大于 40% 时，市场风险敏感性等级为 5 级。此时，公司对市场上风险的敏感程度非常欠缺，不能够抵御市场风险，公司的风险管控能力极度不足，严重影响其生存和发展。

7) 综合评级

综合评级是运用加权或者算术平均的方式对上述六项评价指标的数据进行综合性的分析，并由监管人员根据各要素的重要性，运用自己的判断来确定合理的评级结果，通

常情况下，综合评级的结果同六项评价的结果差异不大。

若综合评级的结果在1级到2级之间，则总体而言，融资租赁公司面临的综合性风险最弱。

若综合评级的结果在3级到4级之间，则总体而言，融资租赁公司仍可保证常规性地运作，但是各单项评价指标中也可能潜藏着很大的风险，公司应该投以更多的关注。

若综合评级的结果达到5级，则说明融资租赁公司面临着较大的风险，亟须注入资金。

4.2.2 项目风险评估

一项融资租赁业务一般要经历选择目标客户、资料收集及初步分析、商谈融资租赁方案、尽职调查、谈判签约、租后管理等环节，而对融资租赁项目风险的评估则几乎贯穿整个流程。在立项初期，通过项目风险评估可帮助公司选择资信状况良好的客户，避免日后出现承租人无法及时足额缴纳租金的情形，从而降低违约风险；在立项中后期，应建立起完善的风险动态预警机制与处置机制，随时监控和调整公司的经营状态，以便公司能及时调整策略，避免风险或降低风险损害程度。下面针对几个重要的阶段做进一步阐述。

1. 立项前期

立项前期的项目风险评估主要包括尽职调查、商务谈判等环节。尽职调查是指出租人和承租人就融资租赁交易进行初步商谈，达成了融资租赁业务合作初步意向，并且承租人对交易方案确认后，出租人对承租人、供应商等相关企业的经营与财务状况、租赁物及抵质押物所做的现场调查、资料分析与核实等一系列活动。

在融资租赁公司订立合同前的尽职调查阶段包括：公司应对供货商和承租人的经营规模、财务状况、未来发展规划及风险可能性进行全方位调查，如核查租赁项目占投资总额的比例、企业近年财务报表和有关明细表，产品的市场销售情况等。在此过程中，除负责尽职调查的项目经理外，负责商务运作的商务经理及项目评审的质控经理也需对承租人、供应商资质及财务状况等进行严格审查，通过交叉验证、现场访谈等手段核实所了解信息的真实性、全面性。对于资信情况较差或不明的，应要求提供相应的担保。公司应根据自身的资本状况和业务情况，有针对性地选择目标客户，并仔细核对承租企业租赁项目申请表中对租赁物要求的初步定性与定量分析，在确保公司实力能满足客户需求的情况下，再进入下一环节。尽职调查对于融资租赁项目的前期风险控制十分重要，如实施了全面、细致的尽职调查，许多风险将在此阶段被识别和防范，从而避免日后的合同纠纷。

商务谈判环节，主要谈判融资租赁合同中双方的权利、义务、履约保证、保证金、手续费、利率水平、名义货价、租金的确定方法和支付方式、担保条件等。业务人员若认为需要对之前已达成的融资租赁交易方案进行调整的，制定谈判方案并组织洽谈，与承租人、担保人进行商务谈判，参与承租人与供应商之间的技术谈判。通常在谈判期间即根据项目评审的要求确定担保的物品和条款，增加承租人的违约成本。当违约发生时，融资租赁公司可以通过担保物来减少甚至弥补损失，将违约风险一定程度地转移给担保人。

2. 立项中期

立项中期，融资租赁公司可以通过项目审批、合同审查等手段对项目风险进行评估。项目审批环节，风险管理部门对业务部门提交项目资料的完备性、数据准确性及业务操作手续合规性进行审查，对资料不完备、数据计算不准确及业务操作手续不符合公司相关规定的，或项目资料无法满足审查需要的，风险管理部门有权要求补充或退回。合同审查环节，融资租赁公司的风险管理部门应负责审查合同文本中的商务条款，法律事务部门应负责审查合同文本中的法律条款，以防范相关风险。

3. 立项后期

立项后期，融资租赁公司应建立风险预警及风险处置机制，以便对项目的风险进行实时监控与防范。风险预警机制从动态上实现对融资租赁风险的控制，通过设定风险预警指标和预警点运行。风险预警指标分为财务指标和非财务指标。财务预警定量指标，一般是按承租企业财务报表定期监测；非财务指标是指管理人员预警、租赁公司与企业关系预警、承租企业生产经营预警、体制变更预警等定性指标，一般是即时监测、随时更新。融资租赁公司应根据制定的风险预警定性和定量指标，定期或随时监控，将有关风险的重要信息和企业内部业务运作的纰漏和不足及时反馈给风险控制部门，及时纠正错误操作，采取防范和补救措施。

风险处置机制是指在风险行为发生后的处理机制。当发生项目出险时，应立即成立风险处理小组，并启动风险通知流程，在风险处理小组研究、确定风险处置方案后应及时启动风险处理流程并在获得公司批准后方可执行。因客观因素导致承租人无法及时足额支付租金的，可视情况予以租赁展期；对于逾期租金，业务人员也需通过租金催收、法律诉讼、资产清收等措施对风险进行管理。

4.3　融资租赁的风险防范措施 [1]

融资租赁公司应根据自身的风险偏好制定适当的风险管理策略，建立完善的内部风险控制体系，形成良好的风险资产分类管理制度、承租人信用评估制度、事后追偿和处置制度及风险预警机制等，以有效控制所承担的风险，确保融资租赁公司的健康稳定经营，不断提高市场竞争力。

对于不同阶段的融资租赁风险类别，融资租赁公司使用的风险管理策略可以大体上分为规避、抑制、转移、分散、补偿、对冲和自留七种，本节主要针对这七种风险管理策略展开论述。

4.3.1　风险规避

风险规避是指融资租赁公司事先采取措施规避风险因素，拒绝开展或者退出某一融资租赁业务或者市场，从而避免承担这一业务或者市场风险的一种策略。换一种简单的说法就是，不做业务，不承担风险。规避风险时要注意以下几点。

（1）要做好融资租赁前的调查和信用分析工作，避免向资信状况差的承租人和风险过大的项目提供服务。一些承租企业为了避免承担过重的税负而对财务资料进行了调整，所以在开展融资租赁业务时，融资租赁公司不能太过依赖客户所提供的资料。在支付租赁物价款时，要先取得关于租赁物的适销性和市场价值的评估意见，避免租赁物不足值或难以转卖。

（2）注意租赁期限结构与负债期限结构的匹配，将存贷款比例控制在适当的程度，提高资产流动性。

（3）在贷款的币种与利率选择上规避风险。在国际借贷中，常用"一篮子货币"合理组合的方式来规避风险。在外汇业务中，还可借鉴银行经常采用的"收硬付软""借软贷硬"等策略规避汇率风险。"硬"是指在国际金融市场上汇价稳定、坚挺的货币；"软"是指在国际市场上汇价疲软、不稳定的货币。在经济紧缩期宜采用固定利率，在通货膨胀期宜采用浮动利率。通过这些办法来规避利率风险和汇率风险。

（4）在融资租赁项目审查过程中，应坚持审贷分离原则。在融资租赁项目审批后，要将所有法律要件办理完毕（如抵押品的抵押公证、登记、保险等）及合同规定的其他先决条件都落实后，才能发放贷款，避免因手续不全而造成风险。

（5）在融资租赁贷款发放后，要加强贷后检查，发现企业挪用贷款或经营出现危险预兆时，应积极采取措施避免不能按期收回租金。

规避风险是一种简单易行、全面、方法。彻底的风险处理规避风险的主要优点是积极预防、方便简洁、经济安全，其局限性在于规避风险的同时放弃了获取收益的机会。

4.3.2 风险抑制

风险抑制是指融资租赁双方在承担风险后，加强关注风险因素的变化，当出现风险爆发征兆或实际发生时，及时采取措施控制风险发生和减少风险损失的策略。风险抑制有两种指导思想：①是要保全本金和原定的放款收益；②是使本金损失控制在最小范围内，允许减少和放弃利息收益。

在第一种思想指导下，风险抑制的手段有：追加担保人和担保金额，当承租企业的租金偿还出现困难时，或融资租赁公司经财务审查发现承租人财务状况有可能恶化时，可要求承租人增加提供资信优良的担保；追加资产抵押，当承租企业财务状况吃紧，需要追加资金时，融资租赁公司可要求以大量资产抵押为条件，为原有融资增加资产抵押，从而提高原债权和新债权的清偿能力。

在第二种思想指导下，风险抑制的手段有：减少追加融资。一旦承租企业出现资金困难，便停止对其新增融资，并采取手段尽早收回投资，如免收提早偿还应收取的承诺费等，从而最大限度地减少损失。向承租企业派驻观察员和经营管理财务专家，帮助承租企业发现经营管理中存在的问题，并提出解决问题的指导意见。在运用风险抑制策略中，应注意以下事项：①不能让承租人感到他是众多问题客户之一，应积极启发承租人合作；②处理拖欠租金问题应有一个行动计划，并及时记录和修改；③催收态度必须坚决而积极；④不要把第一次还租违约视为小事而不予理睬，这可能是承租人财务状况恶化的先兆；⑤接管抵押品要迅速，以免其他债权人捷足先登；⑥即使用呆账准备金冲销拖欠租金后，并不意味着停止催收。是否继续催收取决于催收成本是否低于预期能催收到的还款金额。风险抑制的原理在于当呆账、坏账等风险损失发生之前能够预先获得警报信号，并采取有力措施抑制风险的恶化。风险抑制常用于信用融资，因为放款和收回本息之间有一段较长的时间，便于审查人员跟踪客户的财务状况。但风险抑制却不适合于市场风险，因为融资租赁公司在货币、外汇、证券等市场中不占有绝对优势，无法操纵市场，而且这些市场变化非常快，基本没有发现信号、采取措施的余地，所以市场风险常通过风险转移进行控制[①]。

4.3.3 风险转移

风险转移，是一种通过购买某种金融产品或者采取其他措施把风险转移出去的策略。融资租赁公司可采用的风险转移方法可以分为保险转移和非保险转移。

1. 保险

保险转移，即购买保险，通过缴纳保险费的方式，把风险从自己转移给保险公司。例如，融资租赁公司在进行租赁交易时要求承租人对抵押物进行投保，将抵押物损失的风险转移到保险公司等。当发生风险损失时，保险公司按照合同约定支付融资租赁公司一定的经济补偿。

2. 非保险转移

非保险转移中，可以采取的方式有两种。第一，担保。融资租赁公司可以通过担保将本应由融资租赁公司承担的信用风险转移给担保人。例如，在签订融资租赁合同的时候，一般会要求承租人提供第三方担保人作为保证，如果承租人不能按期支付租金，则由担保人代为支付。第二，期货合约。期货交易的功能是风险转移和价格发现，通过金融期货的套期保值，融资租赁公司可以将价格波动的风险转移给投资者。期货交易作为有效的保值工具，其作用已被广泛认可，且交易量不断刷新纪录，成为金融机构转移风险的重要工具。

4.3.4 风险分散

风险分散是指在经营过程中，融资租赁公司通过业务多元化来分散和化解风险的一种策略。将风险分散到彼此独立、关联度较小的业务上，一旦由于主客观因素造成某业务出现风险时，其他业务收益不受影响，把风险控制在能承担的范围内，通俗的话说，就是"不把鸡蛋放在一个篮子里"。融资租赁风险分散的具体做法有：

---

① 毕马威国际.从财务角度看融资租赁企业的重点关注领域.2016.

（1）充分运用多种融资租赁模式，实现业务种类多元化。融资租赁公司应该有全面的租赁业务，而不应该都集中在一种业务模式上。如采用转租赁、联合租赁及杠杆租赁等方式进行资产组合；还可以在租赁投资期限及租金回收时间上进行分散组合，避免租金回收期集中在某一时段内。融资租赁公司可以通过租赁资产的组合管理或者同其他融资租赁公司联合租赁的方式，使租赁对象和租赁业务多元化，从而分散和化解风险。通常，实现租赁多元化以后，承租人的租金拒付风险可以被看作是相互独立的，大大降低了融资租赁公司所面临的整体风险。

（2）对租赁投资授信金额适当分散，即实行授信制度，使租赁投资对某一客户的授信控制在一定额度（授信额度）之内，为使授信制度得以贯彻，一般规定不同层次主管的授信权限，并规定对授信制度的事后审核和完善，加强授信制度的约束力和实施效果。

（3）对融资租赁业务涉及的产业和地区进行分散，即将租赁投资分散于多个产业及地区，使每个行业及地区的投资量在一定范围内，实现全球性的资源配置，避免因某行业的长期不景气或某地区的经济衰退而遭受损失。

（4）对融资租赁业务中的币别进行分散，即通过持有不同币别的资产来抵御外汇市场的波动。一般来说，同属一个货币集团的价格波动大多呈正相关关系，所以组合这些货币不能有效地分散风险。在币别组合上应选择相关关系为负值或较小正值的货币，使其在汇率波动中的损益可相互抵补。

分散风险策略的运用将提高融资租赁公司的风险管理水平，其优点主要表现在：①风险分散是利用资产之间的相关关系分散风险，不涉及远期买卖，期权交易，保险等费用，可以节约成本；②风险分散有利于融资租赁公司管理者树立风险控制全局观念，克服其他控制措施只考虑个别资产或个别交易风险的弊端；③某些资产种类多，金额不大，若对每种资产都保值，成本费用过高。风险分散策略能适应这些资产的风险控制需要。当然，风险分散策略也有其不足之处，主要是风险分散使资产价值波动幅度减小，资产价值损失的机会减少，但同时也使获得资产增值的机会减少。所以风险分散的目的是回避大的风险波动，而不是获得投机利润，适用于风险回避型管理者。

4.3.5 风险补偿

风险补偿是指融资租赁公司在融资租赁业务造成实质性损失之前，对即将承担的风险进行价格补偿的一种策略。对于无法分散、对冲、转移及规避的风险，融资租赁公司可以通过在租金上附加一定的风险溢价，获取承担风险的价格补偿。融资租赁公司可以事先在租赁物的定价过程中充分考虑各种风险因素，通过租金的调整来获取合理的风险报酬。对融资租赁公司而言，风险管理的重要内容之一就是对所经营或者承担的风险进行合理定价。如果定价过低，将很难收到合理的风险补偿；定价过高，又会丧失市场竞争力，导致陷入业务量萎缩的窘迫状况。

风险补偿传统上用于坏账、呆账的抵补。主要采用的方法有三种：①抵押。抵押是以借款客户的全部或部分资产作为抵押品进行租赁融资，当承租人不能按合同如期履约偿付租金时，融资租赁公司有权接管、占有抵押品，并且在进一步延期、催收均无效时，有权拍卖抵押品，以此收益弥补项目呆账、坏账损失。②金融产品定价。以租赁作为金融产品的定价贯彻风险与收益成正比的原则，使租赁的目标收益能够适当反映和抵补所承担的风险。租赁定价主要确定利率水平，一般对信誉较好的公司给予优惠利率。金融产品定价除需考虑风险程度外，还需考虑金融产品的市场营销及客户关系等因素。③提取准备金。包括呆账准备金、投资风险准备金、坏账准备金、法定盈余公积金、任意公积金等。过多地提取准备金会使融资租赁公司的利润偏低，影响盈利水平，过少又可能使融资租赁公司面临流动性风险，不能满足风险损失的补偿需要。因此，提取准备金需适度。

4.3.6　风险对冲

风险对冲，是一种通过购买与租赁物收益波动负相关的某种资产或者衍生品，来抵消租赁物的潜在损失的策略。这一策略对管理市场风险（主要是利率风险和汇率风险）非常有效，它分为自我对冲与市场对冲两种情况。自我对冲是指融资租赁公司利用那些具有收益负相关性质的融资租赁业务组合形式本身所拥有的对冲特征来进行风险对冲，该策略既能管理系统性风险，又能管理非系统性风险，它的关键在于设定一个合理的对冲比例，因为该比例将直接关系到风险管理的成本与收益。市场对冲是指对于那些无法通过业务调整来进行自我对冲的风险，通过衍生品市场进行对冲，如利用货币掉期交易进行汇率风险的对冲。货币掉期是一项常用的债务保值工具，主要用来控制中长期汇率风险，把以一种外汇计价的债务或资产转换为以另一种外汇计价的债务或资产，达到规避汇率风险、降低成本的目的。

4.3.7　风险自留

风险自留是融资租赁公司的风险处理策略失效后被迫接受或是融资租赁公司认为自身有能力承担该风险而采取的一种风险处理策略。对融资租赁公司而言，风险自留就是在认为项目风险可控的情况下承担项目的全部风险。

参 考 文 献

[1]　程东跃 . 融资租赁风险管理 [M]. 北京：中国金融出版社，2006.

第 **5** 章　江苏省融资租赁行业的规范监管

　　江苏省融资租赁行业迅速发展离不开各级政府的有力指导与高效监管。2015 年 9 月国务院办公厅颁布《关于加快融资租赁业发展的指导意见》，2016 年 4 月江苏省政府办公厅颁布《关于加快融资租赁业发展的实施意见》，为融资租赁行业持续发展提供政策红利。然而，行业飞速发展过程中，仍存在融资渠道相对单一、专业人才亟须培养、风险防范有待加强等问题，特别是 2016 年 10 月起，外资融资租赁公司准入"审批"改"备案"制，进一步加大行业监管难度。

　　基于此，必须加快完善融资租赁行业的规范监管体系，以促进行业有序健康发展。具体而言，行业监管方面，完善融资租赁公司准入、检查、统计、退出等方面管理办法，建立网络实时监测、省市风险排查、县级现场核查相结合的事中事后监管体系，落实定期排查、不定期排查和抽查相结合的监管举措，完善企业报送信息异常名录和黑名单制度。行业自律方面，充分发挥"江苏省融资租赁行业协会指导委员会"的引导作用，支持行业协会协助监管部门开展行业管理，进一步完善风险防范机制，建立集行业监管体系、行业诚信体系、资产登记和交易体系于一体的"融资租赁行业综合服务信息系统"，引导公司积极承担社会责任。企业内控方面，融资租赁公司需加强内控制度和风控体系建设，强化风险管理委员会监管职能，增强风险防范能力，有效防范互联网金融等新风险因素。

5.1　融资租赁行业监管

5.1.1　融资租赁行业监管必要性

　　我国融资租赁行业起步较晚，特别是加入 WTO 以来，国内市场逐渐开放，融资租赁企业面临来自国际市场的竞争压力。在社会主义市场经济条件下，融资租赁行业发展尚不成熟，各项监管法规处于逐步完善过程中，要积极应对市场竞争，引导融资租赁行业健康发展，就必须加快完善融资租赁行业的监管机制。

　　（1）降低外部环境对融资租赁行业发展的不良影响，引导行业健康发展。目前我国仍处于社会主义市场经济建设中，融资租赁行业发展需要通过制度设计来引导。同时，与发达国家健全的法律环境相比，我国的法制化道路还很漫长。健全的法律环境是融资租赁行业良性发展的必要保障，因此适度的政府介入和调节对于融资租赁行业必不可少[1]。行业监管部门一方面需要通过相关制度引导融资租赁企业健康发展，适当地清退不合格企业；另一方面应积极地为融资租赁企业创造良好的制度环境，设置合理监管指标，从事前监管向事中事后监管转变。

（2）推动融资租赁行业繁荣发展，充分发挥其对经济的促进作用[1]。目前我国经济处于新常态，经济增速逐渐放缓，从高速增长时代步入中高速增长时代。融资租赁作为一种直接服务于实体经济的融资工具，可以引导金融资源精准进入实体经济。因此，监管部门应对融资租赁行业的持续繁荣发展予以高度重视，加大监管力度，促进融资租赁更好地支持我国实体经济发展。

（3）应对国际环境变化，推动融资租赁行业创新发展。创新驱动引领中国经济加快转型升级，融资租赁行业发展均已步入新阶段。融资租赁服务于实体经济，伴随工业制造方式、生产模式不断变化，传统的融资租赁模式面临转型。新形势之下，融资租赁行业在继续积极稳健做好既有传统业务的同时，亟待紧跟市场需求开拓新业务领域。创新意味着巨大的不确定性，监管部门应及时跟进，防范风险，引领融资租赁行业良性繁荣，防止"野蛮生长"。

（4）防范"影子银行"风险。根据国际上对于"影子银行"的定义，融资租赁作为类金融业务，隶属于"影子银行"范畴。大量资金业务游离于国家金融监管之外，会影响金融市场稳定性。由于融资租赁企业尚未具备与银行同等的资金业务运营能力，将会给市场带来较大的资金风险。此外，我国融资租赁企业的资金来源主要是银行信贷，企业坏账增多会直接传导至金融系统。根据《关于加强影子银行业务若干问题的通知》（国办发〔2013〕107 号）的精神，融资租赁公司等非金融机构应严格界定业务范围，依托适宜的租赁物开展融资租赁业务，不得转借银行贷款和相应资产。因此，防范融资租赁可能引起的"影子银行"风险是融资租赁行业监管的重要目标之一①。

5.1.2　融资租赁行业监管现状

1.融资租赁行业发展的政策沿革

鼓励、支持与引导是当前国家制定有关融资租赁行业政策方针的主要方向。为更好地发挥融资租赁服务实体经济发展、促进经济稳定增长和转型升级的作用，国务院先后多次出台政策鼓励融资租赁行业发展，全国多个省份也相继响应国家号召出台实施细则。

在国家政策层面，2015 年 8 月 26 日，国务院总理李克强主持召开国务院常务会议，确定了融资租赁行业服务实体经济的战略地位。会议提出了加快融资租赁行业发展的四点政策：①厉行简政放权，对融资租赁公司设立子公司不设最低注册资本限制；②突出结构调整，加快发展高端核心装备进口、清洁能源、社会民生等领域的租赁业务；③创新业务模式，用好"互联网+"，坚持融资与融物结合，建立租赁物与二手设备流通市场，发展售后回租业务；④加大政策支持，鼓励各地通过奖励、风险补偿等方式，引导融资租赁和金融租赁更好服务实体经济。2015 年 9 月 7 日，国务院办公厅印发《关于加快融资租赁业发展的指导意见》，从总体要求、主要任务和政策措施三大方面指出融资租赁行业的发展方向，在改革体制机制、加快重点领域发展、创新发展方式、加强事中事后监管等方面对融资租赁行业发展进行全面部署，并提出到 2020 年中国融资租赁业市场规模和竞争力水平位居世界前列的发展目标。表 5.1 列出各省市关于推进融资租赁行业发展的指导意见。

---

① 国务院.关于加强影子银行业务若干问题的通知.国办发〔2013〕107 号，2013.

表 5.1　各省市关于推进融资租赁行业发展的指导意见

时间	地区	政策
2015 年 10 月 8 日	陕西省	《陕西省人民政府办公厅关于促进融资租赁业发展的实施意见》
2015 年 12 月 29 日	安徽省	《安徽省人民政府办公厅关于加快融资租赁和典当行业发展的实施意见》
2015 年 12 月 30 日	辽宁省	《辽宁省人民政府办公厅关于促进融资租赁业发展的实施意见》
2016 年 1 月 22 日	河北省	《河北省人民政府办公厅关于加快融资租赁业发展的实施意见》
2016 年 2 月 7 日	天津市	《天津市人民政府办公厅关于印发支持企业通过融资租赁加快装备改造升级实施方案及配套文件的通知》
2016 年 2 月 17 日	吉林省	《吉林省人民政府办公厅关于加快融资租赁业发展的实施意见》
2016 年 2 月 24 日	山东省	《山东省人民政府办公厅关于贯彻国办发〔2015〕68 号文件加快融资租赁业发展的实施意见》
2016 年 2 月 25 日	内蒙古自治区	《内蒙古自治区人民政府办公厅关于加快融资租赁业发展的实施意见》
2016 年 3 月 12 日	云南省	《云南省人民政府办公厅关于促进融资租赁业发展的实施意见》
2016 年 4 月 1 日	湖北省	《湖北省人民政府关于加快融资租赁业发展的实施意见》
2016 年 4 月 8 日	江苏省	《江苏省政府办公厅关于加快融资租赁业发展的实施意见》
2016 年 5 月 13 日	重庆市	《重庆市人民政府办公厅关于加快融资租赁业发展的实施意见》
2016 年 6 月 12 日	广东省	《广东省人民政府办公厅关于加快融资租赁业发展的实施意见》
2016 年 8 月 15 日	上海市	《上海市人民政府办公厅关于加快本市融资租赁业发展的实施意见》
2016 年 9 月 3 日	浙江省	《浙江省人民政府办公厅关于加快融资租赁业发展的实施意见》
2016 年 10 月 13 日	河南省	《河南省人民政府办公厅关于促进融资租赁业发展的实施意见》
2016 年 10 月 18 日	山西省	《山西省人民政府办公厅关于加快推进融资租赁业发展的实施意见》

资料来源：根据各省办公厅公告整理

伴随融资租赁行业的政策红利频繁出台，我国融资租赁行业的四大支柱——交易规则、会计准则、行业监管、税收政策在 1999 年以后已陆续建立并不断夯实（表 5.2）。尤其从 2013 年起，我国融资租赁行业在监管、法律、税收、会计等方面均取得了较大进展，制约中国融资租赁行业发展相关问题正逐步解决。

表 5.2　融资租赁行业的四大支柱建立及完善过程

支柱	时间	内容
交易规则	1999 年 10 月	《合同法》中专门新增十四章 "融资租赁合同"，为行业提供了基础的法律保障
会计准则	2006 年 2 月	经修改的《企业会计准则第 21 号——租赁》对传统租赁和融资租赁的会计认定和处理办法做了明确的规定
税收政策	2013 年 8 月	融资租赁由适用营业税改为增值税，财政部和国家税务总局不断发布有关融资租赁行业的税收政策
行业监管	2013 年 9 月	商务部发布了内外资统一的《融资租赁企业监督管理办法》

资料来源：根据商务部、财政部、国家税务总局相关公告整理

2. 融资租赁行业的监管形态

随着融资租赁行业规模的进一步扩大，近年来监管部门对融资租赁公司的监管也在持续加强，相继出台和修订了相关的监管办法，旨在加强行业监管，推动融资租赁行业持续健康发展。

2001 年 8 月 13 日，对外贸易经济合作部发布了《外商投资租赁公司审批管理暂行办法》，作为外商租赁公司和外商融资租赁公司的监管办法；2005 年 2 月 17 日，商务部发布了经试行和修改的《外商投资租赁业管理办法》；2013 年 9 月 18 日，商务部正式出台了《融资租赁企业监督管理办法》（简称《管理办法》）：一方面，针对我国外资融资租赁公司数量剧增的情况，《管理办法》对融资租赁公司境外投资者的资质进行了相关规定，对外资融资租赁公司作为境外资金的流入通道，形成一定的控制；另一方面，针对我国融资租赁公司以"售后回租"名义开展"类信贷"业务进行了限制，《管理办法》强调融资租赁业务必须与租赁物相结合，并明确了标的物范围。这些措施一定程度上加强了监管部门对融资租赁公司的业务监督[①]。

《管理办法》相较以前的监管法规，主要有以下几点变化：①监管对象方面，原《外商投资租赁业管理方法》仅限于外商租赁公司和外商融资租赁公司，现调整为根据商务部有关规定从事融资租赁业务的企业，即内资试点融资租赁公司和外资融资租赁公司均属于监管对象；②监管主体方面，有关部门各尽其责，内资试点融资租赁公司的审批由商务部和国家税务总局、自贸区所在省市商务主管部门和国家税务局负责，外资融资租赁公司的审批由商务部和省级商务主管部门负责；③经营规则方面，对融资租赁公司的经营规则列举了规定或指导性意见，包括不得从事吸收存款、发放贷款等金融业务，委托租赁和转租赁的物件需单独记账、加强租赁物登记等。

表 5.3 为融资租赁行业监管政策概览。2016 年，融资租赁行业继续呈现繁荣发展态势，监管部门针对融资租赁行业的各细分问题出台了相关政策。2016 年 1 月 29 日，海关总署发布《关于修订飞机经营性租赁审定完税价格有关规定的公告》以修订飞机经营性租赁完税价格[②]；2016 年 3 月 17 日，商务部、税务总局发布《关于天津等 4 个自由贸易试验区内资租赁企业从事融资租赁业务有关问题的通知》（商流通函〔2016〕90 号），规定自 2016 年 4 月 1 日起，商务部、国家税务总局将注册在自贸试验区内的内资租赁企业的融资租赁业务试点确认工作委托给各自贸试验区所在的省、直辖市、计划单列市级商务主管部门和国家税务局，各自贸试验区所在的省级商务主管部门会同同级国家税务局负责对融资租赁试点企业提交的相关材料进行审核[③]；2016 年 7 月 5 日，国家工商行政管理总局修订通过《动产抵押登记办法》，规定登记机关应当将动产抵押信息通过企业信用信息公示系统公示，融资租赁公司可以通过企业信用信息公示系统查询动产抵押信息，

---

① 商务部. 融资租赁企业监督管理办法. 商流通发〔2013〕337 号，2013.

② 海关总署. 关于修订飞机经营性租赁审定完税价格有关规定的公告. 总署公告〔2016〕8 号，2016.

③ 商务部，税务总局. 关于天津等 4 个自由贸易试验区内资租赁企业从事融资租赁业务有关问题的通知. 商流通函〔2016〕90 号，2016.

抵押登记可以由抵押合同双方共同委托的代理人到登记机关办理[①]；2016 年 8 月 2 日，财政部、海关总署、国家税务总局发布了《关于在全国开展融资租赁货物出口退税政策试点的通知》，在全国开展融资租赁货物出口退税政策试点，对融资租赁出口货物试行退税政策[②]；2016 年 10 月 8 日，商务部公布了《外商投资企业设立及变更备案管理暂行办法》，对不涉及国家规定实施准入特别管理措施的外商投资企业的设立及变更实施备案管理，外资融资租赁公司的设立由"审批制"改为"备案制"[③]。

表 5.3　融资租赁行业监管政策概览（2016～2017 年）

时间	行政机构	政策
2016 年 1 月 29 日	海关总署	《关于修订飞机经营性租赁审定完税价格的公告》
2016 年 3 月 17 日	商务部、税务总局	《关于天津等 4 个自由贸易试验区内资租赁企业从事融资租赁业务有关问题的通知》
2016 年 7 月 5 日	国家工商行政管理总局	《动产抵押登记办法》
2016 年 8 月 2 日	财政部、海关总署、国家税务总局	《关于在全国开展融资租赁货物出口退税政策试点的通知》
2016 年 10 月 8 日	商务部	《外商投资企业设立及变更备案管理暂行办法》
2017 年 5 月 8 日	商务部	《商务部办公厅关于开展融资租赁业风险排查工作的通知》

资料来源：根据国务院、财政部、国家税务总局等相关公告整理

　　为应对融资租赁行业可能存在的风险，2016 年 2 月 26 日，江苏省商务厅根据《商务部办公厅关于开展融资租赁业风险排查工作的通知》（商办流通函〔2016〕43 号）要求[④]，制定并发布了《江苏省融资租赁业风险排查工作方案》，要求对融资租赁企业进行风险排查，排查重点为融资租赁行业非法集资风险，排查对象包括内资试点融资租赁公司和外资融资租赁公司[⑤]。2017 年 5 月 8 日，商务部办公厅发布《商务部办公厅关于开展融资租赁业风险排查工作的通知》，定于 5 月 2 日至 6 月 30 日组织各地开展融资租赁行业风险排查工作。通过企业自查、信息化监督、现场检查等方式对融资租赁企业的基本信息及存在的主要问题进行全面排查。江苏省商务厅随即发布了《江苏省商务厅关于印发 2017 年全省融资租赁业风险排查工作方案的通知》，通过现场检查、人员约谈、信息化手段分析、外部调研和第三方机构协助调查等手段对本地融资租赁企业进行风险评估和综合评判。此次排查重点包括：是否存在直接从事或参与吸收或变相吸收公众存款等行为；是否未经相关部门批准，从事同业拆借、股权投资等业务；是否违反国家有关规定向地方政府、地方政府融资平台公司提供融资或要求地方政府

[①] 国家工商总局.动产抵押登记办法.国家工商行政管理总局令〔2016〕88 号，2016.

[②] 财政部，海关总署，国家税务总局.关于在全国开展融资租赁货物出口退税政策试点的通知.财税〔2014〕62 号，2014.

[③] 商务部.外商投资企业设立及变更备案管理暂行办法（征求意见稿）.中华人民共和国商务部令〔2016〕3 号，2016.

[④] 商务部.商务部办公厅关于开展融资租赁业风险排查工作的通知.商办流通函〔2016〕43 号，2016.

[⑤] 江苏省商务厅.江苏省商务厅关于印发融资租赁业风险排查工作方案的通知.苏商流通〔2016〕103 号，2016.

为租赁项目提供担保、承诺还款等；是否存在虚构租赁物、以不符合法律规定的标的为租赁物、未实际取得租赁物所有权或租赁物合同价值与实际价值明显不符，以融资租赁为名义实际从事资金融通业务甚至变相发放贷款等行为；是否存在与关联公司之间进行租赁物低值高买、高值低租等明显不符合市场规律的交易行为；是否存在虚假宣传、故意虚构融资租赁项目通过公开渠道进行融资等行为；是否存在超杠杆经营，即风险资产比例是否超过规定的限额；是否按要求及时报送季度和年度经营情况信息报表，在全国融资租赁企业管理信息系统上登记的信息是否真实准确；外商投资融资租赁企业是否按要求及时进行外商投资企业设立及变更备案，是否参加外商投资企业年度投资经营信息联合报告工作等①。

3. 融资租赁行业的法律环境

1999 年 3 月 15 日，第九届全国人民代表大会第二次会议审议通过的《合同法》中第十四章"融资租赁合同"的设立，以法律形式确定了融资租赁交易的基本规则，填补了融资租赁交易立法的空白，对确立融资租赁交易的法律地位、保障融资租赁交易当事人的合法权益具有积极的意义 [2]。

司法解释是法律的重要补充，是最高人民法院或最高人民检察院根据我国立法机构授权，在某项法律或某项规则不清晰或不够清晰的情况下，对某项法律或某项规则从司法角度所做的解释，并用于案件的审判。在我国融资租赁行业发展过程中，司法解释的出台改善了融资租赁行业的法律环境。

在经历了 1981 ~ 1987 年的初始成长期以后，我国融资租赁行业步入了艰难的整改磨合期，全行业出现严重的租金拖欠现象，追讨租金的纠纷不断，诉讼和判决出现困难，在此背景下出台了我国第一份司法解释。1996 年，最高人民法院颁布《关于审理融资租赁合同纠纷案件若干问题的规定》，结束了中国审理及解决融资租赁合同纠纷无法可依的局面，对解决融资租赁行业当时面临的一些问题提供了有效的法律支撑②。但由于该规定只是一个司法解释，适用效力有限，也仅对融资租赁合同纠纷中出现较频繁的问题做出了规定，仍有许多问题没有涉及或者规定得过于简单，无法满足规范融资租赁行业发展的需要，对融资租赁各方当事人的保护仍不充分。

随着融资租赁行业在我国的迅速发展，行业内部所面临的经济纠纷也逐渐增多，融资租赁相关的法律法规亟待进一步完善。2014 年，最高人民法院颁布了最新版的融资租赁合同司法解释——《关于审理融资租赁合同纠纷案件适用法律问题的解释》。新版司法解释共分五部分二十六条，分别就融资租赁合同的认定及效力，融资租赁合同的履行和租赁物的公示，融资租赁合同的解除、违约责任以及融资租赁合同案件的诉讼当事人、诉讼时效等问题做出了规定③。新版司法解释的颁布实施，对融资租赁纠纷面临的一些新问题进行了有益尝试，但对于融资租赁行业面临的一些棘手问题，如租赁物登记公示等仍然未能得到有效解决。

---

① 江苏省商务厅.江苏省商务厅关于印发 2017 年全省融资租赁业风险排查工作方案的通知.苏商流通〔2017〕267 号, 2017.
② 最高人民法院.关于审理融资租赁合同纠纷案件若干问题的规定.法释〔1996〕19 号, 1996.
③ 最高人民法院.关于审理融资租赁合同纠纷案件适用法律问题的解释.法释〔2014〕3 号, 2014.

虽然目前融资租赁行业发展有《合同法》和新版司法解释提供法律保障，但专门的融资租赁法尚未出台，立法进程缓慢。尽快完善法律法规，使行业发展有法可依，是推动融资租赁行业持续健康发展的关键，也是国家有关部门需要着力解决的重点问题。

4. 融资租赁行业的税收政策

国家税收政策的实施对融资租赁企业的经营管理、利润收入产生重要影响。近年来，"营改增"政策的陆续推进对融资租赁行业发展产生了一系列影响。

融资租赁行业实行"营改增"之前，根据2000年国家税务总局《关于融资租赁业务征收流转税问题的通知》的规定，经批准的融资租赁公司从事的融资租赁业务作为金融行业的组成部分，按5%的税率缴纳营业税[①]。同时，根据2003年《关于营业税若干政策问题的通知》的规定，经过批准的融资租赁业务，出租人仅就其取得的利息收入差额缴纳营业税[②]。但征收营业税存在的弊端是，融资租赁公司购买租赁物取得的增值税发票不得抵扣进项税，同时由于租赁物的购买方是融资租赁公司，承租人只能取得融资租赁公司的营业税发票，也无法抵扣增值税进项税，破坏了商品流转环节对价值增值部分课税的链条，一定程度上提高了产业链的综合税收负担。此后"营改增"政策的实施旨在克服这一弊端，降低产业链的综合税负，然而实施效果却与制定初衷有所背离。

2012年，在上海市交通运输业和部分现代服务业开展营业税改征增值税试点，"营改增"政策从此拉开序幕。2013年5月24日，财政部、国家税务总局印发《关于在全国开展交通运输业和部分现代服务业营业税改征增值税试点税收政策的通知》（财税〔2013〕37号），明确从2013年8月1日起，在全国范围内开展交通运输业和部分现代服务业"营改增"试点，融资租赁行业不再适用营业税，改为适用增值税[③]。

2016年3月23日，财政部和国家税务总局正式出台了《关于全面推开营业税改征增值税试点的通知》（财税〔2016〕36号），决定自2016年5月1日起，"营改增"政策在全国范围内全面实施。财税〔2016〕36号文根据不同租赁业务的种类，对融资租赁业务进行了区分，并规定售后回租业务认定为贷款服务，税率为6%，不动产租赁税率为11%，有形动产租赁税率为17%[④]。

5. 融资租赁行业的会计制度

2001年1月1日，财政部以包括《国际会计准则第17号——租赁》（IAS 17）、美国《第13号财务会计准则——租赁会计》（FAS 13）等在内的国际融资租赁会计准则为制定依据，发布了《企业会计准则——租赁》。2006年2月15日，财政部对《企业会计准则——租赁》进行了修改，发布了经修改的《企业会计准则第21号——租赁》，区别了

---

① 国家税务总局.关于融资租赁业务征收流转税问题的通知.国税函〔2000〕514号，2000.

② 财政部，国家税务总局.关于营业税若干政策问题的通知.财税〔2003〕16号，2003.

③ 财政部，国家税务总局.关于在全国开展交通运输业和部分现代服务业营业税改征增值税试点税收政策的通知.财税〔2013〕37号，2013.

④ 财政部，国家税务总局.关于全面推开营业税改征增值税试点的通知.财税〔2016〕36号，2016.

融资租赁和经营租赁，规范了出租人和承租人的会计处理方法[①]。

　　近年来，融资租赁行业的会计制度伴随着税收政策的变化及国际会计准则的修订做出了调整。一方面是"营改增"政策变化带来的融资租赁会计处理的相应变化，另一方面是 2016 年国际会计准则理事会颁布的《国际财务报告准则第 16 号——租赁》（IFRS 16）[②]对出租人和承租人会计处理的新要求。

5.1.3　融资租赁行业监管展望

1. 完善法规制度，提高融资租赁行业监管水平

　　《融资租赁企业监督管理办法》自 2013 年 10 月 1 日正式实行以来，对于完善融资租赁企业监管制度，提升融资租赁行业监管水平，规范融资租赁企业经营行为，防范行业风险，促进融资租赁业健康有序发展起到了积极推动作用[③]。但随着国内外经济形势的不断变化，融资租赁行业的飞速发展，融资租赁行业监管制度仍需进一步完善。针对我国的外资融资租赁企业，在 2016 年 10 月 "备案制"推行之前侧重于前置审批，事中事后监管需要进一步强化；"全国融资租赁企业管理信息系统"虽然功能完备，但有些融资租赁企业并不重视填报信息系统，导致行业管理部门不能及时掌握行业数据；融资租赁行业的监管还需建立监管指标体系和监管评级制度，鼓励融资租赁公司进行信用评级，建立企业报送信息异常名录和黑名单制度，进而切实加强事中事后监管；此外，积极开展融资租赁行业的风险排查工作，对业务开展及行业问题进行全方位的定期排查。

2. 创新监管方式，促进融资租赁行业健康发展

　　2016 年 10 月，我国外资融资租赁公司的设立由"审批制"改为"备案制"，备案制的实行在一定程度上简化了外资融资租赁公司的审批设立流程，为新融资租赁企业的进入提供了较为宽松的政策环境。备案制实施之后，2016 年江苏省融资租赁企业数量尤其是外资融资租赁公司的数量迅速扩张。融资租赁行业在呈现较快发展态势的同时，也暴露出一些问题，如一些没有开展业务的"空壳"企业出现。"空壳"企业的出现不利于江苏省融资租赁行业长足发展，因此在未来一段时间内，如何建立行业统一的监管指标和监管规则，在简政放权的同时促进融资租赁行业整体有序健康发展，将是有关监管部门必须关注的重点。

　　针对江苏省融资租赁行业面临的问题，监管部门应从以下几个方面入手，创新监管方式：①充分利用"全国融资租赁企业管理信息系统"，建立网络实时监测、省市风险排查、县级现场核查相结合的事中事后监管体系；②落实定期排查、不定期排查和抽查相结合的监管举措，完善融资租赁公司准入、检查、统计、退出等方面管理办法，建立企业报送信息异常名录和黑名单制度，加强对企业违法违规行为的处罚；③运用多种方式加强监管，建立监管指标体系和监管分类评级制度，鼓励融资租赁公司进行信用评级，建立风险预警防范平台。

　　① 财政部 . 企业会计准则第 21 号——租赁 . 财会〔2006〕3 号，2006.
　　② 国际会计准则理事会 . 国际财务报告准则第 16 号——租赁 . 2016.
　　③ 商务部 . 融资租赁企业监督管理办法 . 商流通发〔2013〕337 号，2013.

3.落实监管举措，规范融资租赁行业发展环境

监管部门对融资租赁行业实施监管的过程中，要从企业设立准入开始贯彻落实到企业开展业务的各个环节，密切防范可能出现的问题。

（1）营造融资租赁行业公平健康的发展环境。首先可通过划定不同的业务范围，来匹配相应的企业资质要求，例如，资本金越高的融资租赁企业，可从事的业务范围越广。其次，监管部门应尽快出台相关规范性文件减少内外资融资租赁公司在准入门槛等方面的差别，确保两类公司在公平的市场环境下竞争。

（2）定期开展排查工作，对行业问题进行实时监控。为了进一步落实监管举措，各地要加强备案管理，加大执法检查力度，加强对涉嫌非法集资行为的防范、监测和预警。各地应对管辖范围内的关联企业、资本金不足的企业及未开展业务的企业进行定期排查，并设立黑名单制度。

（3）针对融资租赁行业新问题如地方政府举债担保等，应建立健全不定期排查制度。融资租赁业务模式创新使得监管趋于专业化。某些融资租赁业务，如船舶融资租赁涉及复杂的法律问题，诉诸专业机构才能实现对融资租赁行业更有效率的监管，因此可通过借助会计事务所、律师事务所等专业机构协助商务主管部门对融资租赁企业进行不定期抽查。

5.2 融资租赁行业自律

5.2.1 融资租赁行业自律必要性

行业自律在融资租赁规范监管中的作用不容小觑。在融资租赁行业发展成熟的国家，监管部门对行业协会起到的自律作用非常重视，政府监管常依托行业协会间接进行。我国应借鉴发达国家发展经验，积极推动行业自律管理，推进融资租赁行业协会的建设。一般来说，行业协会有如下几个方面的重要作用。

1）推动融资租赁企业共同发展，维护企业的合法权益

行业协会是行业整体利益的代表者，当遇到影响行业发展的重大问题或者影响到会员企业的利益问题时，行业协会能够充分发挥作用，从维护会员企业的共同经济利益和全行业的合法权益角度出发，向有关部门反映行业的诉求和愿望，使有关部门能够高度重视并予以落实。例如，美国租赁协会（ARA）对于各州即将出台的法律，会进行跟踪报道，并通过各种形式争取使新法律更加符合企业利益。

2）制定共同行为准则，推动融资租赁行业自律

行业协会的调查研究、行业统计、行业分析、规划编制等工作，都是在掌握实际情况、深入研究、反复论证基础上开展的，为政府部门决策提供了重要的参考。政府部门通过分析研究行业协会提供的信息、数据、规划、政策建议等，可更加合理地制定相应政策。

3）收集融资租赁信息，形成信息共享平台

发达国家的行业协会大多拥有自己的刊物、报纸及网站，为规避融资租赁风险提供了大量信息。通过全国性及地方性融资租赁行业协会的平台，建立行业发展形势分析制

度，有助于政府及时掌握行业发展动态以便进行更有效的政策指导和监管。我国市场经济体制尚不健全，信息不对称会导致资源浪费，也可能造成行业监管的部分失控，故而需要政府知悉行业发展动态，依托协会对融资租赁企业进行间接调控，实现行业发展目标。

4）举办融资租赁培训，提高融资租赁行业素养

行业协会提供的公共服务，为会员企业搭建了学习、交流、沟通的平台。一方面，行业协会提供集体性公共服务，如政府政策研讨、提高行业影响力；另一方面，行业协会提供非集体性公共服务，如举办培训班、研讨会、论坛等，对行业从业人员进行培训。通过全国性及地方性融资租赁行业协会，实现协会成员间的交流与深度合作，各施所长，促进融资租赁行业进步；通过协会定期召开行业专业会议；通过协会网站公布行业最新发展动态，举办多样化的协会活动，调动行业成员参与积极性。为协会成员提供学习先进经验和发展思维的平台，创造更多合作机会，开拓新的合作方式，从而促使融资租赁行业协会成员协同共进、共享发展成果。

5.2.2　融资租赁行业自律现状

融资租赁行业取得的成绩，离不开融资租赁行业协会的积极推动。全国性与地方性融资租赁行业协会密切配合、加强交流，实现信息资源共享，在监管部门和市场主体之间搭起沟通的桥梁。融资租赁行业协会将行业信息及时反映给监管部门，监管部门再对行业发展动态统筹分析，最后对市场主体进行有效监管，促进融资租赁行业的优化发展。

1. 全国性融资租赁行业协会

1）中国外商投资企业协会租赁业工作委员会

1988 年，在监管部门和中国外商投资企业协会的支持下，外商投资的融资租赁企业成立了联谊会；1993 年，联谊会转为协会第一个专业委员会——租赁业委员会；2009 年，根据民政部的要求，正式更名为"中国外商投资企业协会租赁业工作委员会"。目前，中国外商投资企业协会租赁业工作委员会已成为外商投资租赁企业自主管理、企业踊跃参与的融资租赁行业性自律组织。

作为国内第一个融资租赁行业组织，租赁业工作委员会集中了国内最主要的融资租赁专业人才，与政府相关部门建立了较为密切的关系，在推动中国融资租赁行业对内、对外进一步开放及开展融资租赁业务理论研究、国际同行交流、业务推广宣传、租赁市场拓展、专业人员培训、行业组织建设等方面做了大量工作，推动了我国融资租赁行业的发展。

2）中国租赁联盟

为推动中国融资租赁行业发展，2006 年由全国 42 家租赁行业组织和企业作为中国租赁协会发起人，向商务部和民政部报送了关于组建中国租赁协会的申请。发起人商定，在申办期间，先组建一个业内联谊性组织——中国租赁联盟，以加强发起人和融资租赁行业的信息交流；同时委托天津租赁行业协会负责中国租赁协会筹备组和中国租赁联盟的日常工作。近年来，融资租赁行业内的交流与合作日益密切，中国租赁协会筹备组和中国租赁联盟做好中国租赁协会发起人和行业内的信息交流，为推进我国融资租赁行业的健康发展而努力。

中国租赁联盟的主要工作包括：建立"中国租赁联盟"网站，作为联盟成员的交流平台；设立"中国租赁联盟企业设立与发展服务中心"，为融资租赁企业的设立和发展提供全过程、全方位的咨询服务；组织"中国租赁联盟融资租赁校外讲师团"，为设立融资租赁专业课的大学等教育研究机构提供专业讲座；组织编写《中国租赁蓝皮书：中国融资租赁业发展报告》和《中国融资租赁业年鉴》。

3）中国融资租赁企业协会

中国融资租赁企业协会于2014年1月10日在北京成立。该协会是由在中国境内注册的融资租赁企业及相关的组织和人员组成的全国性、行业性、非营利性社会组织，是目前融资租赁行业唯一的国家级行业协会，主要接受主管单位商务部和社团登记管理机关民政部的业务指导和监督管理。商务部流通业发展司作为融资租赁行业的主管部门，大力支持融资租赁企业协会发挥良好作用，为融资租赁行业发展创造良好的政策环境。

中国融资租赁企业协会致力于解决行业面临的普遍问题，为企业和政府及企业之间的相互交流搭建平台，收集、整理行业信息和统计数据，研究发布系列行业报告，建立行业信用体系，调解融资租赁企业间的业务纠纷，推动行业的环境建设和政策完善等。

2. 地方性融资租赁行业协会

近年来，伴随着融资租赁行业的蓬勃发展，各省市也相继建立地方性的融资租赁行业协会，加强融资租赁行业自律组织建设，履行协调、维权、自律、服务职能，建立健全行业自我约束机制，积极承担社会责任，维护行业整体形象（表5.4）。

表5.4　我国地方性融资租赁行业协会

成立时间	协会名称
1995 年 4 月 18 日	浙江省租赁业协会
1999 年 4 月	上海市租赁行业协会
2002 年 10 月 2 日	北京市租赁行业协会
2014 年 7 月 16 日	福建省融资租赁行业协会
2014 年 9 月 19 日	江苏省融资租赁行业协会
2014 年 12 月 6 日	山东省融资租赁行业协会
2014 年 12 月 18 日	宁波市融资租赁协会
2014 年 12 月 19 日	重庆市外商投资企业协会租赁业委员会
2015 年 1 月 10 日	安徽省融资租赁企业协会
2015 年 1 月 22 日	湖北省融资租赁行业协会
2015 年 1 月 29 日	青岛市融资租赁行业协会
2015 年 9 月 25 日	广东省融资租赁协会
2017 年 1 月 17 日	沈阳市融资租赁协会

资料来源：根据网络公开资料整理

1995 年 4 月 18 日，我国首家省级租赁行业协会——浙江省租赁业协会成立，其主管单位为浙江省商务厅。协会宗旨是维护会员合法权益，加强会员业务交流，开展业务知识培训与政策法规咨询，进行市场专题调研与实践理论研究，协助政府部门制定法规文件与规章制度，促进融资租赁行业自律管理与规范经营。

1999 年 4 月，上海市租赁行业协会成立，其主管单位是上海市商务委和上海市经信委。协会宗旨是在"协助政府、帮助企业"的指导思想下，为会员提供服务，维护会员合法权益，按照"公正、公平、公开"的原则开展工作，保障行业公平竞争，在政府和企业之间发挥桥梁和协调作用，促进上海市融资租赁行业的健康发展。协会为会员提供代理培训、资信调查、信息服务、市场调查、项目咨询、业务推广、组织市场拓展、发布市场信息、推介行业产品等服务。

2002 年 10 月 2 日，北京市租赁行业协会由北京市商务委员会出资、北京市民政局批准设立，其主管单位为北京市商务委员会。根据商务部《融资租赁企业监督管理办法》[①]和《北京市商务委员会北京市地方税务局关于做好本市内资融资租赁试点和外商投资融资租赁企业管理工作的通知》（京商务交字〔2010〕112 号）[②]的有关精神及要求，北京市租赁行业协会配合北京市商务委员会开展对北京市内资试点融资租赁企业和外资融资租赁企业的日常监督管理工作。

2014 年 7 月 16 日，福建省融资租赁行业协会正式成立。协会紧紧围绕行业发展开展工作，积极搜集研究国家和省内外地方政府及部门出台的融资租赁行业政策；采取"请进来，走出去"方式加强协会与有关政府部门、金融机构的沟通联系；积极向主管部门反映行业发展有关问题和政策诉求；邀请银行、商业保理公司等机构到协会座谈融资租赁企业融资问题；支持协助会员开展融资租赁业务；走访会员单位，开展调查研究；创办《福建融资租赁通讯》和门户网站，作为行业内部交流平台和行业窗口等。

2014 年 9 月 19 日，江苏省融资租赁行业协会成立，其主管单位为江苏省商务厅。与此同时，由江苏省商务厅、江苏省公安厅、中国人民银行南京分行、江苏省国税局、国家外汇管理局江苏省分局等部门参与的"江苏省融资租赁行业协会指导委员会"也正式成立。江苏省融资租赁行业协会以"促进江苏省融资租赁行业发展和规范经营，提高江苏省融资租赁企业的整体管理水平"为宗旨，协调行业相关部门，开展对外交流，营造有利于融资租赁行业发展的政策环境；加强专业指导和培训；建立江苏省融资租赁行业的专业人才库；加强行业自律，协助商务主管部门做好融资租赁信息管理登记、年报分析、统计、风控警示等行业监管工作；建立江苏省融资租赁行业信息服务机制，为会员企业业务交流和合作提供平台；为融资租赁企业提供必要的法律援助与服务等。

2014 年 12 月 6 日，山东省融资租赁行业协会成立，致力于打造综合性行业服务平台，畅通企业和政府及企业之间的交流渠道，真实反映企业诉求，并在建立行业信用体系、加强行业自律、调解融资租赁企业间的业务纠纷、推动行业的环境建设和政策完善

---

① 商务部. 融资租赁企业监督管理办法. 商流通发〔2013〕337 号，2013.

② 北京市商务委员会. 北京市商务委员会北京市地方税务局关于做好本市内资融资租赁试点和外商投资融资租赁企业管理工作的通知. 京商务交字〔2010〕112 号，2010.

等方面做出积极努力。山东省融资租赁行业协会以"推动融资租赁业发展，促进融资租赁产业链内横向合作，服务地方经济建设"为目标，认真研究行业发展新形势，积极组织学习培训和交流研讨，努力将协会办成政府管理决策、行业企业发展、实体经济融资的参谋和助手。

2014 年 12 月 18 日，宁波市融资租赁协会成立。协会的主要工作内容有：开展融资租赁行业的理论、发展及政策法规的研究，协助政府有关部门制定行业规定；开展行业自律，加强风险防范，维护会员权益，推动公平竞争；展开宁波市融资租赁行业数据的统计工作；加强与国内外和地方性行业协会交流学习，促进行业规范，推动行业管理水平和经济效益的提高；组织开展融资租赁行业的研讨、交流、考察、培训、咨询等活动；建设专业网站，编辑出版会刊、通讯及其他专业资料，为监管部门和会员提供信息服务。

2014 年 12 月 19 日，西部省市成立的首个融资租赁行业组织——重庆市外商投资企业协会租赁业委员会成立，协会牵头组织大规模、多渠道、多层次的银租合作，对加快重庆市银行及其他金融机构同融资租赁行业的携手创新具有深远战略意义。

2015 年 1 月 10 日，安徽省融资租赁企业协会成立。协会按照"公正、公平、公开"的原则开展工作，保障行业公平竞争；沟通会员企业间、会员企业与政府、社会的联系，发挥桥梁和纽带作用；反映和研究融资租赁企业经营管理中的新情况和新问题，增强融资租赁行业的自律管理，促进全省融资租赁行业健康有序发展。其业务范围包括业务培训、资信调查、市场调查、项目咨询、展览展示、业务推广、市场拓展、信息发布、推介行业产品或服务。

2015 年 1 月 22 日，湖北省融资租赁行业协会成立，它是由湖北省内从事融资租赁业务的相关企业自愿组成的全省性、行业性、非营利性、经济类社会团体。协会主要开展以下工作：搜集整理全行业基础资料，调研行业发展战略、体制改革、技术进步等情况，研讨融资租赁企业经营中遇到的问题，针对问题向政府有关部门提出建议；制定行业内争议处理的规则和程序，协调会员之间、会员与非会员之间、会员与承租企业之间就经营活动产生的争议事项，维护会员的合法权益；为会员提供资信调查、信息服务、市场调查、项目咨询、业务推广、组织市场拓展、发布市场信息、推介行业产品或服务、公司成立代理、年度行业评选等服务；组织会员交流在执行合同、经营管理方面的经验，促进跨省及国际同行业间的交流与合作，促进协作，共同发展。

2015 年 1 月 29 日，青岛市融资租赁行业协会正式成立。青岛市融资租赁行业协会为行业发展搭建了一个重要公共平台，在业务创新、信息交流、人才培训、行业自律、防范风险以及扩大融资租赁的宣传推介、提高全社会知名度等方面发挥重要作用，并在融资租赁业务、融资租赁方式和融资渠道创新等方面加强研究，顺应国际贸易中心城市、财富管理中心、金融新区建设和自贸区发展的新形势，依托特殊功能区政策和船舶制造基地的优势，组织全市融资租赁企业扩大船舶、海工设备、游艇、邮轮、医疗设备等大型装备的融资租赁业务，积极参与西海岸经济新区、蓝色硅谷核心区、红岛经济新区等重点区域的重点项目，推进融资租赁业务向基础设施、交通设施等领域拓展延伸。

2015 年 9 月 25 日，广东省融资租赁协会正式成立。协会从对行业成员的支持和监督出发，一方面积极搭建平台，协助行业成员与相关管理部门沟通和交流，促进行业发展；另一方面监督参与者规范经营、促进行业自律，加速"互联网＋融资租赁"的步伐。具体工作包括：搭建专业平台，建立促进同行业及业界内外的交流机制；协助政府主管部门制定和完善融资租赁行业的法规、政策及行业标准；组织培训，培养专业人才，提高广东省融资租赁队伍的整体水平；贯彻国家和广东省关于融资租赁行业的方针政策，强化行业自律；协会以"立足广东，辐射全国，面向世界"为目标，组织行业成员参加国际研讨会等活动，借鉴国际先进经验，提高行业国际竞争力。

2017 年 1 月 17 日，东北地区首个融资租赁行业协会——沈阳市融资租赁协会正式成立。协会以"引领思维、融资融物，融智融创、对接生意"为宗旨，积极对接中德产业园、沈阳汽车产业园、陶瓷城等 14 个沈阳重点产业园区（开发区），分别设立融资窗口，同时建立由 5 个中心城市和 8 大沿边沿海城市组成的"5+8"城市合作发展模式，构建独具特色的东北融资租赁格局。

3. 江苏省融资租赁行业协会

江苏省融资租赁行业蓬勃发展，为大力提升全省融资租赁行业业务经营水平，切实规范融资租赁行业的业务经营秩序，经江苏省商务厅和民政厅批准，于 2014 年 9 月 19 日成立江苏省融资租赁行业协会，江苏省商务厅为协会的主管单位。与此同时，由江苏省商务厅、江苏省公安厅、中国人民银行南京分行、江苏省国税局、国家外汇管理局江苏省分局等部门参与的"江苏省融资租赁行业协会指导委员会"也正式成立。

2014 年 9 月 19 日，江苏省融资租赁行业协会"第一届第一次会员代表大会暨一届一次理事会"在南京隆重举行。来自全省融资租赁行业内 70 多家内外资融资租赁企业的 122 名代表参与了会议。协会是由江苏省内经法定程序批准设立的融资租赁企业，以及与商贸金融业务相关的专业服务机构、研究机构等单位和个人自愿组成的江苏省非营利性行业性社会团体。

协会的宗旨是：促进江苏省融资租赁行业发展和规范经营；提高江苏省融资租赁企业的整体管理水平；协调行业相关部门，开展对外交流，营造有利于融资租赁行业发展的政策环境；加强专业指导和培训；建立江苏融资租赁行业的专业人才库；加强行业自律，协助商务主管部门做好融资租赁信息管理登记、年报分析、统计、风控警示等行业监管工作；建立江苏省融资租赁行业信息服务机制，为会员企业业务交流和合作提供平台；为融资租赁企业提供必要的法律援助与服务等。

协会业务范围包括：①交流会员企业在执行合同、经营管理方面的经验，促进协作，共同发展；②制定行业自律规则，加强风险防范意识，创立公平竞争的环境；③研讨融资租赁经营中遇到的问题，维护会员的合法权益，向政府有关部门反映会员的意见和要求；④举办适应会员需要的业务培训、研讨、交流、考察等活动，提高管理人员的素质和业务水平；⑤开展与国内外同行业的业务往来，促进跨省及国际同行业间的交流与合作；⑥研究融资租赁理论、政策、法规，向会员传递国内外有关信息，及时将国家颁布的有关融资租赁的法律、法规和政策等文件提供给会员，并向会员提供咨询服务；⑦促进会员在国内外开拓业务，向政府部门和社会各界宣传融资租赁服务，开拓融资租赁市场，举办融资租赁展览；⑧协助有关政府部门或相关组织制定、修订行业管理、从业资质等标准，并组织推进标准的宣传、贯彻和实施；⑨经政府有关部门授权，统计行业相关信息；⑩设立网站、编辑出版会刊、通讯及其他专业资料，为会员和政府等提供信息服务；⑪办理政府主管部门、会员及其他相关机构委托的有关事项。

作为协会的主管部门，江苏省商务厅通过协会创新性地设立了"江苏省融资租赁行业协会指导委员会"。协会指导委员会由江苏省商务厅、江苏省公安厅、中国人民银行南京分行、江苏省国税局、国家外汇管理局江苏省分局等部门共同合作，其重要意义在于，加强服务、提供指导、及时协调解决融资租赁行业发展中遇到的困难和问题，与协会一起共同营造有利于江苏省融资租赁行业发展的优良环境。在指导委员会的指引下，协会围绕既定的发展宗旨，积极保持与指导委员会的工作联系，及时反映行业心声，帮助企业排忧解难。

5.2.3 融资租赁行业自律展望

在完善行业自律方面，融资租赁行业协会应具备较强的自主性，对于融资租赁行业内部问题，协会应承担起协助国家监管部门进行管控的职责，使协会的功能得到最大的发挥。融资租赁行业协会应当制定职业规则和行业质量标准，规范融资租赁企业经营行为；引导从业人员的自律意识，对从业人员定期注册和考核；组织教育培训，培养高素质的行业管理人才；定期发布行业信息，实现信息共享；建立行业信用体系等[3]。

1. 明确职能定位，全面发挥行业协会的重要作用

行业协会作为监管部门与企业之间的桥梁和纽带，是具有提供咨询服务、监督、协调功能的社会中介组织。行业协会通过行业规则实行自律管理。行业规则是典型的内部规则，是在对各个企业的权利和利益进行协调、平衡的过程中，通过谈判、协商、妥协等方式达成的一种共识，由企业共同遵守。行业自律管理能够培养行业协会成员的理性自律精神，避免非理性的集体行动，促进利益和权利诉求的理性化和程序化，同时在行业内部形成一种自生自发的秩序——自律秩序，即一种"私序"。相对于国家法律所建立的秩序而言，当国家法律缺位或存在局限时，行业规则所建立的"私序"就成为国家法律所建立秩序的一种重要补充和替代。因此，行业协会通过自律功能实现了对协会成员的自我调控[4]。

融资租赁行业协会需进一步明确职能定位，以更好地发挥协调作用[3]。①作为政府与融资租赁企业之间的"润滑剂"，协会应充分发挥连接行业企业与政府间的桥梁纽带作用，提升企业品牌形象。②作为融资租赁企业之间的"黏合剂"，协会应做好搜集和发布业务信息、加强行业数据统计分析、完善行业企业和从业人员信用体系、组织联合租赁、提供必要的法律服务等工作。江苏省融资租赁行业协会可学习浙江省租赁业协会的先进经验，建立集行业监管体系、行业诚信体系、资产登记和交易体系于一体的"融资租赁行业综合服务信息系统"，进一步完善融资租赁中介服务体系，提高配套服务水平。③作为融资租赁行业发展的"助推器"，协会应定期开展调研、培训和讲座，逐步建立融资租赁人才储备库。

2. 协助监督管理，有效防范行业风险

融资租赁行业协会要协助商务主管部门实施监督管理，鼓励融资租赁公司加入行业自律组织，引导融资租赁公司积极承担社会责任，完善风险防范机制，带动行业健康发展。

首先，行业协会应协助商务主管部门进行定期与不定期的排查工作，防范风险。行业协会应协助负责所管辖融资租赁企业的业务规范，定期对涉及关联企业、注册资本金不足的企业及无业务开展的"空壳企业"进行排查；通过信息化监督对非法吸收存款、超杠杆经营的企业进行严格管理并建立黑名单制度；对融资租赁行业发展创新进程中出现的新问题进行不定期排查；通过积极外聘第三方服务机构对相关业务操作进行不定期抽查等。其次，行业协会可成立专业委员会，实现对不同业务的专业化差异化管理。例如，成立专门的汽车融资租赁委员会、制造业融资租赁委员会等，以便更有针对性地防范行业风险。

3. 落实管理举措，加强行业协会的自身建设

行业协会的建设是一个不断完善的过程，对行业协会的引导、管理，以及行业协会自身的规范管理，也是行业自律需要关注的重要问题。融资租赁行业协会必须加强监督管理职责，强化自身建设，提高自律意识。

（1）完善行业协会的会员管理。融资租赁行业协会可以通过以下几点完善会员管理，扩大会员覆盖率。建立完善的会员管理体系，包括会员信息管理、会员分析、信息分享与传递等；分类管理会员信息，按照会员企业的主要业务进行分类，以便开展相同或相似业务的企业进行信息交流与经验分享，为会员企业提供个性化服务；及时传送反馈信息，注重信息传送的效率，促进信息共享。

（2）加强人才培养。行业协会的专业人才队伍建设是长期稳定发展的基础。首先，行业协会可通过与高校合作开设培训班的形式，对从业人员进行培训，提高从业人员的政策理论水平、专业技术能力和职业道德水平，建立素质高、水平强的专业人才队伍。其次，健全专业人员管理制度，明确员工责任，规范业务操作，加强专业技术团队建设。

（3）促进行业协会自身的规范建设。行业协会的主管部门应逐步建立健全监督机制，明确工作职责，加强监督管理。首先，要加强行业协会管理队伍建设，从人员、经费、编制入手加大管理力度。其次，建立社会评估体制，促进行业协会向科学化、规范化的方向发展，使之真正成为能够自下而上代表社会各方利益、自上而下传递政府意见的有效平台[3]。

5.3　融资租赁企业内控

除了外部监管、行业自律外，融资租赁行业的规范监管还需加强融资租赁企业自身的风险防范能力，融资租赁企业需要建立合理的内控机制及完备的公司治理结构。

5.3.1　融资租赁企业内控必要性

我国融资租赁企业的内部控制体系发展较快，已形成一套风险管理体系，但内部控

制仍存在一些问题，具体来看：①公司的风险管理手段有待改进，以定性分析为主；②公司的信用管理制度不够完备，"欠租"现象时有发生；③公司的内控部门缺乏高素质人才，一些内控方法难以有效实施。本节将从以下几个方面具体阐述企业内部控制对融资租赁行业规范监管的重要作用。

1. 提升企业管理水平，加强事前防范能力

融资租赁企业的内部控制不仅是内部各种管理制度的综合，更是融资租赁企业经营管理过程中自我协调和制约的一种机制，具有整体性、相关性、适应性和动态性。融资租赁业务过程复杂，涉及业务洽谈、项目评审、项目决策、业务运作、项目管理等多个环节，加强融资租赁业务程序风险控制，能够有效降低风险。

融资租赁的风险控制必须依托科学规范的企业内部管理机制。融资租赁行业的风险多样性、不确定性的特点决定了融资租赁内部控制必须做到事前防范。因此设计内部控制体系时要建立在事前控制的基础上，才能更有效地防范风险。例如，在法人治理结构方面，股东会、董事会、监事会、经理层之间应形成权责分配、激励约束、权力制衡关系，落实各项管理措施；在管理部门设置方面，应建立科学的、符合企业特征的内部组织结构，合理有效地设置各部门和岗位，明确部门和岗位的具体工作职责，建立健全内部协调制度，实行不相容职务相分离。

2. 规范操作流程，有效执行企业经营决策

科学的融资租赁项目结构和规范的操作流程是融资租赁风险控制之本。科学的融资租赁项目结构是通过融资租赁项目推荐、项目沟通、项目评估和审核、项目融资、项目运作、项目运行中的风险监控，明确融资租赁业务各方的责任和权利，形成风险共担、利益共沾、相互制约、共同发展的结构框架。规范的融资租赁操作流程包括：相互沟通、项目前期策划、项目实务操作和项目后续管理。在操作流程中，要明确相关人员的职责，规范操作流程、进度、质量、步骤要求和注意事项，关注工作衔接，避免融资租赁业务开展过程中的操作风险。建立完善的授权审批制度，有利于明确职责，相互监督，相互制约，保证业务流程的畅通，提高公司运营效率。

3. 有效防范资金问题，促进企业健康发展

对于融资租赁企业来说，资金的运用至关重要。如果企业不能很好地执行资金预算方案，就可能导致严重的资金缺口，造成资金流转困难。完善的内控体系以及资金授权审批制度、资金预算控制制度可以明确资金使用原则和资金审核人员职责，有效防范流动性风险。

租金是融资租赁企业的主要盈利来源，一旦"欠租"现象发生，将给企业的发展带来严重危害，影响企业继续开展业务。"欠租"现象发生的原因之一是融资租赁企业的信用管理体系不够完善，或者即使拥有一套较为完整的信用控制体系，却未能有效实施。因此，融资租赁企业应加强内部控制，建立有效的信用监督体系，严格防范"欠租"现象的出现，实现资金的规范管理。

5.3.2　融资租赁企业内控现状

我国融资租赁企业内部控制体系建设起步比较晚，但发展较快，目前已经形成了针对操作风险、信用风险、流动性风险、市场风险等各种风险防范手段及控制管理体系。在会计核算和合规审计方面，融资租赁企业有较为完善的规章制度，但是目前融资租赁企业内控体系还存在流程控制较强、决策控制较差、核算控制较强、风险控制较差、传统业务控制较强、新业务控制较差等问题。内控体系的不足之处具体表现为以下几个方面。

1. 融资租赁公司风险管理意识有待提升

目前我国一些融资租赁公司仍未建立成熟的业务运营模式，对各类风险的认识不足，忽略已经存在的风险，缺乏系统化的风险管理流程办法[5]。这些融资租赁公司无法正确完整地理解融资租赁业务的具体操作流程，造成在经营过程中对融资租赁项目风险管理及其重要性认识不足，甚至在风险暴露之后，不能及时采取措施进行风险分散和转移，最终阻碍公司发展，造成严重损失。

2. 融资租赁公司风险管理手段有待改进

虽然大部分融资租赁公司已建立起一套风险管控体系，但仍存在风险管理手段相对落后等问题。大部分融资租赁公司在发展中意识到风险管理的重要性，建立了风险管理制度，但更多地侧重于加强担保等信用风险管理措施，忽视了租赁资产的前期、中期、后期的系统管理，没有全面地认识到操作风险、市场风险等各类风险因素。在风险管理手段方面，融资租赁公司多以定性分析为主，在风险甄别、衡量等方面缺乏科学性，具体表现为：系统化信息建设不足，许多风险管理所需的业务信息缺失，无法建立相应的风险管理模型，运用数理统计模型等先进方法对风险实行转移、分散、抑止的策略受到限制，无法实现风险管理方式的量化[5]。

3. 融资租赁公司内控体系有待完善

（1）资金管理制度不尽合理。我国融资租赁企业主要的融资渠道是银行信贷，获取数额有限而且多为短期资金，因此给融资租赁业务开展带来了流动性风险。融资租赁企业不能很好地执行资金预算制度，就会人为地造成资金缺口，产生不必要的资金成本。

（2）缺乏完备的信用管理制度。租金是融资租赁公司的主要盈利来源，而由于缺乏完善的信用管理制度，我国融资租赁行业仍存在着"欠租"现象。这对融资租赁公司造成了极大的不利影响，一方面使得业务开展难以为继，另一方面严重打击了融资租赁企业开展业务的信心，将大部分精力放在催收租金方面[6]。

（3）专业人才欠缺降低了内控水平。融资租赁业务开展过程中，专业人才必不可少。融资租赁业务从项目沟通、前期策划、实务操作到后续管理的流程操作，不仅需要业务人才，还需要财务人才和法律人才。融资租赁行业作为一个涉及多行业、多学科的综合服务行业，尤其需要经验丰富的综合型经营管理人才。

5.3.3 融资租赁企业内控建议

近年来，各融资租赁企业制定风险防范措施和内控制度，对企业起到一定的保护作用。但我国融资租赁企业的内控体系仍欠完备，加之行业不断创新发展中出现的新问题，迫切需要融资租赁企业加快内控建设，增强应对新风险的能力。

1. 进一步加强风险管理委员会的监管职能

融资租赁公司通过建立风险管理委员会、项目审核委员会、风险管理部和业务部门四级风险管理机制，对业务的风险进行识别分析，建立科学化的风险管理体系。风险管理委员会之下应设立信用风险管理、市场风险管理、操作风险管理三个专业委员会，分别对企业面临的风险进行合规控制。根据业务性质、规模、复杂程度及风险承担能力制定内部审批程序和操作规程，监督和评价风险管理与内控流程，并实时调整风险管理手段，向董事会及管理层汇报各类风险，实现风险管理的实时监控[5]。

此外，要加强风险监督管理委员会的人才队伍建设。随着融资租赁业务的不断创新，在一项业务开展的过程中同时存在金融、财务、法律等多方面的风险，对专业人才的需求比较高。以船舶融资租赁为例，国际航运活动的专业性与复杂性决定了船舶融资租赁具有高风险。从目前中国船舶融资租赁业务发展的实际情况来看，不少船舶融资租赁企业由于缺乏专业知识，对所涉及风险做出错误评估，最终导致经济损失。与此同时，由于船舶融资租赁企业的管理者多为金融或法律专业背景，对技术团队的实际能力难以做出准确评估。因此，加强风险监督管理委员会的人才队伍建设势在必行，为融资租赁企业开拓业务创新提供支持。

2. 完善企业内部控制的科学建设

融资租赁企业必须掌握运用先进手段，科学设置内控体系。一方面，由股东大会、董事会、经理层构成的公司内部管理层，应共同建立以风险管理为核心的公司价值准则与行为规则，并实施监管以保证标准有效实施。对于公司内部组织结构而言，明确划分各部门职权，建立严格的责任制、清晰的职责和决策权限，加强内部监控体系建设，形成健康的运行机制，以防范经营过程中的各类风险。

另一方面，要运用先进技术手段建立高效的内控体系。建立起一套先进的内控信息系统，实现内控信息的快速准确传递，利用大数据手段整理分析数据；监督检查企业计算机系统，在计算机使用部门和管理部门建立授权明确、职责分明的多人多部门分工责任制和严格的核对检查制度，建立完善的文字记录制度；在软件开发中，设计业务处理程序时要将制约、监督等风控功能融入其中，使操作人员必须按职责权限规范操作系统，防范技术风险[5]。

3. 灵活调整管控手段，应对行业新风险

随着融资租赁行业不断业务拓展与模式创新，许多新问题逐步显现，因此融资租赁企业要灵活调整内控手段以应对行业创新过程中的各种不确定性。

内控环境方面，融资租赁公司要建立有效的激励约束机制，树立随时应对新风险的意识。不仅要在企业管理层形成完善的治理结构，还要在业务开展环节进行定期培训，培养良好的企业精神和内部控制文化，在业务处理各环节形成有效的风险管理，以及时应对各类新风险[6]。

内控系统方面，在风险监督管理委员会下设立针对不同业务的专项小组，负责不同类型业务的控制和管理。随着融资租赁行业的发展创新，针对不同业务类型需要管控的侧重点不同，成立专项小组能使监管更加专业化和具有针对性。

内控程序方面，企业要完善内控程序，实现自下而上的信息反馈机制，定期评估与调整内控手段。企业管理层不仅要保证风险控制措施的有效执行，还要对业务开展过程中出现的新问题进行持续监督。通过实时反馈机制对新生风险保持敏锐感知度并及时调整控制手段；建立"黑名单"机制进行实时监控，对客户建立资信信息档案，定期清理与公司发展战略不符的业务或项目，摒弃不合理"创新"；定期评估内控手段，根据业务模式创新及业务环境改变及时做出调整。

参 考 文 献

[1]　邵奇，文利. 论融资租赁法律监管的必要性及监管目标 [J]. 时代经贸，2008，6：255-256.

[2]　中华人民共和国合同法注释本 [M]. 北京：法律出版社，2011.

[3]　孔令学. 金融行业协会自律监管作用的完善 [J]. 金融教学与研究，2003，5：23-24.

[4]　巫文勇. 金融行业协会在金融监管中的作用 [J]. 上海金融，2010，1：47-50.

[5]　王扬. 我国金融企业内控制度的现状及改进措施 [J]. 管理观察，2016，18：137-139.

[6]　梁理媪. 浅谈金融企业的内部控制与风险管理 [J]. 中国经贸，2014，24：87.

第 **6** 章　江苏省融资租赁行业的发展趋势

江苏作为制造业大省与融资租赁大省，依托深厚的工业底蕴与特有的区位优势，为融资租赁行业发展带来优质的产业资源，融资租赁将成为助推江苏经济发展、建设"强富美高"新江苏的新利器。

6.1　江苏省融资租赁行业的市场展望

在中国经济新常态、供给侧改革背景下，2017 年江苏省融资租赁行业将迎来三个新的战略机遇：①"一带一路"倡议提供国际化发展机遇；②"中国制造 2025"释放巨大市场需求；③苏南地区发展融资租赁优势明显。

6.1.1　"一带一路"倡议提供国际化发展机遇

"一带一路"倡议由我国主导发起，涵盖 26 个国家和地区的 44 亿人口，从大规模基础设施建设起步，涉及交通运输、能源资源开发合作、产业投资、贸易往来、电子通信及文化旅游等全方位国际经济合作和交流活动。"一带一路"倡议已成为我国新时期高水平对外开放的重要载体和推动新一轮全球化深入发展的重要力量，为我国融资租赁行业加快国际化布局提供了广阔的市场机遇。

（1）"一带一路"倡议以通路、通航和通商为发力点，涉及公路、铁路、港口、机场、电信、核电等大量的基础设施建设和成套设备设施。一方面，基础设施投资和相关设备资金投入的加大给江苏省制造业和设备租赁业带来新的产品终端需求；另一方面，融资租赁能够化解过剩产能、淘汰落后技术设备，促进江苏省产业结构从"中国制造"向"中国创造"转型升级。

（2）"一带一路"建设为我国加强与周边国家的产能合作提供了广阔空间，有利于促进中国融资租赁行业、中国制造业与中国服务业"走出去"，同时形成协同效应。当前我国已进入工业化后期，大量制造业特别是劳动密集型产业转移到沿线国家，境外经贸合作区作为推进"一带一路"建设和国际产能合作的有效平台，已成为促进中国和东道国经贸合作的载体。中资企业在发挥传统承包优势的同时，充分发挥技术与资金优势，积极探索开展包括"工程承包＋融资""工程承包＋融资＋运营"在内的多元化合作机制，为江苏融资租赁企业的广泛深度参与提供大量机会。

（3）通过加强与发达国家高水平融资租赁企业的密切合作，有利于促进我国融资租赁企业向业务高端化方向发展，提升国际竞争力。发达国家的融资租赁行业发展较为成熟，在专业化和国际化运营方面积累了丰富经验。通过与沿线发达国家的优势企业合作，有利于拓宽我国融资租赁企业在高端市场的业务范围，提升专业化和国际化运营水平。

（4）通过加强与沿线融资租赁市场成熟的国家融资合作，有利于拓宽境外低成本资金利用渠道，缓解资金压力。我国融资租赁企业的资金来源主要是银行信贷，来源单一、高成本和期限错配是制约我国融资租赁行业在高起点新阶段加快发展的重要瓶颈。在我国资本市场发展尚不成熟、国内多元化融资渠道受限的情况下，与有合作意愿、资金相对充裕、金融市场发达、融资租赁经验丰富的"一带一路"国家加强融资合作，有效利用国际市场低成本资金、构建多层次融资体系是解决资金约束的重要途径之一。

基于此，国务院办公厅出台《关于加快融资租赁业发展的指导意见》对于融资租赁企业有效利用境外资金做出明确部署，提出"支持内资试点融资租赁公司发行外债试行登记制管理，支持融资租赁公司开展人民币跨境融资业务，鼓励商业银行利用外汇储备委托贷款支持跨境融资租赁项目"[①]。江苏省部分融资租赁企业已开始先行先试，有条件的中小融资租赁企业也逐步学习使用国外低成本资金，如苏州园区内的融资租赁企业通过与新加坡银行合作，启动人民币跨境借款业务，降低企业融资成本，同时避免汇率风险。从长期趋势看，人民币加入特别提款权（Special Drawing Right，SDR）有利于进一步拓宽融资租赁企业境外资金利用的渠道与方式，未来若能逐步落实《关于加快融资租赁业发展的指导意见》，将有更多融资租赁企业有机会规模化、常态化利用境外低成本资金，从而缓解行业发展面临的资金压力。

随着"一带一路"倡议的持续推进，江苏省的国际融资租赁业务将迎来重大机遇。2016 年，江苏省政府发布《关于加快融资租赁业发展的实施意见》，提出"鼓励融资租赁公司参与'一带一路'沿线国家和地区项目建设，帮助江苏省'走出去'企业开展境外投资、对外承包工程，参与国家和省级境外合作园区建设等"。融资租赁在支持实体经济，优化产业结构，支持中国高端装备制造业发展，占领新兴市场等方面的宏观作用日益显现[②]。江苏省作为"一带一路"建设及辐射带动沿线地区发展的重要开放门户、综合交通枢纽和国际商贸物流中心，着力于推进基础设施互联互通、构建与"一带一路"国家的陆海空综合交通运输体系、建设沿东陇海线经济带。苏州自由贸易园区、昆山深化两岸产业合作试验区、南通综合保税区等各类开放型经济区，将建立更加便利化的物流、人流、资金流合作机制与平台，融资租赁行业发展将为江苏省实现金融新突破、放大开放型经济优势、带动区域经济发展注入新动力。

6.1.2　"中国制造 2025"释放巨大市场需求

为实现从"制造大国"向"制造强国"的跨越，2015 年 5 月 19 日，国务院印发《中国制造 2025》，提出中国制造强国建设三个十年的"三步走"战略[③]，作为我国实施制造强

---

① 国务院办公厅. 关于加快融资租赁业发展的指导意见. 国办发〔2015〕68 号，2015.

② 江苏省政府办公厅. 关于加快融资租赁业发展的实施意见. 苏政办发〔2016〕32 号，2016.

③ 国务院. 中国制造 2025. 国发办〔2015〕28 号，2015.

国战略的第一个十年行动纲领，《中国制造2025》被称为中国版的"工业4.0"白皮书。在完善金融扶持政策中，其支持重点领域大型制造业企业集团开展产融结合试点，通过融资租赁方式促进制造业转型升级。作为紧密结合实体经济的金融工具，融资租赁服务于制造业的金融优势与作用将日益显现，迎来新的发展机遇。

近年来，融资租赁公司纷纷成立，行业规模迅速扩张。2011年，商务部发布《关于十二五期间促进融资租赁业发展的指导意见》[①]；2015年，国务院办公厅发布《关于加快融资租赁业发展的指导意见》[②]；2016年，江苏省政府发布《关于加快融资租赁业发展的实施意见》，并陆续出台税收、资金等优惠政策，政策利好频出吸引各路资本入场，融资租赁行业迎来高速增长，对拓宽企业融资渠道、降低实体经济融资成本做出了积极贡献。而《中国制造2025》提出了包括创新能力、质量效益、两化融合和绿色发展在内的四大类指标，明确设定产业升级和能耗降低的具体目标，必然带来包括设备更新融资、设备共享租赁、通用设备资产经营管理和节能环保设备租赁在内的大量市场需求[③]。

借助《中国制造2025》的政策东风，融资租赁行业大有可为。一方面，融资租赁行业推动化解过剩产能。《中国制造2025》提出瞄准新一代信息技术、高端装备等战略重点，引导社会各类资源集聚，推动优势和战略产业快速发展。而融资租赁作为与实体经济紧密结合的产业，抓住国家资本输出、技术输出和产能输出的机遇，在国产商用飞机、高铁装备、核电机组、电力装备等的研制、生产、销售及开拓海外市场方面提供融资租赁服务，已成为高端装备制造业运用推广和"走出去"重要助推器[③]。目前，我国支持融资租赁助推中国制造业"走出去"的条件正在持续完善。中国出口信用保险公司开设了海外租赁保险，支持出租人规避租赁项目所在国的政治风险及承租人的违约风险。2014年9月，国家将融资租赁货物出口试行退税政策扩大至全国统一实施，扩大了享受出口退税政策融资租赁企业的范围。我国四大自贸区也将融资租赁作为重点支持行业，专门为其制订了各具特色的扶持性政策。

另一方面，融资租赁行业助力制造业结构调整。在产业发展和政策制定过程中，鼓励采用融资租赁方式能够克服企业个体引进设备的自发性和盲目性，客观上推动企业退出落后产业和落后技术领域，积极投资《中国制造2025》所鼓励的新兴行业和先进技术。制造企业通过融资租赁方式获得设备，无需大量资金就能迅速获得资产，且面临的财务风险较小、融资限制条件较少。融资租赁项目周期通常为3～5年，在项目选择和业务评审过程中，融资租赁公司更为看重产业发展前景、技术更新状况、设备先进程度及预期企业生产经营收入等。融资租赁公司的项目评审原则有利于我国制造产业的结构调整。此外，《中国制造2025》提出要加快制造业绿色改造升级。企业要实现绿色制造和能效提升，就需要引进特殊的设备和工艺，传统银行信贷受限于设备融资比例，无法提供较大比例的融资额度，而融资租赁将设备资产价值及其未来将产生的现金流作为评估标准，可实现70%～85%的融资比例，

---

① 商务部.关于十二五期间促进融资租赁业发展的指导意见.商服贸发〔2011〕487号，2011.

② 国务院办公厅.关于加快融资租赁业发展的指导意见.国办发〔2015〕68号，2015.

③ 国务院.中国制造2025.国发办〔2015〕28号，2015.

切实为企业解决融资难题[①]。

2015 年 6 月，江苏省发布《中国制造 2025 江苏行动纲要》，把集成电路及专用设备、网络通信设备、操作系统及工业软件、云计算大数据和物联网、智能制造装备、先进轨道交通装备、海洋工程装备和高端船舶、新型电力装备、航空航天装备、工程和农业机械、节能环保装备、节能型和新能源汽车、新能源、新材料、生物医药和医疗器械等 15 个产业作为实施突破的重点领域，力争经过 5 ～ 10 年努力使江苏制造业发展在"中国制造"中走在前列，若干重点行业和重要领域达到国内领先、世界先进水平[②]。"十二五"时期，江苏省战略性新兴产业销售收入年均增长 16.8%，高新技术产业产值占规上工业比重达到 40.1%，年均提升 1.4%。作为中国制造业大省，江苏在 2016 年出台了省政府《关于金融支持制造业发展的若干意见》，要求"大力发展融资租赁业务，为制造业企业技术改造、扩建生产线提供重点设备租赁服务。支持符合条件的重点城市和重点企业开展产融合作试点，积极开展信用贷款、融资租赁、质押担保等金融产品和金融服务"。在"中国制造 2025"进程中，江苏省融资租赁企业将助力产业结构升级调整，促进金融支持制造业发展，推动江苏建设具有国际竞争力的先进制造业基地[③]。

6.1.3　苏南地区优势明显

长三角地区是国家战略的叠加地，"一带一路"、长江经济带、长三角一体化、江苏沿海地区发展、苏南国家自主创新示范区、舟山群岛新区等在江浙沪地区次第展开，不断提供新的动力源。其中，苏南地区地处长三角地区核心区域，依托其特有的区位优势和深厚的工业底蕴，以及科技、人才、税收等方面的政策红利，融资租赁行业已渐趋成熟。

目前江苏省融资租赁企业主要集中在苏南地区。截至 2016 年底，苏州市融资租赁企业有 94 家（占比 43.12%），南京、无锡、常州、镇江的融资租赁公司数量达到了 75 家，已逐渐形成优势互补的产业集聚效应。以苏州工业园区为例，园区共集聚银行、证券、保险等金融机构 94 家，融资租赁、股权投资基金等金融服务机构 424 家，科技金融服务体系特色显著。此外，苏州工业园区开展跨境人民币创新业务试点，以降低园区内企业融资成本，一定程度地缓解了融资租赁企业"钱紧""钱贵"问题，并避免了受汇率波动影响的风险。

2017 年 3 月，江苏省政府办公厅出台了《关于推进中国制造 2025 苏南城市群试点示范建设的实施意见》，要求"大力推动苏南 5 市科技协同创新、产业协作配套、资源共建共享"，并针对不同地区制定不同发展方针，以"促进制造业错位竞争、有机互补、特色发展、向中高端迈进"。同时提出"鼓励和支持企业采用融资租赁方式购置先进设备，加强与金融租赁公司、融资租赁公司合作，缓解企业资金不足问题，拓宽重

---

① 国务院 . 中国制造 2025. 国发办〔2015〕28 号，2015.
② 中共江苏省委，江苏省人民政府 . 关于印发《中国制造 2025 江苏行动纲要》的通知 . 苏发〔2015〕16 号，2015.
③ 江苏省人民政府 . 关于金融支持制造业发展的若干意见 . 苏政发〔2016〕122 号，2016.

大装备、工程机械等产品市场"。立足于苏南地区强大的制造业基础，融资租赁行业面临着重大战略机遇，将积极拓宽中小微企业融资渠道，带动新兴产业发展，为苏南地区的发展助力①。

6.2　江苏省融资租赁行业的业态趋势

6.2.1　规模增长放缓，行业迎来洗牌

随着内资试点融资租赁公司申报流程的简化，外资融资租赁公司的设立由审批改为备案，以及融资租赁社会认知度的进一步提高，融资租赁企业设立将更加便捷，企业数量将继续较快增长，市场渗透率将进一步提升。预计2017年，在政策支持的影响下，江苏省融资租赁行业依旧维持扩张态势。

根据中国租赁联盟和天津滨海融资租赁研究院统计，截至2016年底，全国融资租赁企业总数为7077家，比2015年底的4461家新增2616家；在行业实力方面，截至2016年底，行业注册资金统一按人民币计算，约合23 883亿元，比2015年底的13 807亿元增加10 076亿元；在业务量方面，截至2016年底，全国融资租赁合同余额约32 900亿元，比2015年底的27 100亿元增加5800亿元；在行业波动性方面，从国际经验看，融资租赁行业与固定资产投资之间具有较强的正相关关系，行业 β 值大于1，即融资租赁行业波动幅度会大于固定资产投资的波动幅度。宏观经济的走弱，特别是固定资产投资的增速放缓，在2017年将会给行业发展带来较高的不确定性②。

2017年伴随着行业监管加强、宏观经济增速低于预期、不良资产率持续上升等趋势，江苏省融资租赁行业很可能面临洗牌。规模较大、资质较好的融资租赁企业将继续强劲发展，专业化融资租赁企业将在各自领域深耕，而规模小、风险管理能力弱的融资租赁企业则将面临被淘汰命运。

6.2.2　融资渠道持续多元化

近年来，上市公司参与设立融资租赁公司以及与融资租赁公司开展业务合作的趋势日益明显，一方面上市公司意图通过融资租赁公司提高融资效率，改善资产结构和财务状况，培育新的利润增长点；另一方面融资租赁企业期望通过上市公司开拓融资渠道，扩大业务规模。在此背景下，2017年融资租赁公司在资本市场上将进一步活跃，融资租赁业务与上市公司主业结合更加紧密。预计2017年融资租赁行业融资渠道多元化趋势将呈现出"从点到面"的特征，融资租赁公司将有更多可选的融资渠道，融资成本进一步降低，包括短期融资券、中期票据、公司债在内的债务融资工具将得到更迅速的发展，

---

① 江苏省政府办公厅. 关于推进中国制造2025苏南城市群试点示范建设的实施意见. 苏政办发〔2017〕44号，2017.

② 中国租赁联盟，天津滨海融资租赁研究院. 中国融资租赁蓝皮书：2015年中国融资租赁业发展报告. 天津：南开大学出版社，2016.

资产支持证券将成为融资租赁公司盘活存量资产的利器，其他创新融资工具也将陆续推出，以满足融资租赁公司的个性化融资需求。融资工具的发行审批效率有望进一步提升，有助于更多融资租赁公司受益于融资渠道多元化[①]。

1. 租赁资产证券化

租赁资产证券化是指融资租赁公司作为原始权益人，将缺乏流动性但具有可预测现金流的租金债权（基础资产）出售给特定机构或载体（special purpose vehicle，SPV），以该基础资产产生的现金流为支持发行证券（asset-backed securities，ABS），以获得融资并最大化提高资产流动性的一种结构性融资手段。其中，基础资产是指原始权益人依据租赁合同对承租人享有的租金债权和其他权利及其附属担保权益。融资租赁公司可通过租赁资产证券化盘活存量资产，提高资产流动性，帮助融资租赁公司将未来收入现值化。

（1）租赁资产证券化的相关政策红利不断。2014年12月，证监会发布《证券公司及基金管理公司子公司资产证券化业务管理规定》[②]，标志着证监会系统项下的资产证券化业务从审批制改为备案制，大幅放宽了资产证券化业务的监管尺度，将资产证券化业务开展主体范围由证券公司扩展至基金管理公司子公司，拓宽了基础资产范围（包括企业应收款、租赁债权、信贷资产、信托受益权等财产权利，基础设施、商业物业等不动产财产或不动产收益权，以及中国证监会认可的其他财产或财产权利）。2015年9月，国务院办公厅出台的《关于加快融资租赁业发展的指导意见》指出，要积极鼓励融资租赁公司通过债券市场募集资金，支持符合条件的融资租赁公司通过发行股票和资产证券化等方式筹措资金。政策红利激发了融资租赁行业发行证券化产品的热情，随着资产证券化由审批制改为备案制，资产证券化门槛逐步放低，更多融资租赁公司借助资产证券化进行融资[③]。

（2）租赁资产证券化市场快速发展。由于资产证券化可有效增加融资租赁公司融资渠道、优化报表盘活资产、降低融资成本、扩大公司影响力、拓展业务模式，已成为融资租赁企业青睐的新型融资模式。2006年5月，远东国际租赁有限公司在上海证券交易所发行了我国首支租赁ABS，也是当年唯一一支以租赁资产为基础资产的证券化产品。2014年起，越来越多的融资租赁公司以发行ABS作为企业融资新途径。2014年租赁ABS发行数量为5支，发行总额为57.26亿元。2015年，我国租赁资产证券化市场发行日渐常态，规模持续增长，全年共发行62支租赁ABS，发行总额575.26亿元，数量和金额均呈现质的飞跃。2016年，租赁ABS发行呈井喷之势，发行数量达到121支，占全年ABS发行总量的24.44%，发行金额为1202.60亿元，占全年ABS发行总额的14.04%。租赁ABS的发行数量及金额均较2015年大幅增长，且远超之前年度累计发行规模（图6.1）[2]。

（3）租赁资产证券化参与主体与交易结构多元化。根据《证券公司及基金管理公司子公司资产证券化业务管理规定管理规定》，租赁资产证券化业务参与主体可分为以下七类：

---

① 海通证券. 分道扬镳！——17年海外宏观报告. 2016.

② 证监会. 证券公司及基金管理公司子公司资产证券化业务管理规定. 证监会公告〔2014〕49号，2014.

③ 国务院办公厅. 关于加快融资租赁业发展的指导意见. 国办发〔2015〕68号，2015.

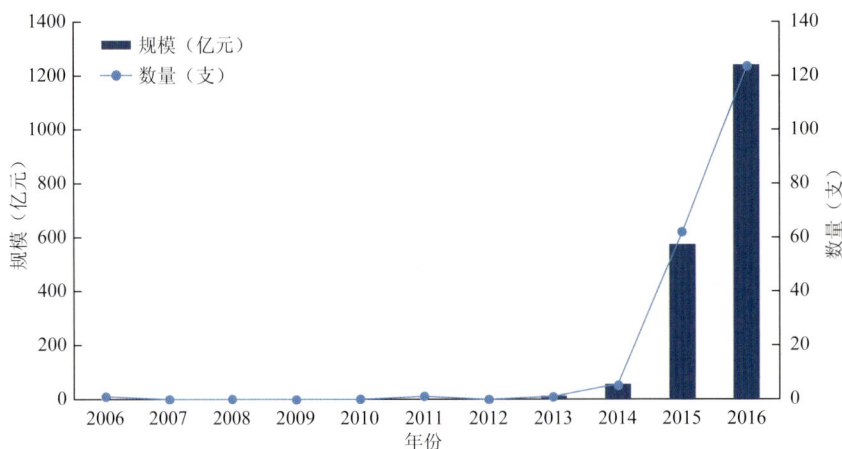

图 6.1 租赁 ABS 发行规模（2006～2016 年）

数据来源：wind

①资产支持专项计划 /SPV 作为证券化产品的发行人，以实现资产真实出售和破产隔离目的而设立；②企业、机构等主体可以是基础资产的原始权益人，也可以是受让基础资产后再次出售人；③资产支持证券持有人作为投资者或资金供给方，购买资产支持证券，获得固定收益；④证券公司、证券公司资产管理公司、基金子公司等作为计划管理人代表行使权利和义务：结构设计、资产选择、现金流分析、定价、起草发行文件、产品销售、申报；⑤律师、会计师 / 资产评估机构、评级机构作为中介机构，律师起草发行文件和法律协议、协助解决法律、结构问题、协助申报，会计师 / 评估机构提供基础资产的财务信息、现金流分析，评级机构出具信用评级报告；⑥担保机构和流动性支持机构作为增信机构，担保机构通过担保、保险等手段提供信用增级，流动性支持机构通过流动性贷款、提供流动性支持等手段提供信用增级；⑦商业银行等机构作为托管人，提供基础资产、专项计划的账户托管服务[1]。具体业务交易结构如图 6.2 所示。

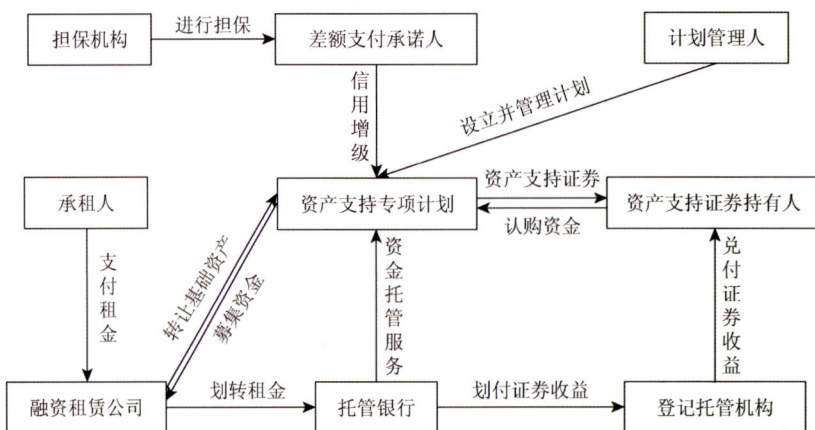

图 6.2 租赁资产证券化业务交易结构

① 证监会 . 证券公司及基金管理公司子公司资产证券化业务管理规定 . 证监会公告〔2014〕49 号，2014.

2. 股权融资

2015 年 9 月，国务院办公厅印发《关于加快融资租赁业发展的指导意见》，支持符合条件的融资租赁公司通过发行股票和资产证券化等方式筹措资金[①]。据不完全统计，我国目前共有 13 家融资租赁企业直接上市。其中，在新三板挂牌上市的企业有 7 家，在港股上市的企业有 5 家，在主板上市的企业 1 家。

（1）新三板挂牌（表 6.1）。据不完全统计，目前已有 7 家融资租赁公司在新三板挂牌。除融资租赁公司外，众多新三板挂牌企业也开始涉足融资租赁领域。

（2）港股上市（表 6.2）。2011 年 3 月 30 日，远东宏信有限公司在香港主板上市，发行股票 8.16 亿股，募集资金 51 亿元港币，开创国内融资租赁公司海外上市的先河。远东宏信上市后，融资渠道全面打开，借助香港金融市场优势，陆续发行人民币债券、中期票据，开展银团贷款等业务。港股上市成为融资租赁公司上市的新潮流，2016 年中国融众金融控股有限公司、中银航空租赁有限公司、国银金融租赁股份有限公司先后在港股成功上市。

表 6.1　新三板挂牌上市融资租赁公司一览

上市公司名称	上市时间
融信租赁股份有限公司	2014 年
福能（平潭）融资租赁股份有限公司	2015 年
中国康富国际租赁股份有限公司	2015 年
福建喜相逢汽车服务股份有限公司	2015 年
山东东海融资租赁股份有限公司	2015 年
顺泰融资租赁股份有限公司	2015 年
浙江康安融资租赁股份有限公司	2016 年

表 6.2　港股上市融资租赁公司一览

上市公司名称	上市时间
远东国际租赁有限公司	2011 年
中国飞机租赁集团控股有限公司	2014 年
中国环球租赁有限公司	2015 年
中国融众金融控股有限公司	2016 年
中银航空租赁有限公司	2016 年
国银金融租赁股份有限公司	2016 年

[①] 国务院办公厅. 关于加快融资租赁业发展的指导意见. 国办发〔2015〕68 号，2015.

（3）国内主板上市。据不完全统计，至少有工商银行、渤海金控、晨鸣纸业等101家A股上市公司通过设立或参股融资租赁公司的方式涉足融资租赁行业。上市公司借助融资租赁公司扩大产业布局，融资租赁公司也大力向上市资本靠拢，获得更多的资本支持。

3. 债券融资

长期以来，融资租赁公司在发展过程中不断拓展融资渠道，发行债券也是融资租赁公司重要融资方式之一。2015年，证监会出台《公司债发行与交易管理办法》，扩大了公司债发行主体范围，允许非上市公司参与，使得发行主体数量大幅增加[①]。2016年，融资租赁公司共发行公司债20支，与2015年基本持平，发行总金额达235.5亿元，同比增长467%。发行的公司债主要为3年期和5年期，其中5年期14支，共172.5亿元。2016年发行的公司债中，远东国际租赁有限公司的发行总额及数量位列第一，共计6支，130亿元，占发行总额的55%；第二是中民国际融资租赁有限公司，共计2支，50亿元；第三为中国环球租赁有限公司，共计3支，22亿元[2]。

6.2.3 业务转型升级，提高盈利能力

利差收益是融资租赁公司的主要盈利来源，然而随着利率市场化和无风险利率的逐步下降，融资租赁公司的利差空间将逐渐变小。未来融资租赁公司的关注重点应放在如何提高资本利用率，进而提高盈利水平。具体而言，融资租赁行业可归纳为如下发展方向。

（1）租赁客体向新兴产业拓展。"一带一路""中国制造2025"等发展机遇下，未来融资租赁行业的租赁客体将转向高端装备、大型工程、社会民生领域，将给融资租赁公司带来新的业务增长点。

（2）融资租赁行业加强与信托、保险的合作，提升综合金融服务能力。通过信托公司，融资租赁公司可以通过发行租赁资产证券化产品拓宽融资渠道；通过保险公司，一方面保险产品能够帮助融资租赁公司有效控制项目风险，保护承租人与出租人的利益，另一方面保险资金也可以成为融资租赁公司的资金来源。

6.2.4 细分行业潜力巨大

1. 高端装备融资租赁

高端装备制造是装备制造业中技术密集度最高的产业，是衡量一个国家制造业综合竞争实力的重要标志。从美国、德国等发达国家推出的一系列工业振兴计划来看，发展高端装备制造是成为制造强国的必然选择。中国制造业面临高低端供给严重错位的问题，以高端装备制造带动传统产业转型升级成为必然。高端装备制造业主要包括高档数控机床和机器人制造业、航空航天设备业、卫星制造与应用业、先进轨道交通设备制造

---

① 证监会. 公司债发行与交易管理办法. 证监会令第113号，2015.

业、海洋工程装备制造业等细分领域。目前中国高端装备制造已初步形成以环渤海、长三角地区为核心，中西部地区快速发展的产业空间格局。但是，由于高端装备制造业需投入的技术及资本非常巨大，企业一方面需要大量的资金购置设备，另一方面又要承担因技术研发而导致设备无形损耗的风险，高端装备制造业企业面临着融资难的困境。

　　融资租赁在设备融资模式、销售模式与投资方式有所创新，在高端装备制造业中运用融资租赁相比传统的融资模式具有很多优势。第一，利用融资租赁可以改善高端装备制造企业的财务状况。融资租赁的运用在不占用过多资金的前提下可以提高资产流动性，能有效解决企业"短贷长投"问题。直接租赁及售后回租是高端装备制造企业常用的融资租赁模式，可使企业的资产负债结构更为合理。第二，高端装备制造企业通过融资租赁方式购入设备可以起到节税的作用。根据"营改增"政策，融资租赁的直租及售后回租业务均适用于增值税差额征税政策，其中有形动产直租增值税税率为 17%，不动产直租为 11%，售后回租按照贷款服务适用 6% 的增值税税率。承租人为增值税一般纳税人，向融资租赁公司支付租金，取得融资租赁公司开具的租金增值税发票，可抵扣进项税额。第三，融资租赁可以提升高端装备制造企业的市场竞争力及促进产品销售。高端装备制造企业可通过融资租赁的销售模式（厂商租赁）提高产品市场占有率，且有利于企业应收账款的收回。相对于分期付款、买方信贷等销售模式，融资租赁可凭借融资及融物、债权及物权兼具的特有属性更好地促进销售。第四，融资租赁有助于盘活高端装备制造企业闲置资产。由于高端装备制造企业需不断更新技术，设备更新换代较快，故可利用融资租赁方式将闲置设备转移到技术欠发达区域的制造企业，有效利用闲置设备，提高资产利用效率。

　　2015 年我国装备制造业占规模以上工业增加值的比重为 31.8%，较 2008 年提升 3.8%；行业主营业务收入超 30 万亿元，连续 5 年居世界首位。2016 年出台的"十三五"规划中指出，要加快发展新型制造业，实施高端装备创新发展工程，明显提升自主设计水平和系统集成能力。2016 年 3 月，江苏省经济和信息化委员会发布《关于印发江苏省高端装备研制赶超工程实施方案等文件的通知》，确定了高端装备赶超攻关领域，并组织了一批高端装备研制赶超工程项目，为高端制造企业指明了发展方向[①]。随着江苏省高端装备制造业的迅速发展，在金融支持高端装备制造产业转型升级过程中，具有集金融、贸易、技术、服务为一体的融资租赁，必将促进产业与金融的有效融合，成为传统融资方式的有益补充。

2. 智能装备融资租赁

　　伴随人口红利拐点及"工业 4.0"时代加速来临，在国务院"中国制造 2025"推动下，企业通过购买智能装备实现智能化升级已成为转型升级的关键。但由于中小企业流动资金少，而智能制造装备往往需要较大规模的技术改造和固定资产投资，传统的依托财政及银行信贷的单一融资结构，已难以适应以高新技术为支撑的改造方式。

　　企业通过融资租赁可在投入少量资金的情况下获得生产设备的使用权，以融资的方

[①] 江苏省经济和信息化委员会. 关于印发江苏省高端装备研制赶超工程实施方案等文件的通知. 苏经信装备〔2016〕363 号, 2016.

式实现融物，不仅有利于解决中小企业融资难的问题，还有利于企业取得"机器换人"的主动权。采用融资租赁方式，承租人可根据预期的设备经济技术寿命确定租期，当设备经济技术寿命结束后，租期也同时结束，承租人可重新租赁更为先进的设备，从而保证所用技术的先进性，进而增加企业生产力和竞争力。

2013 年 8 月，江苏省经济和信息化委员会发布《关于加快智慧城市建设的实施意见》，鼓励各类市场主体共同参与智慧城市建设，建立多元化投融资机制[1]；2014 年 9 月，江苏省人民政府发布了《关于推进智慧江苏建设的实施意见》，提出建立政府引导、社会投入的信息化投融资机制，拓宽融资渠道用于智慧江苏建设[2]。中国智慧城市建设基本采用传统融资模式，主要来源于财政拨款、国有商业银行贷款，难以调动社会资本广泛参与建设。而集融资与融物于一体的融资租赁，不仅能够帮助企业改善现金流，还能在智慧城市建设的资源整合过程中大放光彩。

3. 文化融资租赁

随着国家对文化、传媒、教育等产业的扶持政策频频出台，整个文化产业前景明朗，预计"十三五"规划期间文化产业将迎来黄金发展期。一直以来，文化企业因轻资产特性难以融资，文化资产特别是文化无形资产难以盘活。2014 年 9 月 1 日，国内首家文化融资租赁公司——北京市文化科技融资租赁股份有限公司成立，标志着融资租赁的触角首次伸入文化产业，文化企业融资开启"破冰"之旅。北京在文化融资租赁上的"试水"具有标杆意义，由政府牵头主导的文化无形资产融资模式正不断创新，各地纷纷探索文化融资租赁模式。小型文化企业在创业初期没有足够资金购买企业经营所需的灯光、舞美、音响、道具等大型硬件设备，且租用设备时间较短，购买设备将造成资源浪费。由文化融资租赁公司购买此类设备后进行租赁可有效降低初创期文化企业运营成本。同时，文创企业版权也可进行融资租赁。一些优质版权价格昂贵，企业先将版权资产卖给文化融资租赁公司，文化融资租赁公司再通过售后回租方式将版权返还给企业。一方面，由融资租赁公司兑现了版权价值，为企业筹措了发展资金；另一方面，也为版权的变现、转让等开辟了新渠道。但以版权为租赁标的物的融资方式尚未大规模开展，这取决于文化企业知识产权实力、全社会的版权意识以及能否建立起科学的无形资产评估体系等因素，未来基于版权的融资租赁模式有望迅速发展。

在江苏省现代化进程中，丰富的历史文化资源以独特的文化内涵和价值功能，成为江苏文化建设的重要力量，推动着江苏区域经济社会的整体发展。2016 年 6 月，南京市被文化部确定为首批国家文化消费试点城市[3]。依托雄厚的文化资源、科教资源、人才资源，南京发力建设全国重要文化创意中心。据南京日报报道，2021 年，南京市文化产业增加值预计将达 1100 亿元，占地区生产总值的 8% 以上，文化企业数量预计增加到 1.87 万家，同比增长 17% 以上。而融资租赁公司拓展文化租赁业务，不仅为文化产业提供融资服务，也将进一步协助优化产业生态，引导社会资本合理流入文化产业。

---

[1] 江苏省经济和信息化委员会. 关于加快智慧城市建设的实施意见. 苏经信信推〔2013〕694 号，2013.

[2] 江苏省人民政府. 关于推进智慧江苏建设的实施意见. 苏政发〔2014〕103 号，2014.

[3] 文化部办公厅. 关于公布第一批国家文化消费试点城市名单（第一次）的通知. 办产发〔2016〕8 号，2016.

4. 现代农村融资租赁

近年来，伴随着农村劳动力外出务工增加、土地流转加速等，我国农业发展已进入新阶段，正从传统农户分散经营向集约化、专业化、组织化、社会化相结合的新型经营体系转变。经营规模的扩大让新型农业经营主体对大型农机具，高性能、复合型机械的需求越来越旺盛。同时，众多农业企业面临转型升级，设备更新资金缺口较大。大力发展农村融资租赁市场，符合中央扶持"三农"政策，也有利于城乡科学统筹发展。同时，农业价值链也为致力于开拓涉农业务的农机具制造商和融资租赁公司提供了巨大的可持续发展空间。国务院总理李克强在2014年4月16日主持召开国务院常务会议时，强调开展农机金融租赁服务、创新抵押与质押担保方式、发展农村产权交易市场的重要性。2014年12月30日，国务院办公厅印发《关于引导农村产权流转交易市场健康发展的意见》，指出农业生产设施设备是农户、农民合作组织、农村集体和涉农企业等拥有的农业生产设施设备，可采取转让、租赁、拍卖等方式流转交易①。融资租赁在农村的服务范围远不止农机，未来将拓展至种植养殖、食品加工、农村养老等众多领域。

5. 医疗健康融资租赁

当前，我国医疗机构正逐渐进入市场化发展阶段，多数医疗机构采用以药养院的方式，资金限制较大。对于中西部小型医疗机构而言，医疗设备所需资金压力更加巨大，医疗机构难以全额支付。融资租赁则可有效缓解医疗机构的资金压力。2016年3月11日，国务院办公厅印发了《关于促进医药产业健康发展的指导意见》，就促进医药产业健康发展提出了若干新政策②。其中，强化财政金融支持部分明确提出："探索医疗器械生产企业与金融租赁公司、融资租赁公司合作，为各类所有制医疗机构提供分期付款采购大型医疗设备的服务"。随着国家医疗体制不断改革，医疗市场竞争日趋激烈，医疗设备需求扩大，融资租赁能够满足医疗行业发展的需要。在医疗体制改革的形势下，融资租赁开辟了医疗机构融资的新途径，医疗设备融资租赁的发展前景十分广阔。

6. 办公设备融资租赁

在大众创业、万众创新的环境下，中小企业数量增长迅速，开启轻资产化企业运营进程，轻资产化的核心之一在于通过租赁方式获取办公设备，降低公司运营成本。据国际数据公司（IDC）调查，企业租赁计算机的综合成本比购买降低24%。在美国，办公设备的租赁市场份额仅次于交通设备租赁。从长期成本、管理维护、更换升级方面来看，办公设备租赁优于企业直接购买。目前我国传统企业往往通过大宗采购的方式添置资产，但会造成企业流动资金减少、抗风险能力降低。同时，企业需耗费大量的人力成本与管理成本，进行资产采购、管理、运维、处置等一系列行为。近年来政府开始逐渐推行办公设备租赁，例如，北京市2014年推行的"政府绿色租用"，办公设备开始实行"以租代买"制度。

---

① 国务院办公厅.关于引导农村产权流转交易市场健康发展的意见.国办发〔2014〕71号，2014.
② 国务院.关于促进医药产业健康发展的指导意见.国办发〔2016〕11号，2016.

6.2.5 全面"营改增"，各业务领域影响不一

2013 年，我国开始在全国范围内实施交通运输业和部分现代服务业营业税改增值税的税制改革办法，融资租赁行业改为适用增值税。融资租赁行业在"营改增"的税制环境下，各业务领域受影响不一，总体税负面临着不减反增的现实，给融资租赁行业发展带来较为不利影响。

1. 全面"营改增"政策变化

2016 年 3 月，财政部和国家税务总局联合下发《关于全面推开营业税改征增值税试点的通知》（财税〔2016〕36 号），全面推开营改增政策[①]。财税〔2016〕36 号文除维持试点阶段的差额纳税、即征即退、融资租赁资质等政策外，新变化主要包括：①租赁分类征税。按照租赁标的物的不同，将融资租赁服务分为有形动产融资租赁和不动产融资租赁，适用不同税率。出租人提供有形动产租赁服务的增值税税率保持不变为 17%；不动产租赁服务的增值税税率为 11%。②直租和售后回租分类征税。直租业务被划分为"租赁服务"，适用 17% 的税率；"融资性售后回租"业务被纳入金融服务范畴，参照贷款服务适用 6% 的税率。③差额纳税扣除项有所变化。尽管融资租赁依然采用差额纳税原则，"有形动产融资性售后回租"服务可差额纳税，但融资性售后回租业务不享受差额纳税待遇，即贷款服务的进项税额不得从销项税额中抵扣。

2. 全面"营改增"政策影响

（1）融资租赁公司实际税负增加。全面"营改增"后有形动产直租业务按 17% 税率缴纳增值税。虽然税制改革中针对税率增加的问题提出税负超过 3% 的实行即征即退政策，但该优惠政策覆盖纳税人主体有限，同时根据《中华人民共和国城市维护建设税暂行条例》规定，对"三税"实行先征后返、先征后退、即征即退办法的，除另有规定外，对随三税附征的城市维护建设税和教育费附加，一律不予退（返）还[②]。因此即征即退的优惠政策不包括附加税费，税负的增加会影响融资租赁行业发展。

（2）优惠政策难以落实。从 2016 年 5 月开始，国家开始对满足享受差额纳税的纳税人进行资本限制。根据文件规定，享受差额纳税的纳税人由注册资本 1.7 亿元调整为实收资本 1.7 亿元，且从达标当月起实行差额纳税。融资租赁公司在差额纳税上受到更大限制，差额纳税的门槛变高，致使融资租赁公司适用优惠政策更加困难。此外，虽然财税〔2016〕36 号文延续即征即退的优惠政策，但对缓解融资租赁公司的实际税负压力并未起到实质性作用。即征即退政策规定计算实际税负的分母为取得的全部价款和价外费用，包含租赁利息的收入和本金，分母基数较大。然而，我国中小型融资租赁公司数量较多，实际增值税负超过 3% 的可能性很小，因此即征即退政策的实用性不大。此外，

---

① 财政部, 国家税务总局. 关于全面推开营业税改征增值税试点的通知. 财税〔2016〕36 号, 2016.

② 国务院. 中华人民共和国城市维护建设税暂行条例. 国发办〔1985〕19 号, 2011.

对于实际税负超过 3% 的融资租赁公司，由于即征即退政策的具体实施细则并未明确，企业还可能会面临退税困难的问题。

（3）直接租赁业务平稳过渡，售后回租业务发展受阻。财税〔2016〕36 号文明确将"融资性售后回租服务"纳入金融服务范围，按照贷款服务适用 6% 的增值税税率，但同时规定融资性售后回租业务中，贷款服务项目的进项税额不得从销项税额中抵扣，降低售后回租业务节税优势。直接租赁业务基本未受影响，税率仍为 17%，税基也基本与试点阶段相同。

参 考 文 献

[1]　中国租赁联盟，天津滨海融资租赁研究院 . 中国融资租赁蓝皮书：2015 年中国融资租赁业发展报告 [M]. 天津：南开大学出版社，2016.

[2]　中国融资租赁三十人论坛，零壹融资租赁研究中心 . 中国融资租赁行业 2016 年度报告 [M]. 北京：中国经济出版社，2017.

第7章 江苏省融资租赁企业案例分析

7.1 江苏省国际租赁有限公司

7.1.1 企业简介

江苏省国际租赁有限公司（原名"南京国际租赁有限公司"，2017年3月更名，以下简称江苏省国际租赁）成立于1989年，是首批经商务部批准成立的外商投资融资租赁企业，也是江苏省第一家外商投资融资租赁企业、江苏省融资租赁行业协会会长单位，公司控股股东为江苏省广播电视总台（集团）。公司注册资本人民币7亿元，截至2017年3月，资产规模超60亿元，净资产超9亿元。

江苏省国际租赁以"稳健、服务、共赢、创新"为经营理念，拥有一支高素质、专业化的业务团队，通过不断提升市场拓展能力、价值创造能力和产品创新能力，实现融资租赁业务的持续稳健增长。公司项目涉及能源环保、工程机械、基础设施建设、民生医疗、现代物流、文化旅游等行业，并在上述行业具备成熟的业务模式和良好的市场口碑。

江苏省国际租赁与江苏省广播电视总台（集团）于2016年11月共同出资设立江苏广电商业保理有限公司，首期出资1亿元人民币，主营业务包括以受让应收账款的方式提供贸易融资、应收账款的收付结算管理与催收、销售分户账管理、与公司业务相关的信用风险担保、客户资信调查与评估、相关咨询服务等。

7.1.2 经营情况

2016年，江苏省国际租赁资产规模42.83亿元，同比增长43%；收入2.99亿元，同比增长63%；利润1.52亿元，同比增长310%（表7.1）。

表 7.1　江苏省国际租赁经营情况表

财务指标	2016 年	2015 年	2014 年
营业收入（万元）	29 893.71	18 282.46	13 589.16
利润总额（万元）	15 234.66	3 721.91	5 862.42
资产总额（万元）	428 318.67	299 624.97	147 246.42
净资产（万元）	85 685.82	73 605.11	26 917.40
租赁合同余额（万元）	411 950.77	200 298.69	95 070.26
业务投放额（万元）	283 646.36	131 600.00	10 000.00
净资产收益率（%）	14.50	5.54	8.89
资产负债率（%）	80.00	75.43	81.72

注：公司2015年一次性计提减值准备5273万元

7.1.3　业务特色

江苏省国际租赁选择市政基础设施建设、供水供气供热、医疗等公用事业为主要业务发展方向，匹配风险可控的上市公司融资租赁项目，同时推进院线设备租赁、虚拟现实（VR）设备租赁等文化租赁项目。

影城直接租赁项目案例：江苏省国际租赁与院线合作，成功投放数个影城直租项目。项目承租人为加盟院线的影城，租赁物为影院核心设备数字电影放映机，租赁期限 3 年，江苏省国际租赁拥有设备所有权。合同到期后，设备所有权归承租人。若承租人租期内违约，江苏省国际租赁可收回租赁物，依托院线对租赁物实现快速处置，有效控制风险。该项目既拓宽了公司的业务领域，又有利于院线进一步拓展市场，呈现多赢格局。

7.2　华中融资租赁有限公司

7.2.1　企业简介

华中融资租赁有限公司（以下简称华中租赁）成立于 2013 年，公司注册资金 1.5 亿美元（10 亿元人民币），是江苏省融资租赁协会副会长单位，注册于江苏省江阴市，公司总部位于北京，在香港、上海、广州、深圳、西安、武汉、江阴设有分支机构。

华中租赁以融资租赁为主体，通过融资租赁切入优质产业，获取稳定且持续的收益，做实资产；专注于私募基金投资管理及投资并购、咨询服务；抓住资本市场的投资机会，主要和上市公司及其股东合作，创新交易方案，通过固定或固定＋浮动产品发展股债结合业务，获取稳定的固定回报和超额收益。华中租赁在医疗、环保、新能源、健康与消费等多个产业建立优势，并持续扩展业务范围，不断优化服务体系。华中租赁在全面发展租赁业务的同时，注重产融结合，为客户提供综合的专业金融服务。

华中租赁是一家投行模式的融资租赁公司，提供定增投资、并购基金、金融服务，与政府合作设立产业引导基金；计划搭建完善的债权投资体系、资本市场投资体系和股权投资体系；并且通过债权方式获得客户信任，进行深度服务；与此同时也提供委托贷款业务。华中租赁已形成融资租赁和资本业务的业务格局，实现深度产业融合，以国家鼓励支持的新兴产业作为产业合作基础，优选行业龙头和上市公司，打造投行模式的融资租赁公司。

华中租赁隶属于中植企业集团，中植企业集团创建于 1995 年，集团总部位于北京，管理资产规模超过 16 000 亿元人民币。业务板块分为金融板块、财富板块、并购板块和新金融板块，旗下拥有信托、财富管理、租赁、保理、投资管理、期货等金融牌照，并且逐步发展成为投资、融资、产业基金等金融业务为一体的综合金融服务集团。

华中融资租赁有限公司下属公司包括：江阴华中投资管理有限公司，世纪华中资本管理有限公司，华中国际资产管理有限公司，华中（天津）融资租赁有限公司，华中（深圳）融资租赁有限公司和霍尔果斯华仲商业保理有限公司。世纪华中资本管理有限公司成立于 2015 年 9 月，注册资本 5000 万元，总部位于北京市朝阳区，在上海和深圳设有办事处，是一家拥有专业产业并购整合能力、丰富产业战略和海外业务专家资源的私募投资及资产管理公司；华中国际资产管理有限公司，注册地位于香港，注册资本 5000 万人民币，主要开展跨境资本市场业务和海外并购业务，是华中租赁走向资本市场领域和国际业务领域的重要一步；江阴华中投资管理有限公司成立于 2015 年 7 月，注册地位于江苏省江阴市高新区，注册资本 5000 万人民币，是华中租赁的全资子公司，主要经营范围为投资管理与投资咨询；华中（天津）融资租赁有限公司成立于 2016 年 3 月，注册地位于天津自贸区东疆保税港区，依托自贸区的区域优势和平台优势，主要用于开展跨境的融资租赁业务；华中（深圳）融资租赁有限公司注册在经济特区深圳，注册资本 1.7 亿元，是一家业务领域主要覆盖华南片区的融资租赁公司，借助经济特区和自贸区的区位优势，为优秀的上市公司和大型民营企业提供融资租赁服务；霍尔果斯华仲商业保理有限公司注册于新疆霍尔果斯口岸，注册资本 5000 万元，主要以应收账款保理方式为客户提供融资服务，解决客户流动资金不足的问题，实现正常的生产经营。

7.2.2 经营情况

华中租赁资产规模快速增长，营业收入稳步上升。2015 年资产规模 70.34 亿元，收入 4.85 亿元，利润总额 3.29 亿元（表 7.2）。

表 7.2　华中租赁经营情况表　　　　　（单位：万元）

账务指标	2015 年	2014 年	2013 年
资产总额	703 405.95	106 286.89	93 827.27
净资产	129 866.04	102 119.27	93 872.37
营业收入	48 517.59	10 191.82	91.00
利润总额	32 933.36	11 122.77	−215.84

7.2.3 业务特色

1. 业务模式

华中租赁作为融资租赁行业的生力军，在日常运营发展过程中，需要动态、灵活的资金安排，以实现优化报表、盘活资产、降低负债水平、补充流动性、优化融资渠道等目标。华中租赁设定了明确的目标定位，致力于为地方政府、国有企业、上市公司和民营龙头等资信好、评级高、现金流充足的目标客户提供融资租赁服务，解决客户的资金需求。客户以融物的方式，实现快速融资的目的。融资租赁的租期、租金可根据承租人的财务状况灵活安排，申请手续简单，租赁模式多样。华中租赁为客户提供结构化的融资租赁服务，融资租赁的模式包括但不限于直租模式、售后回租模式、联合租赁模式、厂商租赁模式、杠杆租赁模式、转租赁模式等多种形式。其中直租服务实现采购融资合一，保证企业或机构现金流的稳定性；售后回租服务实现盘活自有资产，创造企业或机构现金流，实现资产流动；委托贷款服务能够给企业提供资金，解决企业日常资金需求。

经营性租赁是租赁的特殊表现形式，属于非全额租赁。华中租赁根据承租人对租赁物和供货商的选择，购买租赁物，并出租给承租人中长期使用，通过在计算承租人应付租金时预留残值的方式，经营性租赁可给承租人带来多项益处。

资本市场业务，主要开展股权投资业务，也配合债权投资，以满足融资方的综合需求，包括参与上市公司的定向增发业务、为定增对象提供认购资金、上市公司股票质押融资业务及投资具有广阔发展前景的非上市公司等。

与政府、大型国企、上市公司等优质伙伴形成战略联盟，成立定位明确的产业基金，投资于符合各方诉求的优质标的及项目，促进产业发展，实现共赢。

产业基金主要包括两个方向：与地方政府合作成立产业基金（包括 PPP 投资基金）及与上市公司合作成立产业并购基金，以"股权＋债权"的投资模式为主。地方政府产业基金主要配合当地政策，投资于政府扶持的行业和企业，促进当地经济结构优化和产业升级；上市公司产业并购基金，主要配合上市公司的战略转型和未来发展规划，投资于其横向或纵向发展的领域，并通过上市公司收购的路径实现退出。服务领域包括节能环保、医药医疗、文化传媒、基础设施建设等。

华中租赁的投行业务操作灵活，满足融资方多样化的资金需求，在项目融资、结构性融资、资产证券化、资本运作、资产管理等领域提供优化的决策支持和增值服务提升企业内在价值和发展动力。

2. 业务领域

紧跟国家"智能制造"发展步伐，华中租赁在推动智能制造业的研发、生产、管理、服务等领域逐步深化，加强智能装备融资租赁服务，解决企业资金问题，助力"机器换工""数控一代"发展，促进优秀制造业公司向数字化、网络化、智能化方向稳健升级。同时，华中租赁致力于中国城市公用事业的发展，围绕新能源公交、地铁、热力、燃气等行业，以信息网络技术为主要支撑，面向汽车、地铁、固废处理、热力、燃气、新能源等各个领域，为企事业单位的设备采购、场站建设、提标改造、管网铺设、兼并收购等提供专业咨询、金融支持、服务整合、资产管理等一体化解决方案。

智慧城市建设领域，已参与多个智慧交通建设的大型项目，为中国智慧交通建设的深入发展提供专业的综合金融服务。

绿色经济领域，为发展绿色经济的企业或者机构提供综合金融解决方案，重点包括：节能减排、清洁能源、生态环保等行业，以及具体的子行业，如固体废弃物处理、碳排放技术与管理、水污染处理、污染土地整治等。华中租赁将助力节能环保业发展作为一种社会责任，不断深化介入节能环保领域，借助与国内外企业长期良好的合作关系，为优秀企业提供综合金融解决方案，推动节能环保产业创新，帮助企业不断提升技术水平和产品供给能力，促进节能环保创新产品在更多领域的广泛应用。

基础设施领域，紧密围绕国家"惠民生"的产业政策和发展战略开展投资，主要投向"一带一路"、京津冀协同发展、长江经济带等战略项目，加快中国装备走出去和推进国际产能合作；与此同时也投向拉动力强、社会经济效益好的棚户区改造，城市基础设施，重大水利工程，中西部交通设施，以及新型城镇化等基础设施建设项目。

文化与消费领域，结合消费结构升级的大趋势，深入旅游文化、体育娱乐、影视制作、健康食品、休闲农业等产业，为大型文体、消费领域企业提供综合的融资租赁服务，帮助客户扩大生产和销售。

高端制造领域，为优秀的发展"工业4.0"的企业或者机构提供综合金融解决方案，其重点包括新一代信息技术、高档数控机床、机器人、航空航天装备、海洋工程及高技术船舶、节能与新能源汽车等高端装备创新行业。

3. 项目案例

1）某热力企业售后回租项目案例

项目背景：某热力企业为提升热能利用效率和满足环保要求，需要进行气改水项目建设和现有锅炉的脱硫脱硝改造项目建设，项目的集中开展，造成现金流压力，同时该企业有大量存量热能供应产能设备。

解决方案：华中租赁通过对企业投资、燃料采购和热费回款周期的深入分析，针对存量热能资产设计个性化的售后回租融资方案，形成充分匹配企业现金流结构化的还款方案，盘活了资产，保证企业投资需求。

2）某上市公司售后回租项目案例

项目背景：某上市公司的应收账款主要来自一家下游企业的工程欠款，该下游客户处于产能逐步释放期。上市公司有收回应收账款、改善上市公司财报的需求。与此同时，逐步完成由设计—采购—施工（engineering-procurement-construction，EPC）向合同能源管理（energy management contract，EMC）模式转型。

解决方案：华中租赁通过对该下游企业的生产经营做深入分析，设计了以存量核心生产设备为租赁物的售后回租方案，使其用这笔资金偿还上市公司的工程欠款，从而达到改善上市公司报表的需求，同时支持产能释放期企业的发展。

3）某能源企业直接租赁项目案例

项目背景：某能源行业企业因生产经营所需，购买生产设备，但由于合同金额大，该企业资金不足，且考虑到后期生产需要投入资金，因此无法一次性支付合同项下金额。

解决方案：华中租赁在综合考察承租人的财务状况和该行业背景之后，决定通过直租形式，从设备商处购买生产设备，以融资租赁方式出租给承租人，一方面使承租人能够使用生产设备，扩大生产经营，另一方面缓解暂时资金压力，为后续生产提供资金保障。

7.3　江苏苏豪融资租赁有限公司

7.3.1　企业简介

江苏苏豪融资租赁有限公司（以下简称苏豪租赁）成立于 2014 年 6 月，是一家专业化的国有控股中外合资融资租赁公司。公司股东为注册在香港的江苏金融控股有限公司和 A 股上市公司江苏弘业股份有限公司（股票代码：600128）。公司实际控制人为江苏省苏豪控股集团有限公司，是江苏省属大型国有控股集团，资产总量超 300 亿元人民币，旗下拥有境内外两家上市公司（弘业股份 600128 和弘业期货 3678.HK）。江苏苏豪控股集团是华泰证券股份有限公司、江苏省国际信托有限责任公司、江苏省信用再担保有限公司、江苏紫金农村商业银行股份有限公司和紫金财产保险股份有限公司等江苏省内重要金融企业的主要股东之一。苏豪融资租赁依托苏豪控股集团背景，业务涉及新能源、新材料、大环境、大健康、大数据、大智造等领域，为广大中小企业提供融资、贸易、管理、咨询等综合服务。公司目前注册资本金为 2 亿元人民币，预计 2018 年完成资本金将增加到 5 亿元人民币。

7.3.2　经营情况

截至 2016 年底，苏豪租赁总资产 25 055.01 万元；营业收入 1507.51 万元，较年初增长 153.85%；利润总额 1239.24 万元，较年初增长 146.92%；净利润 896.83 万元，较年初增长 138.66%；净资产收益率（ROE）为 4.22%，资产回报率（ROA）为 4.95%（表 7.3）。

表 7.3　苏豪租赁经营情况表

账务指标	2016 年	2015 年	2014 年
总资产（万元）	25 055.01	25 739.91	10 013.09
总负债（万元）	3 778.68	5 360.41	9.37
融资租赁资产（万元）	18 032.03	21 052.17	—
经营租赁资产（万元）	—	—	—
营业收入（万元）	1 507.51	593.85	—
营业净收入（万元）	1 239.24	502.05	−34.22
利润总额（万元）	1 239.24	501.88	5.72
净利润（万元）	896.83	375.78	3.72
ROA（%）	4.95	1.95	0.06
ROE（%）	4.22	1.84	0.04

续表

账务指标	2016 年	2015 年	2014 年
租赁业务投放额（万元）	9 593.20	22 118.38	—
直租业务比（%）	1.00	55.31	—
回租业务比（%）	99.00	44.69	—
不良资产率（%）	—	—	—
租金回收率（%）	100.00	100.00	—

7.3.3　业务特色

1. 业务模式

党的十八大以来，国家实施创新驱动的发展战略，而中小企业是市场的创新主体。经济新常态下，新能源技术、新材料技术、生物技术、信息技术等是未来新经济主要的发展方向，也是国家发展的新动能。这些新技术的应用能改善人民的生活环境，未来具有广阔的市场发展空间。所以苏豪租赁致力于发展中小企业及新技术融资租赁业务。

苏豪租赁原则上弱化了现有的做债权要以担保、抵押为主要增信措施的传统思维，实践了以时间换空间的新观点，用投资的眼光，更加关注客户的成长性和未来现金流，以此来匹配中小企业融资金额较少、需求较急、频次较高的特点。苏豪租赁利用自身背景优势，为客户挖掘多元化的融资渠道，通过与集团内部苏豪投资集团的合作，大力推广"投资＋租赁"联动产品，降低目标企业的前期融资成本，搭建一体化服务平台，切实增加了企业融资机会。

苏豪租赁在为企业设计融资租赁产品时，主动切入到商业模式中，力求通过优化、创新客户的商业模式，促进中小企业转型升级。苏豪租赁的产业服务能力主要体现在"管理提升"和"客户协同"两个方面：①联合咨询机构，帮助企业改进战略与业务模式、组织运营管理、人力资源管理，促进企业经营和管理水平的提高；②坚持"客户协同"服务，通过集群租赁（围绕产业集群内的核心企业，通过融资租赁为其上下游客户提供中长期发展资金，加速提升产业集群内各企业的竞争优势）等方式，在大数据、大健康、大环境、大智造等"高精尖"产业及资源等方面开展协作共享，实现"1+1＞2"的协同效应。另外还有风险租赁（通过风险分担、利益共享机制为新产品用户提供融资租赁服务，使得制造商通过"体验式营销"及为客户提供增值服务进行新产品推广活动）、并购租赁（以被并购企业资产为租赁物，解决并购企业资金需求）、项目租赁（降低项目建设中自有资金投入比例，为企业项目投资提供可以与项目自身现金流匹配的租金支付方式）等系列特色产品，帮助企业优化商业模式，增强创造现金流的能力，提升企业自身的造血功能。

同时，苏豪租赁严控风险，构建包含风险管理组织架构、项目集体审议、不兼容决策机制和流程、全面风险管理体系、项目风险预警体系，以及内控管理体系在内的全方位管理体系。统筹管理信用风险、市场风险、流动性风险等各类风险。并已启动申请加入人民银行征信系统的工作，增强公司风险把控能力。

2. 项目案例

1）生物发电企业售后回租项目案例

2016 年，以江苏 HS 生物发电有限公司的主要发电设备为租赁物，苏豪租赁完成了一笔与江苏 HS 生物发电有限公司的售后回租业务，租赁金额为 5000 万元。江苏 HS 生物发电有限公司占地面积 150.20 亩（1 亩 ≈ 667m²），总投资 3 亿元人民币。目前公司为 2 炉 2 机，主要燃料为树皮、秸秆、稻壳等生物质燃料，发电模式为热电联产，年上网电量 1.6 亿度，由国网江苏分公司按照 0.75 元 /(kW · h) 全额收取，2016 年江苏 HS 预计实现主营业务收入 1.8 亿元。生物质能源是目前世界上应用最广泛的可再生能源，消费总量仅次于煤炭、石油、天然气位居第四位，也是唯一可循环、可再生的能源。生物质能发电是现代生物质能开发利用的成熟技术，在欧美等发达国家，生物质能发电已形成非常成熟的产业，成为一些国家重要的发电和供热方式。通过本次融资，江苏 HS 在句容生物质新电厂的汽轮机设备资金得到解决，在利用清洁能源、减少秸秆田间焚烧制造空气污染的同时，利用当地苗木支柱产业产生的废树枝，形成了循环经济新模式。

2）锂离子电池企业售后回租项目案例

2016 年，苏豪租赁与一家专注于生产锂离子电池的企业完成一笔千万元的售后回租业务。该公司已建成 2 条叠片式电芯生产线及 2 条叠片电池组装线，可实现年 1.5 亿瓦时锂离子动力电池电芯的生产能力，达产后年销售可达 12 亿元。该公司专业从事锂离子动力电芯和电池模组的研发、设计、制造与经营，为终端用户提供综合性解决方案。该公司由于备货资金短缺，向苏豪租赁寻求迅速的短期资金支持。苏豪租赁在考察其技术的先进性和下游客户的真实情况后，弱化原有的担保措施，在短时间内，通过生产设备售后回租方式，将融资租赁款项提供给电池生产企业。

3）医院直接租赁项目案例

2015 年，苏豪租赁与宿迁市第一人民医院完成总额近 1.6 亿元的医疗设备直接租赁业务。宿迁市由于特殊的历史原因，在宿迁市第一人民医院尚未建立之前，全市域范围内没有大型公立医院。宿迁市委市政府决定按照三级甲等的标准建立全新的宿迁市第一人民医院并邀请省人民医院合作管理。苏豪租赁承担了其中三分之二医疗设备的采购和直接租赁，目前宿迁市第一人民医院已顺利开业，所有医疗设备按时到货、安装和调试，并正常运行，保证了医院的正常运营。

7.4　顺泰融资租赁股份有限公司

7.4.1　企业简介

顺泰融资租赁股份有限公司（以下简称顺泰租赁）成立于 2012 年 4 月，前身是顺泰融资租赁（常州）有限公司，原注册资本金 0.4999 亿美元。公司于 2015 年 6 月 15 日完成股份制转制，注册资本变更为 3 亿元人民币，是常州首家国有控股的融资租赁公司。2015 年，顺泰租赁在新三板挂牌交易（833771）。

7.4.2　经营情况

2014 ~ 2016 年，顺泰租赁的营业收入稳定上升，截至 2016 年，营业收入为 1.22 亿元，同比增长 7.55%（表 7.4）。

表 7.4　顺泰租赁经营情况表

账务指标	2016 年	2015 年	2014 年
营业收入（万元）	12 229.56	11 370.98	6 222.17
净利润（万元）	3 830.39	4 974.40	1 800.37
净利润同比增长率（%）	−23.00	176.30	−14.65
营业收入同比增长率（%）	7.55	82.75	28.31
净资产收益率（%）	10.02	13.96	9.83
销售毛利率（%）	46.80	67.07	45.23
资产负债率（%）	80.70	71.54	59.06

7.4.3　业务特色

目前顺泰租赁面临资本市场和国企改革的叠加机遇。同时，紧跟国际"一带一路"倡议构想，支持本土优秀的装备制造业"走出去"。债权融资方面，顺泰租赁的创新重点集中在资本证券化和引进境外资金；股权融资方面，顺泰租赁更加着重于引进战略投资者并且进行充分的股权改革（表 7.5）。

表 7.5　顺泰租赁融资方式

融资方式	类型
债权融资	传统银行
	资产证券化
	境外资金
股权融资	混合所有制
	引进战略投资者
	发行优先股
	兼并重组

1. 经营方针

顺泰租赁的经营方针是专注主业和本地。主要业务包括基础建设、装备制造、新能源和交通运输。此方案的设计和常州经济发展密切相关。江苏作为制造大省，有很多资源为本地企业服务，所以顺泰租赁选择了扎根本地的方针，主要依据本地市场需求，把握本地低风险业务，围绕常州优质企业，发展厂商租赁。

2. 市场战略

顺泰租赁的市场战略是一个主业、两个市场、三大客户群和四大产业。具体来说，是专注于融资租赁的主业；依托境内境外市场；锁定地方国企、上市公司、行业领先企业等优质客户；着重新能源，基础设施，装备制造，交通运输产业来进行下一步发展。

3. 业务创新

顺泰租赁的优势与其股东背景、风险管理、团队及机遇密不可分。顺泰租赁经过四年的经营发现，单一的基础设施项目堆积不足以支撑公司的发展。顺泰租赁的业务创新按照租赁的客观规律分行业经营。

4. 风险控制

风险管理需要在源头、过程、模式等方面实施控制，来达到资产质量零不良、零逾期的目标。在进入某一行业的时候，充分依托股东背景，遵循行业准入规则，在进入行业之后，摸索行业规律，根据业务调整，在业务传播和行业评估中把控风险，不断完善发展；在业务发展过程中，随着业务扩大，审批流和企业内部流也遇到瓶颈，所以租赁管理系统有实施的必要性。

5. 区域布局

目前顺泰租赁主要依托股东背景开拓市场，但是遇到了资金和人才瓶颈，所以需要重新规划区域布局。在这种情况下，顺泰租赁的战略是业务覆盖结合管理覆盖，走出常州，辐射全国，已于 2016 年初在上海设立了全资子公司，目的是依托上海的融资创新和人才优势把顺泰租赁的模式和业务发展到全国各地。

6. 资本体制

扩大资本，引入混合所有制，形成国有、外资、民营、机构、员工共同所有制模式。引进战略投资者，引入外资银行、上市公司等优质战略投资者。在新三板挂牌交易之后，通过与各种民营机构和战略投资者合作发展，引进了各种战略投资者。虽然顺泰租赁已经在新三板挂牌交易，与此同时，顺泰租赁也正在积极引入外资银行和国有大型银行。顺泰租赁借助国有大股东的优势，加快了公司发展，但为使公司市场化程度加大，后期在股权结构优化上，仍要逐步降低国有股占有比例。

7.5 苏州市农发融资租赁有限公司

7.5.1 企业简介

苏州市农发融资租赁有限公司（以下简称农发租赁）成立于 2013 年 5 月，是经国家商务部批准成立的国有控股的中外合资融资租赁企业，为苏州市属九大国企平台之一的苏州市农业发展集团有限公司的控股子公司。目前公司注册资金为 2 亿元人民币。

7.5.2 经营情况

截至 2016 年底，农发租赁资产规模达到 140 436 万元，实现杠杆倍数 7 倍。实现营业收入 12 134 万元，利润总额 6720 万元，净利润率达 23.72%，实现人均创利 354 万元。自 2013 年 5 月成立以来纳税总额近 4500 万元，ROE 为 16.93%（表 7.6）。

表 7.6 农发租赁经营情况表

财务指标	2016 年	2015 年	2014 年
总资产（万元）	140 436	132 494	102 798
总负债（万元）	112 415	108 950	81 035
营业收入（万元）	12 134	11 381	7 295
利润总额（万元）	6 720	4 879	2 477
净利润（万元）	4 744	3 513	1 576
净利润率（%）	23.72	17.57	7.88
ROE（%）	16.93	14.92	7.24
不良资产率（%）	0	0	0
租金回收率（%）	100.00	100.00	100.00
纳税总额（万元）	1976	1366	901
人均创利（万元）	354	287	177
在职人数（人）	19	17	14

7.5.3 业务特色

1. 业务模式创新

农发租赁成立之初，依托农发集团品牌优势，大力拓展苏州、无锡两地的民生公用事业类项目，为公司的发展奠定基础，同时逐步探索公司的转型。公司下设的三个业务部门的职能也被重新定义，业务的拓展基本形成"1+N"的模型，"1"即为优质的民生公用事业类项目，该类业务特点为低风险、稳收入，也是整个公司的业务基础。"N"为根据各部门的特色业务，如银行、券商、基金类业务、通道业务、上市上板企业、高新技术企业等，此类业务对于公司的资产结构的多样化及盈利来源的多渠道均是有益的补充。

按照上述思路，截至 2016 年底，农发租赁在保持民生公用事业类客户为主的业务结构的同时，大力发展上市上板类项目。2015 年末，民生公用类项目占总体业务比例的97%；2016 年底，该比例下降至 72%，而上市上板类项目的融资租赁余额占业务比例达25%，公司基本实现资产结构调整的目标。

农发租赁因受限于资金规模及业务规模，公司对于一些需求较大的客户，与同行业内其他融资租赁公司探索"联合租赁 + 转租赁"相结合的合作模式。由农发租赁将客户推荐给资金实力雄厚的融资租赁公司，公司即可以较小的投入、较短的期限，来撬动大额项目，在确保风险可控的前提下，保障公司收益的实现。

此外，通过此类模式，农发租赁项目所涉的行业也有了比较大的拓展，截至 2016 年底，承租的项目所涉行业涵盖钢铁、化工、医疗、文化、光伏、农业等，各行业业务比重呈相对均衡态势。

目前，农发租赁具有农租通、厂租通、城建通、节能通、银租通等特色产品。其中，农租通是农发租赁的主要特色产品，是指便利村级集体经济组织、合作社和农业龙头企业等以融资租赁方式完成农村、合作社或者农业龙头企业经济发展所需资金的融资方式。农租通旨在依托现有村级集体经济组织、合作社、农业龙头企业资源优势，助力培育一批农产品品牌。服务对象包括村级集体经济组织、合作社和农业龙头企业。具有盘后固定资产，降低融资成本，拓宽融资渠道，操作简便等优势，有利于促进农村经济发展。

2. 融资多元化

创新融资方式不仅可以满足业务投放的需求，而且成本较传统融资方式更低，能够实现公司利益的最大化。2016 年以来，农发租赁在原有融资规模的基础上，积极探索新的融资模式。首先，争取银行融资的去担保化，2016 年以来在外资银行和国有银行实现去担保化授信的突破，取得免担保融资额度近 3 亿元。其次，积极向非金融机构进行保理融资合作，截至 2016 年，成功与金融租赁公司合作采用应收租赁款质押且无追加股东担保的方式，使首单保理融资业务成功落地，并以此促进了双方的深度合作。最后，农发租赁与苏州金融资产交易中心有限公司合作的首单产品在苏州金交所实现挂牌上线，不仅创新了融资方式，也成为"互联网 +"金融的初步探索。

3. 农业特色产品——"农机租赁易"

公司成立之初，即确立以农业作为公司未来业务发展的专业方向，因此自 2013 年以来，一直积极探索苏州地区农业机械类项目的特色产品。经过与苏州市财政局及苏州市农业委员会等相关职能部门沟通与联系，于2014年成功开发出"农机租赁易"产品，该产品主要针对苏州地区需要购买农业机械的农户、专业合作社、村集体组织，在其资金短缺时，通过融资租赁的方式给予支持。该产品同时引入农机经销商提供回购保证，一方面为经销商销售农机实现资金及时回笼；另一方面，作为购机补贴的申请代理方，确保农发租赁能够及时了解补贴资金的回笼情况，最大程度地降低风险。该产品获得"苏州市工业园区2014年度金融产品服务创新奖"。

"农机租赁易"作为公司自行开发的产品，已经以制度的形式在公司内部运转，并明确要求单户金额在30万元以下的，资料齐全后，3个工作日完成放款。截至2016年底，农发租赁的农机租赁业务实现苏州大市范围全覆盖，涉及种植大户12户，各类专业合作社6户，其中最小金额5万元，最大金额34万元。受此启发，农发租赁坚定走产品化道路，实现项目产品化、产品制度化、制度流程化，提高效率。同时，农发租赁加强与苏州及下辖县市的农机经销商合作，参照厂商租赁的模式，给予经销商一定的回购额度，实行反向授信，使得农机租赁的业务不断延伸和扩大。

7.6 无锡金控融资租赁有限公司

7.6.1 企业简介

无锡金控融资租赁有限公司（以下简称无锡金控）成立于2013年底，是无锡市第一家国有控股的具有外资背景的融资租赁有限公司。由无锡产业发展集团发起设立，无锡金控集团及旗下控股子公司注册资本金共计1.5亿美元。

无锡产业发展集团有限公司是无锡市人民政府于2008年4月出资成立的一家国有独资企业。作为无锡市属国有集团之一，旗下现有全资、控股、参股企事业单位51家，其中包括无锡威孚高科技集团股份有限公司和无锡市太极实业股份有限公司两家上市公司，无锡市规模最大的以政府资金为主导的风投企业——无锡创业投资集团有限公司，以及两个"三创载体"——无锡市北创科技创业园有限公司和无锡锡东科技产业园股份有限公司。集团经营范围涉及装备制造业、半导体、科技金融、新能源、新材料及现代商贸服务等多个领域。截至2015年6月底，集团全口径资产总额428亿元，净资产215亿元。

近年来，无锡产业发展集团有限公司以"调整、转型、优化"和"创新、创业、创投"为主线，围绕"打造产业发展的投资平台，增强集团现代产业引领功能、科技产业服务功能和产业资本运营功能"总体目标，加大战略产业和新兴产业的培育，加快完善科技产业和金融服务体系，加大科技地产开发力度。目前已成功实施海力士项目等一批项目，成立了一批以新能源、新材料等战略性新兴产业为重点投资方向的产业基金，完成了北创科技创业园和锡东科技产业园的部分开发建设任务。

7.6.2 经营情况

无锡金控的总资产自2014年开始大幅上升，截至2016年，总资产达到26.73亿元，净利润为 4450.96 万元（表 7.7）。

表 7.7　无锡金控经营情况表　　　　　　　　　　（单位：万元）

项目	2016 年	2015 年	2014 年
总资产	267 272.97	165 473.76	45 809.65
主营业务收入	16 623.49	15 765.79	1 688.49
利润总额	5 831.39	5 217.88	197.56
净利润	4 450.96	3 902.09	144.08

7.6.3　业务特色

1. 汽车租赁

1）行业现状分析

随着我国经济快速发展，车辆保有率逐渐提高，根据《2014 年度中国汽车金融公司行业发展报告》，2014 年我国汽车金融市场规模已超过了 7000 亿元，2012 ～ 2014 年的年复合增长率已超过 33.6%。汽车金融发展模式主要包括：①由商业银行与保险公司构建的汽车消费按揭贷款；②由汽车厂商直接构建的分期付款服务模式；③租赁公司介入的汽车金融租赁服务模式；④由其他机构多方面合作构建的金融服务模式。其中融资租赁由于首付比例低、提供个性化服务而被业内看好，具有极大的发展潜力。但同时也存在手续复杂、产品期限长等制约因素。

当前汽车融资租赁不仅局限于 B2C（business to customer）的传统前端业务，也向 B2B（business to business）投行业务方向发展，整合行业资源发行 ABS 以降低资金成本。融资租赁公司发行 ABS 的诉求主要有两点：①拓宽融资渠道，从银行获得融资的资金成本较高，直接在资本市场发行 ABS 可以享受相对较低成本的融资；②优化资产负债表，释放新增业务空间。根据《融资租赁企业监督管理办法》的规定，融资租赁企业的风险资产不得超过净资产总额的 10 倍。达到上述杠杆倍数的最大值，意味着融资租赁公司无法新增业务规模。在不新增资本金的情况下，可以通过发行 ABS，实现资产出表，开拓新的业务空间。

2）业务模式

无锡金控的汽车租赁业务定位于投行租赁，采用 B2B 的商业模式，通过整合中小汽车公司的资源，为民营汽车行业龙头或者行业板块提供批发式整体服务，高效对接资金与优质项目，如山东危险品运输行业及力帆经销商（4S 店）等。

3）资金来源

无锡金控不仅通过传统的表内融资渠道获取资金，如自有资金与银行信贷等，还大力开发表外融资渠道，主要通过发行汽车租赁 ABS 产品获取低成本资金。无锡金控依托其母公司——无锡产业发展集团有限公司的国资背景，结合自身发展策略与结构，以汽车行业龙头或板块的资产作为底层资产，与国金证券有限公司合作发行 ABS 产品，较好地满足了发行 ABS 的基本要求——优质资产、较大体量及高资本金，从而以低于 5% 的成本获取资金。

4）业务特点

无锡金控的汽车租赁业务特点主要体现在以下两个方面：①与其他融资租赁企业相比，无锡金控采用投行思维实施交易策略，资金结构安排合理；②无锡金控坚持定制化、个性化服务，了解客户实际要求，为客户制定个性化服务，具有较大利润空间。

5）收入来源

无锡金控的汽车租赁业务从两个方面实现盈利：①通过效率差与主体信誉差实现价差；②通过立足汽车租赁行业的批发端，实现大体量的业务创收。

6）风险管理

无锡金控的汽车租赁业务风控机制与传统风控一致，包括四个阶段：风险识别、风险评估、风险响应和风险控制；具体包括行业分析、财务分析、尽职调查等。尽职调查过程中，要求工作人员与客户的实际控制人面对面交流，根据其需求制定具体方案，最大化防范信用风险，并优先与老客户合作，以降低尽调成本。

2. 与电信运营商合作信用租机

1）行业现状分析

我国手机消费市场上，通信运营商（如移动、联通、电信等）合约机曾占重要地位。合约机是指通信运营商与手机生产商合伙定制的手机类型，用户使用该手机必须和指定运营商签约，而且要一次性付清租机款（大多以存话费的名义交清）。2011 年底，各运营商力推千元智能机策略，话费补贴丰厚，运营商合约机"拆包"市场开始迅速爆发。2012 年，国内运营商合约机约占整体市场的 30%。2014 年 8 月，国务院修改《中华人民共和国电信条例》，运营商在政策的指导下做出取消高额话费补贴、停办机场 VIP 候机室等多项行动，合约机性价比大幅降低，同时负面新闻频出，合约机市场地位逐渐降低。

与此同时，手机租赁市场逐渐发展起来。租机网络（zuji network）创立于 2011 年，是中国第一家手机租赁公司，旗下神州租手机网（zushouji.com）是中国第一家手机出租网站。通过租机让用户获得更优质、更划算的手机消费新模式，引领中国手机消费市场从购机向租机模式多元化发展，致力于把手机租赁打造成为一个全新的现代租赁行业。其租机服务包括：分期租机、旅游租机、企业租机、测试租机等；租机金融服务包括租机宝、租分期、租机通和租机贷。租机宝是租机网络首创的手机租赁租机金融服务，类似淘宝网余额宝、京东小金库等互联网金融服务，为购机和理财用户提供手机融资租赁服务，购机用户可以通过租机宝用极低首付购买手机，理财用户可以通过租机宝获得租机理财收益。

2015 年 3 月 26 日，浙江乐租信息科技有限公司成立，专注 3C 智能商品租赁服务。乐租创新"共享经济"商业模式，以 3C 智能商品租赁为核心业务，iPhone 系列商品租赁为切入口，提供多品类智能商品租赁消费服务，以租赁、续租、退租、免赔等一整套业务流程为框架，打破了传统的经济模式，构建"共享经济"下的商品租赁产业生态闭环。

2）业务模式

无锡金控定位于消费金融领域，采用 B2C 的商业模式，通过与电信运营商进行深度合作，并基于电信运营商所提供的用户过往历史使用数据、个人及家庭信息、基站活动范围等大数据资源，联合大数据公司构建消费者信用模型，通过给消费者进行综合打分，选取潜在客户，开展高端手机业务。

3）资金来源

无锡金控不仅通过传统的表内融资渠道获取资金，如自有资金与银行信贷等，还大力开发表外融资渠道，主要通过发行 ABS 产品获取低成本资金，且基于大数据的信用租机业务开展满足发行 ABS 的小额分散原则。

4）业务特点

无锡金控的租机业务特点主要体现在以下三个方面：①与电信运营商深度合作，满足其业务开发需求；②对消费端的客户而言，可通过充话费送手机的形式获取高端手机；③对无锡金控自身而言，业务单笔利润小但数量大，公司内部可复制、成本低，且基于大数据分析可实现风险的可控性。

5）收入来源

作为消费金融体系中的重要环节，无锡金控利用自身优势，与电信运营商深度合作，并联合大数据公司开发信用模型，实现了短、平、快的盈利模式。具体盈利来自两个方面：①电信运营商话费返还的一部分；②基于独有的手机进货渠道，获取手机销售的价格差。无锡金控 2016 年第一单信用租机业务为 25 万元，增长空间较大，预计全年可达 2000 万。

6）风险管理

基于电信运营商的数据共享及大数据信用模型的构建，无锡金控对消费者的信用水平有较好的把握，实现了信用风险的有效管控。消费者信用模型采取综合打分的形式，对不同层次的消费者提供不同的租机服务，400 以下的消费者不可以选择信用租机，500 分以上的消费者可以选择信用租机，600 分以上的消费者可免费信用租机。

7.7　悦达融资租赁有限公司

7.7.1　企业简介

悦达融资租赁有限公司（以下简称悦达租赁）隶属于江苏悦达资本股份有限公司，于 2012 年 7 月正式成立，注册资金 7.67 亿元，是由悦达集团（香港）有限公司和悦达资本股份有限公司投资设立的中外合资公司，经营范围为融资租赁相关业务，是悦达资本提供金融服务的重要平台之一。

悦达融资租赁有限公司的实际控制人为江苏悦达集团有限公司。悦达集团由江苏省盐城市人民政府100%出资设立，盐城市国资委代行管理职能。目前在境内外拥有三家上市公司、近4万名员工，资产总额达600多亿元；形成了汽车和纺织两大支柱产业，构建了悦达投资、悦达能源、悦达商贸、悦达矿业、悦达地产、悦达资本、悦达汽车发展、悦达健康8大产业平台和综合管理、新兴产业2个事业部的"8+2"产业布局体系。悦达租赁先后获得中国融资租赁创新奖、江苏省融资租赁年度公司等称号。

7.7.2 经营情况

悦达租赁2016年完成投放总额31.41亿元，实现营业收入3.39亿元，利润总额9391.68万元，净利润7113.16万元，累计投放金额近百亿元（表7.8）。

表 7.8　悦达租赁经营情况表　　　　　　　　　　（单位：万元）

项目	2016 年	2015 年	2014 年
营业收入	33 912.40	27 305.08	19 198.34
利润总额	9 391.68	6 931.27	5 041.53
资产总额	442 784.76	327 376.96	243 135.33
投放总额	314 066.00	250 531.00	178 300.00
净利润	7 113.16	5 179.51	3 756.05

7.7.3 业务特色

1. 业务模式

悦达融资租赁有限公司主要以直租和回租业务模式开展业务，业务领域涉及制造业、电力、热力、燃气、汽车、建筑业、交通运输、医疗、文化、教育、传媒产业，为各类需求企业及个人提供融资服务。

2. 业务创新

1）汽车金融创新

为实现业务转型创新，悦达租赁在保持传统租赁业务稳步增长的前提下，于2015年底以融资租赁模式开展汽车金融业务。业务范围涵盖零售汽车金融（新车和二手车）、经销商融资、大宗商用车融资、汽车经营性租赁等。悦达租赁依托于东风悦达起亚主机厂的资源，基本实现主机厂体系内渠道全覆盖，汽车金融业务运行一年以来取得较大进展，2016年实现投放汽车数量超20 000台。悦达租赁汽车金融业务计划布局新能源汽车，并开拓其他品牌渠道，实现新车及二手车业务的双向突破。

2）传统业务转型

悦达租赁在继续保持传统业务增长之外，积极进行转型创新。一方面，坚持租赁与服务并重；另一方面，跟随"一带一路""中国制造 2025"等重要国家政策，在节能环保、智能制造、高端装备、新能源等业务领域取得进展，扩大公司的业务范围。

3. 项目案例

1）医院售后回租项目案例

背景：某大型综合医院近几年病床基本饱和，收入增长缓慢。院领导发现所在城市新区暂无综合性大型医院，研究决定在新区建设分院。作为公益性事业单位，医院难以利用土地抵押从银行取得足够的项目贷款。此外，亿元一次性支出大额资金比较困难。因而该医院向悦达租赁提出了用医疗设备做售后回租的申请。经对该医院进行尽职调查后，认定符合悦达租赁的各项规定，及时向医院提供了所需资金。

直接效果：避免了因资金不到位而导致的工程进度放缓、工期延误，为医院尽快开业、迅速激活新区医疗市场提供了重要支持。医疗设备在空间上并未发生转移，并未对医院的正常经营造成影响。针对医院现金流稳定的特征制定了"按季还款"方案，医院偿还租金压力较小。

2）港口直接租赁项目案例

背景：某港口公司为响应国家沿海大开发的号召，需要大量资金进行港口建设。银行贷款审批流程复杂、放款缓慢，导致港口公司不能及时支付设备的预付款，业务不能及时开展。因而该港口公司向悦达租赁提出港口设备直接租赁的申请。针对客户的资金缺口，悦达租赁对市场形势和企业状况进行了严密的调研和评估，为企业设计了科学合理的融资方案。

直接效果：悦达租赁快速审批、快速放款，保证了港口设备的按期到位、顺利投产。港口公司利用较小金额的首期租金撬动价值数倍以上的全新设备流入企业。"按季还款"的方式减轻了港口公司的还款压力。

7.8　永丰金国际租赁有限公司

7.8.1　企业简介

永丰金国际租赁有限公司（以下简称永丰金租赁）于 2011 年 8 月 17 日在南京市成立，注册资本额 3000 万美元，由台湾永丰金融控股股份有限公司子公司永丰金租赁股份有限公司投资设立。

永丰金租赁以设备融资为主要业务，专营以生产设备、通信设备、科研设备、检验检测设备、工程机械设备、办公设备等各类动产为主的售后回租、直接租赁、委托租赁、转租赁、经营性租赁及保理业务。公司除提供终端客户服务外，也与设备供货商及金融同业合作，以协同业务拓展销售。

面临当前融资租赁市场供过于求的情况，永丰金租赁正在积极进行策略调整，转型开展公用事业项目和内资中小企业项目。

7.8.2 经营情况

表 7.9 为永丰金租赁经营情况。

表 7.9 永丰金租赁经营情况表 （单位：万元）

项目	2016 年	2015 年	2014 年
总资产	73 944.18	50 575.38	56 402.54
租赁资产	56 511.93	31 306.00	44 724.28
主营业务收入	4 567.58	3 847.04	3 067.86
净利润	175.73	−3 882.27	506.12

7.8.3 业务特色

1. 业务模式

永丰金租赁的业务模式分为两大版块，分别为融资租赁和经营性租赁。其中，融资租赁业务又分为直接租赁、售后回租、委托租赁、转租赁等模式。

2. 外商融资租赁公司转型

1）产业转型

永丰金租赁正在转型开展教育及医疗行业的融资租赁项目，2016 年已开展教育设备和医疗设备融资租赁业务。

2）新产品的开发设计

应收账款和商业保理相结合是服务风险管理的一种方式。商业保理搭配售后回租和直租的方式，提供项目融资资金，要求项目应收账款部分转让给融资租赁公司，并且搭配营运周转金。

3）PPP 模式

政府和社会资本合作（public-private partnership，PPP）模式是政府部门和民营企业的合作模式，是一种优化的公共基础设施建设项目融资和实施模式。政府部门或地方政府通过政府采购形式与中标单位组成的特殊目的公司签定特许合同（特殊目的公司一般由中标的建筑公司、服务经营公司或对项目进行投资的第三方组成的股份有限公司），由特殊目的公司负责筹资、建设及经营。政府通常与提供贷款的金融机构达成一个直接协议，向借贷机构承诺将按与特殊目的公司签定的合同支付有关费用，使特殊目的公司能比较顺利地获得金融机构的贷款。PPP 模式的实质是：政府通过给予公司长期的特许经营权和收益权来换取基础设施建设及有效运营。由此可见，公立医院和公用事业项目的法律监管严格、保障性强，但是目前外资融资租赁公司无法参与公用事业项目，PPP 项目无法有效开展，这对于融资租赁公司和广大中小企业是一个急需清扫的障碍。

7.9 紫金融资租赁有限公司

7.9.1 企业简介

紫金融资租赁有限公司（以下简称紫金租赁）成立于 2016 年 4 月 6 日，注册资本 3 亿元。公司主要股东有南京紫金投资集团有限责任公司、南京交通产业集团有限责任公司、三井住友信托银行股份有限公司、日立金融（香港）公司。

7.9.2 业务特色

作为一家新成立的公司，紫金租赁的融资渠道主要依靠银行和外资渠道。紫金租赁的业务方向是以点入手，找到龙头企业，再以点到线，形成行业产业链，目前紫金租赁的业务范围可分为节能环保、智慧城市和公共民生。

节能环保项目指节能产业、环保产业及相关行业的融资租赁和保理项目，协助企业完成生产工艺流程的改进、转变利润增长方式、承担更多社会责任、配合政府调整经济结构，完成产业结构升级。企业出于节能环保的目的购买新设备、改进工艺流程时，资金租赁以直租或售后回租模式介入主业为节能环保的企业提供融资、售后回租和保理用于补充流动资金，直租促进产品销售。

智慧城市是运用信息和通信技术手段感测、分析、整合城市运行核心系统的各项关键信息，利用先进信息技术，实现城市智慧式管理和运行。数据中心、服务器分析整合城市数据；智能路灯、智能监控实施智能化管理；卫星遥感应用提供导航。

公共民生指与民众的生计、生活密切相关的公用产品或者服务，如市政水电气、公共交通、教育、养老、医疗、基础设施 PPP 等事业。公共民生的具体内容如表 7.10 所示。

表 7.10 紫金租赁公共民生业务内容

业务板块	业务内容	客户性质	客户类型
健康医疗	公立二级医院为主体的医疗器械直租、回租业务	公立医院、国有或国有控股企业	二级以上公立医院、国有控股医疗养老服务机构
公共交通	公交及轨道交通公司为主体的公共交通工具融资业务	国有或国有控股企业、上市公司、大型民营企业	公交公司、轨道交通公司
教育行业	中小学、高等教育等为重点的教育设备直租、回租业务	公立学校、私立学校	中小学（教育局为主体）、高等院校、独立学院、民办大学、高职院校
市政水务	城市自来水、生活污水等市政水处理为重点	国有或国有控股企业、上市公司、大型民营企业	给排水公司、城建公司

附录一　江苏省融资租赁行业年度大事记

一、监管政策

2016年2月26日，江苏省商务厅发布《江苏省商务厅关于印发融资租赁业风险排查工作方案的通知》（苏商流通〔2016〕103号）。为进一步加强融资租赁业监督管理，规范市场秩序，建立健全事中事后监管体系，根据《商务部办公厅关于开展融资租赁业风险排查工作的通知》（商办流通函〔2016〕43号）要求，省商务厅制定了《江苏省融资租赁业风险排查工作方案》。方案要求在全省对融资租赁行业开展风险排查，及时防范、发现和处置风险，将江苏省辖区内所有内资试点融资租赁企业和外资融资租赁企业列为本次风险排查对象。通过排查，进一步规范融资租赁行业秩序，增强主管部门监督管理意识，促进融资租赁行业健康发展。

2016年3月23日，财政部和国家税务总局正式出台《关于全面推开营业税改征增值税试点的通知》（财税〔2016〕36号），决定自2016年5月1日起，"营改增"政策在全国范围内全面实施。对江苏省融资租赁企业而言，财税〔2016〕36号文除维持差额纳税、即征即退、纳税人必须具备融资租赁经营资质、融资租赁公司实收资本必须大于1.7亿的原则，新做出的变化有：租赁分类征税；差额纳税扣除项调整；经营租赁标的物增加无形资产；享受差额纳税的融资租赁公司实收资本要求。

2016年4月8日，江苏省政府出台《江苏省政府办公厅关于加快融资租赁业发展的实施意见》（苏政办发〔2016〕32号）（以下简称《实施意见》），明确指出要推动江苏省融资租赁业快速发展、集聚发展，进一步提高行业覆盖面和市场渗透率，使融资租赁业成为全省投融资体系中的重要组成部分，为江苏省融资租赁企业发展提供了有利的政策环境。《实施意见》从总体要求、主要任务和保障措施三个方面对加快江苏省融资租赁行业的发展提出了相关支持政策。《实施意见》从加大融资租赁与产业融合、支持融资租赁企业集聚发展、推动融资租赁创新发展、加强行业事中事后监管四大方面对未来加快融资租赁行业发展的主要任务提出了要求。在保障措施方面，《实施意见》就完善工作机制、强化政策扶持和优化发展环境三大重点进行了规划部署。

2017年5月12日，江苏省商务厅发布《江苏省商务厅关于印发2017年全省融资租赁业风险排查工作方案的通知》（苏商流通〔2017〕267号）。为进一步加强行业监管，防范和化解风险隐患，促进江苏省融资租赁行业健康发展，按照商务部工作部署，省商务厅制定了《2017年全省融资租赁业风险排查工作方案》。此次风险排查借助现场检查、人员约谈、信息化手段分析、外部调研和第三方机构协助调查等手段，对可能存在问题的融资租赁企业进行重点检查。

二、行　业　协　会

2016 年 1 月 7 日，江苏省融资租赁行业协会一届三次理事会在无锡召开，会议由协会会长黄磊主持，各副会长、常务理事、理事出席会议。

2016 年 1 月 8 日，2015 江苏省融资租赁年会暨江苏省融资租赁行业协会一届二次会员代表大会在无锡举行。江苏省商务厅副厅长赵进出席会议并讲话。

2016 年在 1 月 8 日举行的 2015 江苏省融资租赁年会上，江苏融资租赁十大新闻揭晓。按得票排序，十大新闻依次是：

（1）截至 2015 年底，江苏融资租赁企业共有 183 家，企业数量位居全国省（区、市）第五位。其中，外商投资融资租赁公司 165 家，内资试点融资租赁公司 14 家，金融租赁公司 4 家。

（2）"江苏融资租赁与 PPP 项目国际合作交流会"在新加坡举行。江苏省副省长张雷、新加坡人力部政务部长张思乐到会致辞。

（3）由江苏省商务厅、香港贸发局主办、江苏省融资租赁行业协会协办的"江苏—香港融资租赁与 PPP 合作圆桌会议"在香港举行。张雷副省长到会致辞。

（4）江苏省融资租赁行业协会与南京审计学院确立战略合作关系，江苏省融资租赁研究中心在南京揭牌。

（5）顺泰融资租赁股份有限公司登录新三板，成为江苏首家在新三板挂牌交易的融资租赁企业。

（6）江苏中润、苏州融华、江苏金茂、南通国润等 4 家融资租赁公司获得首批江苏省科技金融特色机构认定，苏高新福瑞租赁、裕融租赁、华中租赁、南京天元租赁等 4 家企业作为"2015 年度江苏省科技金融特色机构"予以公示。

（7）江苏省融资租赁行业协会会长黄磊入选江苏省第三批产业教授。

（8）江苏省融资租赁行业协会加强对外交流，先后访问美国、新加坡、中国香港、中国澳门、中国台湾等国家和地区，与上海、广东、天津等地融资租赁协会开展互动，行业影响力不断提升。

（9）江苏省融资租赁高级研修班在南京开班，全省商务系统 70 余名官员、全省融资租赁行业近百名高管参加培训。江苏省商务厅厅长赵进出席开班仪式。

（10）新华日报刊文《融资租赁，经济发展新利器》，介绍江苏融资租赁发展情况。

2016 年 1 月 8 日，江苏省融资租赁行业协会全体会员发出《关于规范经营行为防范行业风险的倡议》，全文如下：

为进一步加强行业自律，规范融资租赁企业经营行为，防范行业风险，促进融资租赁业健康有序发展，江苏省融资租赁行业协会全体会员倡议如下：

（1）加快融资租赁业发展，充分发挥融资租赁服务实体经济发展、促进经济稳定增长和转型升级的作用，增强企业竞争力。

（2）诚信守法，规范经营。加强自律，遵守各项法律法规，依法开展经营活动，不从事吸收存款、发放贷款等违法违规活动，绝不借融资租赁的名义开展非法集资。

（3）科学发展，注意防范经营风险。建立健全企业风险管理机制，做好租赁物登记工作，及时、准确报送相关信息。

（4）加强行业自律。会员企业积极配合行业主管部门及协会工作，依法接受行业主管部门及协会的问询和调研，如实填报业务数据，及时、准确报送年报等资料。协会切实履行协调、维权、自律、服务职能，积极开展从业人员培训，协助行业主管部门对会员企业进行监督管理，维护公平有序的市场竞争环境。

2016年3月23日，江苏省融资租赁行业协会会长黄磊接待了来访的天津滨海新区政府代表团。天津滨海新区区长张勇、副区长单泽峰，以及区财政、投促、东疆保税港区管委会等有关机构负责人，部分江苏融资租赁企业负责人参加座谈交流。黄磊介绍了江苏融资租赁业发展情况。张勇介绍了天津滨海新区促进融资租赁产业发展的具体措施，并邀请江苏企业家访问天津滨海新区。

2016年5月27日，江苏省融资租赁行业协会指导委员会第四次会议在南京举行。江苏省商务厅、公安厅、国税务、外汇管理局，人民银行南京分行，南京市商务局、苏州市商务局等有关部门负责人出席会议。主任委员赵进主持会议，副主任委员刘以北等成员单位代表做了发言。会议就《江苏省政府办公厅关于加快融资租赁业发展的实施意见》做了解读，就融资租赁风险防范进行了讨论。江苏省融资租赁行业协会会长黄磊、秘书长郑杭斌、部分融资租赁企业参加会议。

2016年6月20～22日，江苏省融资租赁行业协会举办第四期融资租赁业务培训，百名商务部门官员、百名融资租赁企业管理人员参加培训。

2016年7月，江苏省融资租赁行业协会会长黄磊随江苏省"一带一路"投资促进代表团访问白俄罗斯、拉脱维亚和爱沙尼亚三国。白俄罗斯莫吉廖夫州州长多玛涅夫斯基、副州长涅克拉舍维奇，戈梅利州州长德沃尔尼克、副州长皮尔什图克等政府官员会见了代表团一行。代表团考察了白俄罗斯有关企业和经济开发区，与拉脱维亚工商总会及爱沙尼亚投资促进署进行了座谈交流。

2016年10月20日，江苏省融资租赁行业协会会长黄磊接待了来访的香港贸易发展局江苏代表张汶锋。黄磊介绍了江苏融资租赁行业的发展情况，并探讨了与香港相关机构合作的可行性。张汶锋邀请黄磊带队出席即将在南京举办的香港法律服务论坛。

2016年10月29日，江苏省融资租赁行业协会会长黄磊出席东南大学产学研合作论坛并做主题演讲，介绍了江苏融资租赁的现状及未来的发展方向。来自省内外知名企业和产业研究机构的50多位企业家及有关部门负责人、东南大学知名教授及部分学生代表出席本次论坛。

2016年11月15日，受主办方邀请，江苏省融资租赁行业协会会长黄磊带领业界同仁参加香港法律服务论坛。香港法律服务论坛由香港律政司主办，以"苏港携手合作，开拓全球商机"为主题，旨在推动苏港法律合作。

2016年11月21～22日，江苏省融资租赁行业协会常务理事会在苏州召开，会长黄磊主持会议。会议决定于12月在盐城举办"2016江苏省融资租赁年会"。

2016年11月26日，由全国城投公司协作联络会指导开展的"转型期政府投融资企业开展融资租赁业务专题培训"在南京举行，江苏省融资租赁行业协会会长黄磊应邀就

"融资租赁公司运营与管理操作实务"做了主题演讲。来自全国各地的城投公司负责人及融资租赁企业高管参加了此次专题培训。

2016年12月20日，由江苏省融资租赁行业协会主办、悦达融资租赁公司协办的"2016江苏省融资租赁年会"在盐城召开。江苏省商务厅赵进巡视员、盐城市人民政府周绍泉副市长出席活动并致辞，省商务厅、省公安厅、省国税局、省外管局、人民银行南京分行等有关部门负责人出席年会，来自全省各地的100余位代表参加本次年会，部分融资租赁企业家和东南大学的专家学者在论坛上发表演讲，对融资租赁行业发展提出未来发展方向见解。南京国际租赁有限公司、悦达融资租赁有限公司、裕融租赁有限公司、华中融资租赁有限公司、苏州市农发融资租赁有限公司、无锡金控融资租赁有限公司、顺泰融资租赁股份有限公司、台骏国际租赁有限公司、南京华虹融资租赁有限公司被授予"2016江苏省融资租赁年度公司"；利隆融资租赁（江苏）有限公司、江苏合众融资租赁有限公司、南京紫金融资租赁有限责任公司、南京如神高科投资咨询有限公司、聚源融资租赁股份有限公司、南通国润融资租赁有限公司、江苏恒兴茂融资租赁有限公司、江苏金茂融资租赁有限公司被授予"2016江苏省融资租赁创新奖"；南京通汇融资租赁有限公司、江苏信邦融资租赁有限公司、江苏国鑫融资租赁有限公司、苏州新合盛融资租赁有限公司、昊华融资租赁（江苏）有限公司、无锡金投通商融资租赁有限公司、苏州高新福瑞融资租赁有限公司被授予"2016江苏省融资租赁新锐奖"。

三、融资租赁企业

截至2016年底，江苏省共有218家融资租赁企业，其中内资试点融资租赁公司14家，外资融资租赁公司204家。

2016年2月3日，华中融资租赁有限公司的"华中租赁一期资产支持专项计划"获上海证券交易所出具的无异议函。该专项计划由国泰元鑫资产进行管理，由恒泰证券担任推广机构，中诚信证券评估有限公司担任评级公司。该专项计划总规模为10.25亿元，其中，优先A级评级AAA级，规模为6.46亿元，占比63.02%；优先B级评级AA级，规模为1.74亿元，占比16.98%；次级无评级，规模为2.05亿元，占比20.00%。

2016年2月15日，苏州市农发融资租赁公司与苏州金融资产交易中心有限公司合作的首单产品在苏州金交所举行挂牌上线仪式。该产品全称为苏州市农发融资租赁有限公司2016年第1期1号资产收益权产品，规模为1500万元，期限三个月滚动，预期年化收益率5.5%，采用应收租赁款质押且无追加股东担保的方式。此次产品创新丰富了以往银行借款加担保为主的融资方式，为农发租赁开辟了一条新的融资途径。

2016年3月21日，顺泰融资租赁股份有限公司正式推出"兴证资管—顺泰租赁一期资产支持专项计划"，专项计划对接项目为公司7笔融资租赁业务形成的应收租金资产包，融资总额4.93亿元。截至2016年4月27日，专项计划所募资金4.93亿元已全部到账。

2016年3月23日，华中融资租赁有限公司与某券商合作，通过资管计划与信托通道实现资金进款，为公司开拓了多元化、市场化的融资渠道。

2016年4月6日，南京紫金融资租赁有限责任公司正式成立。公司注册资本为3亿元，主要股东有南京紫金投资集团（50%）、南京交通产业集团（20%）、三井住友信托银行（15%）、日立金融（香港）有限公司（10%）、三井住友松下金融公司（5%）。

2016年4月28日，顺泰融资租赁股份有限公司在上海设立子公司"常嘉融资租赁（上海）有限公司"。该子公司注册资本为30 000万元，顺泰融资租赁股份有限公司占比75%，即22 500万元，常高新（香港）投资有限公司占比25%，即7500万元。

2016年6月，南京国际租赁有限公司经商务主管部门批准兼营与主营业务相关的商业保理业务。2016年11月16日，江苏广电商业保理有限公司正式成立，该公司由南京国际租赁有限公司与江苏省广播电视总台（集团）共同出资设立，首期出资1亿元。

2016年8月4日，华中融资租赁有限公司推出的"华中租赁二期资产支持专项计划"正式发行完毕。该专项计划募集总金额总计10.17亿元。其中优先级资产支持证券为8.12亿元，分为优先A-1级、优先A-2级、优先B-1级、优先B-2级四个品种（优先A-1级和优先A-2级的信用评级均为AAA，优先B-1级的信用评级为AA+级，优先B-2级的信用评级为AA级），所对应的发行利率为A-1档5.3%、A-2档5.5%、B-1档6%、B-2档6.5%；次级资产支持证券为2.05亿元，无评级，由华中租赁全额认购。

2016年11月29日，华中融资租赁有限公司正式成立全资子公司——霍尔果斯华仲商业保理有限公司，注册资本5000万元。子公司主要以应收账款保理方式为客户提供融资服务，解决客户流动资金不足问题。

2016年12月25日，悦达融资租赁有限公司与盐城捷翔4S店汽车租赁合作协议签约暨首单租赁车交车仪式成功举办，悦达融资租赁公司的"以租代购"项目实现了首单投放。

附录二 2013年以来中国融资租赁行业相关政策文件

一、监管政策

1. 总体规划

国务院办公厅关于加快融资租赁业发展的指导意见

国务院办公厅

国办发〔2015〕68号

各省、自治区、直辖市人民政府，国务院各部委、各直属机构：

近年来，我国融资租赁业取得长足发展，市场规模和企业竞争力显著提高，在推动产业创新升级、拓宽中小微企业融资渠道、带动新兴产业发展和促进经济结构调整等方面发挥着重要作用。但总体上看，融资租赁对国民经济各行业的覆盖面和市场渗透率远低于发达国家水平，行业发展还存在管理体制不适应、法律法规不健全、发展环境不完善等突出问题。为进一步加快融资租赁业发展，更好地发挥融资租赁服务实体经济发展、促进经济稳定增长和转型升级的作用，经国务院同意，现提出以下意见。

一、总体要求

（一）指导思想。深入贯彻党的十八大和十八届二中、三中、四中全会精神，认真落实党中央、国务院的决策部署，充分发挥市场在资源配置中的决定性作用，完善法律法规和政策扶持体系，建立健全事中事后监管机制，转变发展方式，建立专业高效、配套完善、竞争有序、稳健规范、具有国际竞争力的现代融资租赁体系，引导融资租赁企业服务实体经济发展、中小微企业创业创新、产业转型升级和产能转移等，为打造中国经济升级版贡献力量。

（二）基本原则。坚持市场主导与政府支持相结合，着力完善发展环境，充分激发市场主体活力；坚持发展与规范相结合，引导企业依法合规、有序发展；坚持融资与融物相结合，提高专业化水平，服务实体经济发展；坚持国内与国外相结合，在服务国内市场的同时，大力拓展海外市场。

（三）发展目标。到2020年，融资租赁业务领域覆盖面不断扩大，融资租赁市场渗透率显著提高，成为企业设备投资和技术更新的重要手段；一批专业优势突出、管理先进、国际竞争力强的龙头企业基本形成，统一、规范、有效的事中事后监管体系基本建立，法律法规和政策扶持体系初步形成，融资租赁业市场规模和竞争力水平位居世界前列。

二、主要任务

（四）改革制约融资租赁发展的体制机制。

加快推进简政放权。进一步转变管理方式，简化工作流程，促进内外资融资租赁公司协同发展。支持自由贸易试验区在融资租赁方面积极探索、先行先试。对融资租赁公司设立子公司，不设最低注册资本限制。允许融资租赁公司兼营与主营业务有关的商业保理业务。

理顺行业管理体制。加强行业统筹管理，建立内外资统一的融资租赁业管理制度和事中事后监管体系，实现经营范围、交易规则、监管指标、信息报送、监督检查等方面的统一。引导和规范各类社会资本进入融资租赁业，支持民间资本发起设立融资租赁公司，支持独立第三方服务机构投资设立融资租赁公司，促进投资主体多元化。

完善相关领域管理制度。简化相关行业资质管理，减少对融资租赁发展的制约。进口租赁物涉及配额、许可证、自动进口许可证等管理的，在承租人已具备相关配额、许可证、自动进口许可证的前提下，不再另行对融资租赁公司提出购买资质要求。根据融资租赁特点，便利融资租赁公司申请医疗器械经营许可或办理备案。除法律法规另有规定外，承租人通过融资租赁方式获得设备与自行购买设备在资质认定时享受同等待遇。支持融资租赁公司依法办理融资租赁交易相关担保物抵（质）押登记。完善和创新管理措施，支持融资租赁业务开展。规范机动车交易和登记管理，简化交易登记流程，便利融资租赁双方当事人办理业务。完善船舶登记制度，进一步简化船舶出入境备案手续，便利融资租赁公司开展船舶租赁业务。对注册在中国（广东）自由贸易试验区、中国（天津）自由贸易试验区海关特殊监管区域内的融资租赁企业进出口飞机、船舶和海洋工程结构物等大型设备涉及跨关区的，在确保有效监管和执行现行相关税收政策的前提下，按物流实际需要，实行海关异地委托监管。按照相关规定，将有接入意愿且具备接入条件的融资租赁公司纳入金融信用信息基础数据库，实现融资租赁业务的信用信息报送及查询。

（五）加快重点领域融资租赁发展。

积极推动产业转型升级。鼓励融资租赁公司积极服务"一带一路"、京津冀协同发展、长江经济带、"中国制造2025"和新型城镇化建设等国家重大战略。鼓励融资租赁公司在飞机、船舶、工程机械等传统领域做大做强，积极拓展新一代信息技术、高端装备制造、新能源、节能环保和生物等战略性新兴产业市场，拓宽文化产业投融资渠道。鼓励融资租赁公司参与城乡公用事业、污水垃圾处理、环境治理、广播通信、农田水利等基础设施建设。在公交车、出租车、公务用车等领域鼓励通过融资租赁发展新能源汽车及配套设施。鼓励融资租赁公司支持现代农业发展，积极开展面向种粮大户、家庭农场、农业合作社等新型农业经营主体的融资租赁业务，解决农业大型机械、生产设备、加工设备购置更新资金不足问题。积极稳妥发展居民家庭消费品租赁市场，发展家用轿车、家用信息设备、耐用消费品等融资租赁，扩大国内消费。

加快发展中小微企业融资租赁服务。鼓励融资租赁公司发挥融资便利、期限灵活、财务优化等优势，提供适合中小微企业特点的产品和服务。支持设立专门面向中小微企业的融资租赁公司。探索发展面向个人创业者的融资租赁服务，推动大众创业、万众创新。推进融资租赁公司与创业园区、科技企业孵化器、中小企业公共服务平台等合作，加大对科技型、创新型和创业型中小微企业的支持力度，拓宽中小微企业融资渠道。

大力发展跨境租赁。鼓励工程机械、铁路、电力、民用飞机、船舶、海洋工程装备及其他大型成套设备制造企业采用融资租赁方式开拓国际市场，发展跨境租赁。支持通过融资租赁方式引进国外先进设备，扩大高端设备进口，提升国内技术装备水平。引导融资租赁公司加强与海外施工企业合作，开展施工设备的海外租赁业务，积极参与重大跨国基础设施项目建设。鼓励境外工程承包企业通过融资租赁优化资金、设备等资源配置，创新工程设备利用方式。探索在援外工程建设中引入工程设备融资租赁模式。鼓励融资租赁公司"走出去"发展，积极拓展海外租赁市场。鼓励融资租赁公司开展跨境人民币业务。支持有实力的融资租赁公司开展跨境兼并，培育跨国融资租赁企业集团，充分发挥融资租赁对我国企业开拓国际市场的支持和带动作用。

（六）支持融资租赁创新发展。

推动创新经营模式。支持融资租赁公司与互联网融合发展，加强与银行、保险、信托、基金等金融机构合作，创新商业模式。借鉴发达国家经验，引导融资租赁公司加快业务创新，不断优化产品组合、交易结构、租金安排、风险控制等设计，提升服务水平。在风险可控前提下，稳步探索将租赁物范围扩大到生物资产等新领域。支持融资租赁公司在自由贸易试验区、海关特殊监管区域设立专业子公司和特殊项目公司开展融资租赁业务。探索融资租赁与政府和社会资本合作（PPP）融资模式相结合。

加快发展配套产业。加快建立标准化、规范化、高效运转的租赁物与二手设备流通市场，支持建立融资租赁公司租赁资产登记流转平台，完善融资租赁资产退出机制，盘活存量租赁资产。支持设立融资租赁相关中介服务机构，加快发展为融资租赁公司服务的专业咨询、技术服务、评估鉴定、资产管理、资产处置等相关产业。

提高企业核心竞争力。引导融资租赁公司明确市场定位，集中力量发展具有比较优势的特定领域，实现专业化、特色化、差异化发展。支持各类融资租赁公司加强合作，实现优势互补。鼓励企业兼并重组。鼓励融资租赁公司依托适宜的租赁物开展业务，坚持融资与融物相结合，提高融资租赁全产业链经营和资产管理能力。指导融资租赁公司加强风险控制体系和内控管理制度建设，积极运用互联网、物联网、大数据、云计算等现代科学技术提升经营管理水平，建立健全客户风险评估机制，稳妥发展售后回租业务，严格控制经营风险。

（七）加强融资租赁事中事后监管。

完善行业监管机制。落实省级人民政府属地监管责任。建立监管指标体系和监管评级制度，鼓励融资租赁公司进行信用评级。加强行业风险防范，利用现场与非现场结合的监管手段，强化对重点环节及融资租赁公司吸收存款、发放贷款等违法违规行为的监督，对违法违规融资租赁公司及时要求整改或进行处罚，加强风险监测、分析和预警，切实防范区域性、系统性金融风险。建立企业报送信息异常名录和黑名单制度，加强融资租赁公司信息报送管理，要求融资租赁公司通过全国融资租赁企业管理信息系统及时、准确报送信息，利用信息化手段加强事中事后监管。建立部门间工作沟通协调机制，加强信息共享与监管协作。

发挥行业组织自律作用。加快全国性行业自律组织建设，履行协调、维权、自律、服务职能，鼓励融资租赁公司加入行业自律组织。加强行业自我约束机制建设，鼓励企业积极承担社会责任，大力提升行业的国际影响力。

三、政策措施

（八）建设法治化营商环境。积极推进融资租赁立法工作，提高立法层级。研究出台融资租赁行业专门立法，建立健全融资租赁公司监管体系，完善租赁物物权保护制度。研究建立规范的融资租赁物登记制度，发挥租赁物登记的风险防范作用。规范融资租赁行业市场秩序，营造公平竞争的良好环境。推动行业诚信体系建设，引导企业诚实守信、依法经营。

（九）完善财税政策。为鼓励企业采用融资租赁方式进行技术改造和设备购置提供公平的政策环境。加大政府采购支持力度，鼓励各级政府在提供公共服务、推进基础设施建设和运营中购买融资租赁服务。通过融资租赁方式获得农机的实际使用者可享受农机购置补贴。鼓励地方政府探索通过风险补偿、奖励、贴息等政策工具，引导融资租赁公司加大对中小微企业的融资支持力度。落实融资租赁相关税收政策，促进行业健康发展。对开展融资租赁业务（含融资性售后回租）签订的融资租赁合同，按照其所载明的租金总额比照"借款合同"税目计税贴花。鼓励保险机构开发融资租赁保险品种，扩大融资租赁出口信用保险规模和覆盖面。

（十）拓宽融资渠道。鼓励银行、保险、信托、基金等各类金融机构在风险可控前提下加大对融资租赁公司的支持力度。积极鼓励融资租赁公司通过债券市场募集资金，支持符合条件的融资租赁公司通过发行股票和资产证券化等方式筹措资金。支持内资融资租赁公司利用外债，调整内资融资租赁公司外债管理政策。简化程序，放开回流限制，支持内资融资租赁公司发行外债试行登记制管理。支持融资租赁公司开展人民币跨境融资业务。支持融资租赁公司利用外汇进口先进技术设备，鼓励商业银行利用外汇储备委托贷款支持跨境融资租赁项目。研究保险资金投资融资租赁资产。支持设立融资租赁产业基金，引导民间资本加大投入。

（十一）完善公共服务。逐步建立统一、规范、全面的融资租赁业统计制度和评价指标体系，完善融资租赁统计方法，提高统计数据的准确性和及时性。依托企业信用信息公示系统等建立信息共享机制，加强统计信息交流。建立融资租赁业标准化体系，制订融资租赁交易等方面的标准，加强标准实施和宣传贯彻，提高融资租赁业标准化、规范化水平。研究制定我国融资租赁行业景气指数，定期发布行业发展报告，引导行业健康发展。

（十二）加强人才队伍建设。加强融资租赁从业人员职业能力建设，支持有条件的高校自主设置融资租赁相关专业。支持企业组织从业人员开展相关培训，采取措施提高从业人员综合素质，培养一批具有国际视野和专业能力的融资租赁人才。支持行业协会开展培训、教材编写、水平评测、经验推广、业务交流等工作。加大对融资租赁理念和知识的宣传与普及力度，不断提高融资租赁业的社会影响力和认知度，为行业发展营造良好的社会氛围。

各地区、各有关部门要充分认识加快融资租赁业发展的重要意义，加强组织领导，健全工作机制，强化部门协同和上下联动，协调推动融资租赁业发展。各地区要根据本意见，结合地方实际研究制定具体实施方案，细化政策措施，确保各项任务落到实处。有关部门要抓紧研究制定配套政策和落实分工任务的具体措施，为融资租赁业发展营造良好环境。商务部与银监会等相关部门要加强协调，密切配合，共同做好风险防范工作。商务部要做好融资租赁行业管理工作，会同相关部门对本意见的落实情况进行跟踪分析和督促指导，重大事项及时向国务院报告。

国务院办公厅
2015年8月31日

省政府办公厅关于加快融资租赁业发展的实施意见

江苏省人民政府办公厅
苏政办发〔2016〕32号

各市、县（市、区）人民政府，省各委办厅局，省各直属单位：

为贯彻落实《国务院办公厅关于加快融资租赁业发展的指导意见》（国办发〔2015〕68号），推动融资租赁业快速发展、集聚发展，进一步提高行业覆盖面和市场渗透率，结合我省实际，现提出以下实施意见。

一、总体要求

（一）指导思想。

深入贯彻党的十八大和十八届三中、四中、五中全会精神，抓住全国融资租赁业加速发展的重要机遇，发挥融资租赁与实体经济的互促共赢作用，积极培育市场主体，逐步拓宽服务领域，营造良好发展环境，有效控制行业风险，推动融资租赁业又好又快发展，为全省经济社会发展贡献力量。

（二）发展目标。

到2020年，培育3～5家租赁资产规模过百亿、利润过亿、在全行业有影响的融资租赁龙头企业，引进和培育一批品牌知名度高、市场竞争力强的融资租赁骨干企业，全省融资租赁业市场渗透率超过6%，资产规模位居全国前列，融资租赁业成为全省投融资体系中的重要组成部分。

二、主要任务

（一）加大融资租赁与产业融合。

鼓励融资租赁公司支持我省重点培育产业发展，优先开展节能环保、信息技术、高端装备制造、新能源、新材料、生物医药等新兴产业融资租赁业务。鼓励融资租赁公司加大对产业园区建设、循环化改造的融资支持，鼓励制造业企业采取售后回租方式，盘活存量资产。发挥融资租赁公司融资与融物的功能，支持开展外向型制造、物流运输设备、金融服务设备、会展旅游设施、节能减排设备、农产品加工设备等行业关键设备设施融资租赁业务。推动融资租赁业与现代服务业互促互进，鼓励教育培训、健康养老、休闲旅游等新兴服务业开展融资租赁服务，研究实施对重点发展的商贸物流、文化创意、信息消费、电子商务、大型会展和楼宇总部等现代服务业的租赁支持措施，促进服务业连锁化经营，做强一批服务业龙头企业，打造一批江苏服务品牌。推动组建服务"三农"的融资租赁公司，鼓励开展面向种粮大户、家庭农场、农民合作社等新型农业经营主体的融资租赁业务，解决农业大型机械、生产设备、加工设备购置更新资金不足问题。

鼓励融资租赁公司开展基础设施租赁业务，推动供电、供气、地铁、机场、高速公路、高速铁路、污水处理、垃圾处理、农田水利等基础设施建设。鼓励对已建成的基础设施通过售后回租方式，盘活存量资产和沉淀资金，减轻财政压力。鼓励医院、高校等事业单位及国有企业积极采用租赁方式解决医疗、教学、生产设备融资问题，降低项目总投资及所需资本金。支持融资租赁公司与互联网融合发展，充分利用大数据、云计算、物联网、互联网等，探索融资租赁服务供应链融资模式，设立集融资租赁、保理、贸易为一体的融资租赁公司。

（二）支持融资租赁业集聚发展。

支持南京、苏州等地在海关特殊监管区、国家级新区等范围内，借鉴上海自贸区、前海试验区等做法，争取更多政策创新，吸引融资租赁公司及专业人才集聚。支持在我省海关特殊监管区设立融资租赁专业子公司和特殊项目公司，开展单机单船融资租赁业务。引进和培育一批融资租赁龙头企业，对已经落户我省的融资租赁公司，支持其做大做强，带动一批融资租赁骨干企业，提高我省融资租赁业的整体实力。支持融资租赁公司进行重组和兼并，建立大型专业融资租赁公司，形成规模优势，提高抵御风险能力。鼓励省内有条件的装备制造企业开展设备融资租赁业务。

（三）推动融资租赁创新发展。

支持融资租赁公司与小微企业合作，提供设备租赁，为小微企业技术改造、设备购置等提供支持。支持融资租赁公司与省内各特色园区、产业孵化器等平台开展合作，共同打造一批特色园区。支持融资租赁公司开展设备跨境融资租赁业务，通过融资租赁引进国外先进设备，扩大高端设备进口，提升技术装备水平；通过融资租赁将国产船舶、海工设备、医疗器械等租赁给境外承租人使用，符合退税条件的，按规定享受出口退税。在风险可控的前提下，稳步探索将租赁物范围扩大到生物资产等新领域。鼓励融资租赁公司参与"一带一路"沿线国家和地区项目建设，帮助我省"走出去"企业开展境外投资、对外承包工程，参与国家和省级境外合作园区建设等。

加快建立标准化、规范化的租赁物与闲置设备流通市场，完善融资租赁资产退出机制。培育符合重点行业需求、运作规范高效的二手设备交易平台，建立二手设备质量评估体系和信用评价体系。支持设立融资租赁相关的中介服务机构，为融资租赁业务提供政策咨询、资产评估、资产交易等配套服务。支持会计、审计、律师、资产评估等中介服务机构加快发展，为融资租赁业发展提供配套服务。规范融资租赁中介服务机构的执业行为，提高专业水平和服务能力，促进融资租赁业健康发展。推广融资租赁仲裁，鼓励采用商事仲裁方式解决融资租赁法律纠纷，规范仲裁协议合同文本。进一步完善涉及融资租赁经济纠纷的仲裁机制建设，高效、公正地解决融资租赁合同纠纷问题。开发长租短贷、租赁保理、供应商租赁、租赁信托、租赁保险、租赁担保等创新型产品，发展成熟适用的租赁融资模式，增强融资租赁业的金融服务功能，为客户提供多样化综合性服务。

扩大直接融资规模，鼓励融资租赁公司与银行、信托、保险、融资担保等机构搭建交流合作平台，积极引导各种所有制资本、保险资本、社保基金等进入融资租赁业。鼓励融资租赁公司通过债券市场募集资金，支持符合条件的融资租赁公司通过发行股票和资产证券化等方式筹措资金，支持内资融资租赁公司利用外债，调整内资融资租赁公司外债管理政策。简化程序，放开回流限制，支持内资融资租赁公司发行外债试行登记制管理。引导境外各类基金及保险机构对区内融资租赁公司进行周期匹配的股权投资，改善融资租赁公司资产负债结构。

（四）加强行业事中事后监管。

完善融资租赁行业监管机制，落实属地监管责任，由银监部门和商务部门按照职责分工牵头负责，建立多部门参与的融资租赁监督管理机制，加强信息共享，强化风险防范。本着"谁审批、谁监管，谁主管、谁监管"的原则，各市、国家级经济技术开发区要建立健全融资租赁事中事后监管及风险防范机制，明确牵头部门，加强属地管理。强化对融资租赁公司吸收存款、发放贷款等方面存在的违法违规行为和偏离主业的投融资行为的监督，对违法违规的融资租赁公司及时要求整改或进行处罚。加强风险监测、分析和预警，切实防范区域性、系统性金融风险。加强融资租赁公司信息报送管理，利用信息化手段加强事中事后监管，融资租赁公司必须通过全国融资租赁公司管理信息系统及时、准确报送信息，外商投资融资租赁公司必须参加外商投资企业联合年报工作，建立融资租赁公司报送信息异常名录和黑名单制度。

发挥行业组织自律作用，支持江苏省融资租赁行业协会进一步完善机制，履行协调、维权、自律、服务职能，鼓励各类融资租赁公司加入行业自律组织，引导融资租赁公司积极承担社会责任，完善风险防范机制，带动行业健康发展。

三、保障措施

（一）完善工作机制。

建立融资租赁管理部门沟通协调机制，由省商务厅牵头，省公安厅、省地税局、省金融办、省国税局、人民银行南京分行、江苏银监局、江苏证监局、国家外汇管理局江苏省分局等部门共同参与，围绕融资租赁行业管理、外汇管理、税收政策、金融稳定、风险防控等领域展开协作，促进我省融资租赁业又好又快发展。各地要围绕融资租赁业发展，加强组织领导，完善监管机制，结合实际制定工作措施。鼓励社团组织、中介机构等建设融资租赁公共服务平台。

（二）强化政策扶持。

全面落实国家各项优惠政策，加大政策宣传力度，对符合政策条件的融资租赁公司落实优惠措施，对通过融资方式实施技术改造、转型升级、节能减排、环保涉农、科技创新等项目，实际使用者在申报政府相关产业引导资金上可享受补贴。参照上海、广东、天津、福建自贸区相关做法，积极创新我省融资租赁政策措施。鼓励企业采用融资租赁方式进行技术改造和设备购置。充分利用现代服务业等政府性投资基金支持融资租赁业发展。引导我省有实力的融资租赁公司参与政府与社会资本合作项目。加大政府采购支持力度，鼓励各级政府在提供公共服务、推进基础设施建设和运营中购买融资租赁服务。落实国家融资租赁相关税收政策，对开展融资租赁业务（含融资性售后回租）签订的融资租赁合同，按照其所载明的租金总额依照"借款合同"税目计税贴花。在融资性售后回租业务中，对承租人、出租人因出售租赁资产及购回租赁资产所签订的合同，不征收印花税。探索通过风险补偿、奖励、贴息等政策工具，引导融资租赁公司加大对中小微企业的融资支持力度。通过融资租赁方式获得农机的实际使用者可享受农机购置补贴。鼓励商业银行为融资租赁公司提供快捷、便利的本外币结算业务。鼓励保险机构开发融资租赁保险品种，扩大融资租赁出口信用保险规模和覆盖面。允许融资租赁公司兼营与主营业务相关的商业保理业务。鼓励各地结合实际制定引进融资租赁业人才的奖励措施。建立金融人才培训基地，鼓励有条件的高校自主设置融资租赁相关专业，各融资租赁集聚区可对培训服务机构给予经费补贴。

完善融资租赁相关登记公示制度。融资租赁公司与承租人签订租赁合同、开展租赁业务就租赁物的权属变更、权属转让、抵押、质押等提出的申请，或者融资租赁公司为降低业务风险要求承租人以房产、土地抵押等提出的申请，各有关部门要依法及时受理并办理登记、公示、确认等有关手续，依法明晰权属。

强化融资租赁风险防控，指导融资租赁公司加强风险控制体系和内控管理制度建设，建立健全客户风险评估机制，强化资产管理能力，积极稳妥发展售后回租业务，严格控制经营风险。推动融资租赁信用担保体系建设，支持融资租赁公司与保险、担保等金融机构进行合作，鼓励融资性担保公司开展融资租赁债权担保业务。加快完善融资租赁业指标体系，及时跟踪产业发展动态，健全信息发布制度，完善市场预警机制。

建立融资租赁信用服务体系，鼓励融资租赁公司按照《融资租赁公司监督管理办法》等规定，在商务部全国融资租赁公司管理信息系统和人民银行动产融资统一登记系统录入相关信息，明示租赁物所有权，防范融资租赁交易风险。以企业自愿为原则，经过商务主管部门推荐，融资租赁公司可以接入人民银行征信系统和省公共信用信息服务平台。鼓励融资租赁公司进行信用评级，探索建立融资租赁监管指标体系和监管评级制度。

江苏省人民政府办公厅
2016 年 4 月 8 日

2. 具体规定

国务院办公厅关于加快培育和发展住房租赁市场的若干意见

国务院办公厅

国办发〔2016〕39 号

各省、自治区、直辖市人民政府，国务院各部委、各直属机构：

实行购租并举，培育和发展住房租赁市场，是深化住房制度改革的重要内容，是实现城镇居民住有所居目标的重要途径。改革开放以来，我国住房租赁市场不断发展，对加快改善城镇居民住房条件、推动新型城镇化进程等发挥了重要作用，但市场供应主体发育不充分、市场秩序不规范、法规制度不完善等问题仍较为突出。为加快培育和发展住房租赁市场，经国务院同意，现提出以下意见。

一、总体要求

（一）指导思想。全面贯彻党的十八大和十八届三中、四中、五中全会以及中央城镇化工作会议、中央城市工作会议精神，认真落实国务院决策部署，按照"五位一体"总体布局和"四个全面"战略布局，牢固树立和贯彻落实创新、协调、绿色、开放、共享的发展理念，以建立购租并举的住房制度为主要方向，健全以市场配置为主、政府提供基本保障的住房租赁体系。支持住房租赁消费，促进住房租赁市场健康发展。

（二）发展目标。到2020年，基本形成供应主体多元、经营服务规范、租赁关系稳定的住房租赁市场体系，基本形成保基本、促公平、可持续的公共租赁住房保障体系，基本形成市场规则明晰、政府监管有力、权益保障充分的住房租赁法规制度体系，推动实现城镇居民住有所居的目标。

二、培育市场供应主体

（三）发展住房租赁企业。充分发挥市场作用，调动企业积极性，通过租赁、购买等方式多渠道筹集房源，提高住房租赁企业规模化、集约化、专业化水平，形成大、中、小住房租赁企业协同发展的格局，满足不断增长的住房租赁需求。按照《国务院办公厅关于加快发展生活性服务业促进消费结构升级的指导意见》（国办发〔2015〕85号）有关规定，住房租赁企业享受生活性服务业的相关支持政策。

（四）鼓励房地产开发企业开展住房租赁业务。支持房地产开发企业拓展业务范围，利用已建成住房或新建住房开展租赁业务；鼓励房地产开发企业出租库存商品住房；引导房地产开发企业与住房租赁企业合作，发展租赁地产。

（五）规范住房租赁中介机构。充分发挥中介机构作用，提供规范的居间服务。努力提高中介服务质量，不断提升从业人员素质，促进中介机构依法经营、诚实守信、公平交易。

（六）支持和规范个人出租住房。落实鼓励个人出租住房的优惠政策，鼓励个人依法出租自有住房。规范个人出租住房行为，支持个人委托住房租赁企业和中介机构出租住房。

三、鼓励住房租赁消费

（七）完善住房租赁支持政策。各地要制定支持住房租赁消费的优惠政策措施，引导城镇居民通过租房解决居住问题。落实提取住房公积金支付房租政策，简化办理手续。非本地户籍承租人可按照《居住证暂行条例》等有关规定申领居住证，享受义务教育、医疗等国家规定的基本公共服务。

（八）明确各方权利义务。出租人应当按照相关法律法规和合同约定履行义务，保证住房和室内设施符合要求。住房租赁合同期限内，出租人无正当理由不得解除合同，不得单方面提高租金，不得随意克扣押金；承租人应当按照合同约定使用住房和室内设施，并按时缴纳租金。

四、完善公共租赁住房

（九）推进公租房货币化。转变公租房保障方式，实物保障与租赁补贴并举。支持公租房保障对象通过市场租房，政府对符合条件的家庭给予租赁补贴。完善租赁补贴制度，结合市场租金水平和保障对象实际情况，合理确定租赁补贴标准。

（十）提高公租房运营保障能力。鼓励地方政府采取购买服务或政府和社会资本合作（PPP）模式，将现有政府投资和管理的公租房交由专业化、社会化企业运营管理，不断提高管理和服务水平。在城镇稳定就业的外来务工人员、新就业大学生和青年医生、青年教师等专业技术人员，凡符合当地城镇居民公租房准入条件的，应纳入公租房保障范围。

五、支持租赁住房建设

（十一）鼓励新建租赁住房。各地应结合住房供需状况等因素，将新建租赁住房纳入住房发展规划，合理确定租赁住房建设规模，并在年度住房建设计划和住房用地供应计划中予以安排，引导土地、资金等资源合理配置，有序开展租赁住房建设。

（十二）允许改建房屋用于租赁。允许将商业用房等按规定改建为租赁住房，土地使用年限和容积率不变，土地用途调整为居住用地，调整后用水、用电、用气价格应当按照居民标准执行。允许将现有住房按照国家和地方的住宅设计规范改造后出租，改造中不得改变原有防火分区、安全疏散和防火分隔设施，必须确保消防设施完好有效。

六、加大政策支持力度

（十三）给予税收优惠。对依法登记备案的住房租赁企业、机构和个人，给予税收优惠政策支持。落实营改增关于住房租赁的有关政策，对个人出租住房的，由按照5%的征收率减按1.5%计算缴纳增值税；对个人出租住房月收入不超过3万元的，2017年底之前可按规定享受免征增值税政策；对房地产中介机构提供住房租赁经纪代理服务，适用6%的增值税税率；对一般纳税人出租在实施营改增试点前取得的不动产，允许选择适用简易计税办法，按照5%的征收率计算缴纳增值税。对个人出租住房所得，减半征收个人所得税；对个人承租住房的租金支出，结合个人所得税改革，统筹研究有关费用扣除问题。

（十四）提供金融支持。鼓励金融机构按照依法合规、风险可控、商业可持续的原则，向住房租赁企业提供金融支持。支持符合条件的住房租赁企业发行债券、不动产证券化产品。稳步推进房地产投资信托基金（REITs）试点。

（十五）完善供地方式。鼓励地方政府盘活城区存量土地，采用多种方式增加租赁住房用地有效供应。新建租赁住房项目用地以招标、拍卖、挂牌方式出让的，出让方案和合同中应明确规定持有出租的年限。

七、加强住房租赁监管

（十六）健全法规制度。完善住房租赁法律法规，明确当事人的权利义务，规范市场行为，稳定租赁关系。推行住房租赁合同示范文本和合同网上签约，落实住房租赁合同登记备案制度。

（十七）落实地方责任。省级人民政府要加强本地区住房租赁市场管理，加强工作指导，研究解决重点难点问题。城市人民政府对本行政区域内的住房租赁市场管理负总责，要建立多部门联合监管体制，明确职责分工，充分发挥街道、乡镇等基层组织作用，推行住房租赁网格化管理。加快建设住房租赁信息服务与监管平台，推进部门间信息共享。

（十八）加强行业管理。住房城乡建设部门负责住房租赁市场管理和相关协调工作，要会同有关部门加强住房租赁市场监管，完善住房租赁企业、中介机构和从业人员信用管理制度，全面建立相关市场主体信用记录，纳入全国信用信息共享平台，对严重失信主体实施联合惩戒。公安部门要加强出租住房治安管理和住房租赁当事人居住登记，督促指导居民委员会、村民委员会、物业服务企业以及其他管理单位排查安全隐患。各有关部门要按照职责分工，依法查处利用出租住房从事违法经营活动。

各地区、各有关部门要充分认识加快培育和发展住房租赁市场的重要意义，加强组织领导，健全工作机制，做好宣传引导，营造良好环境。各地区要根据本意见，研究制定具体实施办法，落实工作责任，确保各项工作有序推进。住房城乡建设部要会同有关部门对本意见落实情况进行督促检查。

国务院办公厅

2016年5月17日

商务部　税务总局关于天津等4个自由贸易试验区内资租赁企业从事融资租赁业务有关问题的通知

商务部、税务总局

商流通函〔2016〕90号

天津市、上海市、福建省、广东省，厦门市、深圳市商务主管部门、国家税务局：

为贯彻落实天津、福建、广东自由贸易试验区（以下简称自贸试验区）总体方案和进一步深化上海自贸试验区改革开放方案，支持自贸试验区融资租赁行业积极探索、先行先试，促进融资租赁业加快发展，现就天津等4个自贸试验区内资租赁企业从事融资租赁业务有关问题通知如下：

一、根据《商务部国家税务总局关于从事融资租赁业务有关问题的通知》（商建发〔2004〕560号，以下称560号文），商务部和税务总局负责内资租赁企业融资租赁业务试点确认。自2016年4月1日起，商务部、税务总局将注册在自贸试验区内的内资租赁企业融资租赁业务试点确认工作委托给各自贸试验区所在的省、直辖市、计划单列市级（以下简称省级）商务主管部门和国家税务局。试点企业条件和申报材料要求参照560号文执行。对注册在自贸试验区外的内资租赁企业从事融资租赁业务，仍按现行规定和程序办理。

二、各自贸试验区所在的省级商务主管部门会同同级国家税务局负责对融资租赁试点企业提交的相关材料进行审核。对于符合条件的企业，由省级商务主管部门和国家税务局联合发布公告，明确纳入内资融资租赁试点范围企业名单，与商务部、税务总局发布名单的内资融资租赁试点企业享受同等待遇。

三、省级商务主管部门要指导和督促试点企业通过全国融资租赁企业管理信息系统（以下简称管理信息系统）报送各项信息，并对企业上报信息及时审核；每月末要将新纳入试点范围的企业的基本情况报送商务部，同时抄送税务总局；每季度要将试点工作开展情况报送商务部，同时抄送税务总局；要及时研究工作中存在的问题，发现重大问题应及时上报商务部和税务总局。

四、省级商务主管部门要完善行业监管制度，加强风险防范，利用现场和非现场结合的监管手段，强化对重点环节及吸收存款、发放贷款等违法违规行为的监管，充分发挥管理信息系统的作用，加强风险监测、分析和预警，切实防范区域性、系统性风险。

五、纳入试点范围的企业应当遵守法律、法规、规章及《融资租赁企业监督管理办法》相关规定，接受行业主管部门的监管，及时、准确通过管理信息系统报送信息，按时交纳各种税款。对在会计年度内未实质性开展融资租赁业务，以及发生违法违规行为的试点企业，省级商务主管部门应商同级国家税务局取消其试点资格。

六、为便于加强监管，对于按照本通知要求纳入试点范围的企业，如迁出自贸试验区，应当按自贸试验区外企业申报试点现行规定重新申报确定试点资格。

七、省级商务主管部门可根据本通知要求，商同级国家税务局结合实际研究制定具体的试点确认办法或流程，并采取适当形式予以公开。

商务部税务总局

2016 年 3 月 17 日

外商投资租赁业管理办法

商 务 部

（2005 年 2 月 3 日商务部令二○○五年第 5 号公布根据 2015 年 10 月 28 日《商务部关于修改部分规章和规范性文件的决定》修正）

第一条　为促进外商投资租赁业的健康发展，规范外商投资租赁业的经营行为，防范经营风险，根据《中华人民共和国合同法》、《中华人民共和国公司法》、《中华人民共和国外资企业法》、《中华人民共和国中外合资经营企业法》、《中华人民共和国中外合作经营企业法》等有关法律、法规，制定本办法。

第二条　外国公司、企业和其他经济组织（以下简称外国投资者）在中华人民共和国境内以中外合资、中外合作以及外商独资的形式设立从事租赁业务、融资租赁业务的外商投资企业，开展经营活动，适用本办法。

第三条　外商投资租赁业可以采取有限责任公司或股份有限公司的形式。

从事租赁业务的外商投资企业为外商投资租赁公司；从事融资租赁业务的外商投资企业为外商投资融资租赁公司。

第四条　外商投资租赁公司及外商投资融资租赁公司应遵守中华人民共和国有关法律、法规及规章的规定，其正当经营活动及合法权益受中国法律保护。

商务部是外商投资租赁业的行业主管部门和审批管理部门。

第五条　本办法所称租赁业务系指出租人将租赁财产交付承租人使用、收益，并向承租人收取租金的业务。

本办法所称融资租赁业务系指出租人根据承租人对出卖人、租赁物的选择，向出卖人购买租赁财产，提供给承租人使用，并向承租人收取租金的业务。

外商投资融资租赁公司可以采取直接租赁、转租赁、回租赁、杠杆租赁、委托租赁、联合租赁等不同形式开展融资租赁业务。

第六条　本办法所称租赁财产包括：

（一）生产设备、通信设备、医疗设备、科研设备、检验检测设备、工程机械设备、办公设备等各类动产；

（二）飞机、汽车、船舶等各类交通工具；

（三）本条（一）、（二）项所述动产和交通工具附带的软件、技术等无形资产，但附带的无形资产价值不得超过租赁财产价值的二分之一。

第七条　外商投资租赁公司和外商投资融资租赁公司的外国投资者的总资产不得低于500万美元。

第八条　外商投资租赁公司应当符合下列条件：

（一）注册资本符合《公司法》的有关规定；

（二）符合外商投资企业注册资本和投资总额的有关规定；

（三）有限责任公司形式的外商投资租赁公司的经营期限一般不超过30年。

第九条　外商投资融资租赁公司应当符合下列条件：

（一）有限责任公司形式的外商投资融资租赁公司的经营期限一般不超过30年；

（二）拥有相应的专业人员，高级管理人员应具有相应专业资质和不少于三年的从业经验。

第十条　设立外商投资租赁公司和外商投资融资租赁公司应向审批部门报送下列材料：

（一）申请书；

（二）投资各方签署的可行性研究报告；

（三）合同、章程（外资企业只报送章程）；

（四）投资各方的银行资信证明、注册登记证明（复印件）、法定代表人身份证明（复印件）；

（五）投资各方经会计师事务所审计的最近一年的审计报告；

（六）董事会成员名单及投资各方董事委派书；

（七）高级管理人员的资历证明；

（八）工商行政管理部门出具的企业名称预先核准通知书；

申请成立股份有限公司的，还应提交有关规定要求提交的其他材料。

第十一条　设立外商投资租赁公司和外商投资融资租赁公司，应按照以下程序办理：

（一）设立有限责任公司形式的外商投资租赁公司，应由投资者向拟设立企业所在地的省级商务主管部门报送本办法第十条规定的全部材料，省级商务主管部门应自收到全部申请材料之日起45个工作日内做出是否批准的决定，批准设立的，颁发《外商投资企业批准证书》，不予批准的，应书面说明原因。省级商务主管部门应当在批准外商投资租赁公司设立后7个工作日内将批准文件报送商务部备案。股份有限公司形式的外商投资租赁公司的设立按照有关规定办理。

（二）设立外商投资融资租赁公司，应由投资者向拟设立企业所在地的省级商务主管部门报送本办法第十条规定的全部材料，省级商务主管部门对报送的申请文件进行初审后，自收到全部申请文件之日起15个工作日内将申请文件和初审意见上报商务部。商务部应自收到全部申请文件之日起45个工作日内做出是否批准的决定，批准设立的，颁发《外商投资企业批准证书》，不予批准的，应书面说明原因。

（三）已设立的外商投资企业申请从事租赁业务的，应当符合本办法规定的条件，并按照本条第（一）项规定的程序，依法变更相应的经营范围。

第十二条　外商投资租赁公司和外商投资融资租赁公司应当在收到《外商投资企业批准证书》之日起30个工作日内到工商行政管理部门办理登记注册手续。

第十三条　外商投资租赁公司可以经营下列业务：

（一）租赁业务；

（二）向国内外购买租赁财产；

（三）租赁财产的残值处理及维修；

（四）经审批部门批准的其他业务。

第十四条　外商投资融资租赁公司可以经营下列业务：

（一）融资租赁业务；

（二）租赁业务；

（三）向国内外购买租赁财产；

（四）租赁财产的残值处理及维修；

（五）租赁交易咨询和担保；

（六）经审批部门批准的其他业务。

第十五条　外商投资融资租赁公司根据承租人的选择，进口租赁财产涉及配额、许可证等专项政策管理的，应由承租人或融资租赁公司按有关规定办理申领手续。

外商投资租赁公司进口租赁财产，应按现行外商投资企业进口设备的有关规定办理。

第十六条　为防范风险，保障经营安全，外商投资融资租赁公司的风险资产一般不得超过净资产总额的 10 倍。风险资产按企业的总资产减去现金、银行存款、国债和委托租赁资产后的剩余资产总额确定。

第十七条　外商投资融资租赁公司应在每年 3 月 31 日之前向商务部报送上一年业务经营情况报告和上一年经会计师事务所审计的财务报告。

第十八条　中国外商投资企业协会租赁业委员会是对外商投资租赁业实行同业自律管理的行业性组织。鼓励外商投资租赁公司和外商投资融资租赁公司加入该委员会。

第十九条　外商投资租赁公司及外商投资融资租赁公司如有违反中国法律、法规和规章的行为，按照有关规定处理。

第二十条　香港特别行政区、澳门特别行政区、台湾地区的公司、企业和其他经济组织在内地设立外商投资租赁公司和外商投资融资租赁公司，参照本办法执行。

第二十一条　本办法中所称省级商务主管部门是指各省、自治区、直辖市、计划单列市及新疆生产建设兵团商务主管部门。

第二十二条　本办法由商务部负责解释。

第二十三条　本办法自二〇〇五年三月五日起施行。原外经贸部 2001 年第 3 号令《外商投资租赁公司审批管理暂行办法》同时废止。

商务部关于利用全国融资租赁企业管理信息系统进行
租赁物登记查询等有关问题的公告

商　务　部

商务部公告 2014 年第 84 号

最高人民法院《关于审理融资租赁合同纠纷案件适用法律问题的解释》（法释〔2014〕

3号，以下简称司法解释）已于2014年3月1日正式施行。为保护融资租赁交易当事人和第三人的合法权益，防范和规避企业经营风险，根据《中华人民共和国物权法》、《中华人民共和国合同法》等法律和《融资租赁企业监督管理办法》，现将利用全国融资租赁企业管理信息系统进行租赁物登记查询等有关问题公告如下：

一、全国融资租赁企业管理信息系统（http：//leasing.mofcom.gov.cn）是商务部建立的综合性融资租赁服务平台，可为内资融资租赁试点企业、外商投资融资租赁企业及相关企业、组织和个人提供公共信息、租赁物登记公示查询、交流合作等服务。按照司法解释第9条有关规定，为避免租赁物权属冲突，商务部将全国融资租赁企业管理信息系统作为租赁物登记公示和查询平台。

二、各融资租赁企业在开展融资租赁业务时，可及时通过商务部统一配发的账号和密钥，在全国融资租赁企业管理信息系统进行租赁物登记，公示租赁物权利状况，规避租赁物被非法出售、抵押等风险。

融资租赁企业在进行租赁物登记时，可以按照要求在合同登记表中完整、准确地将融资租赁合同中载明的租赁物权属状况进行登记，并对登记内容的真实性、完整性、准确性和合法性负责。租赁物名称、型号、唯一识别码等信息应当明确、易于识别。

为保护融资租赁企业商业秘密，系统仅对与租赁物权属关系有关的信息提供公开查询服务，其他涉及企业商业秘密的信息予以保密，不提供公开查询服务。

三、各融资租赁企业在受让物权，办理抵押、质押等业务，特别是开展售后回租业务时，可以登录全国融资租赁企业管理信息系统对标的物权属状态进行查询，避免产生权属冲突，防止"一物多融"，维护交易安全。

四、其他企业、经济组织和社会公众在受让物权，办理抵押、质押或进行其他物权变动交易时，可以登录全国融资租赁企业管理信息系统查询已经登记的融资租赁企业名录和租赁物权属状态，防止租赁物恶意转卖，规避交易风险。

五、各省级商务主管部门应高度重视租赁物登记公示工作，及时通知、督促本地区融资租赁企业利用全国融资租赁企业管理信息系统进行租赁物登记公示，依法保护自身合法权益，防范交易风险，维护交易安全。

商务部

2014年12月4日

国家发展改革委关于飞机租赁企业订购国外飞机报备的通知

国家发展改革委

发改基础〔2014〕1156号

飞机租赁有关企业：

根据《国务院办公厅关于加快飞机租赁业发展的意见》（国办发〔2013〕108号），为改进飞机购租管理，保障我国飞机租赁业持续健康发展，现就飞机租赁企业订购国外飞机有关报备事项通知如下：

一、报备主体

我国境内飞机租赁企业向外国制造商订购飞机由其自行报备，中方控股（含相对控股）的境外飞机租赁企业向国外制造商订购飞机由其控股的中方股东负责报备。

二、报备内容

报备主要内容包括拟订购飞机的国外制造商、机型、架数、计划交付时间等。有关飞机租赁企业或其中方控股股东对报备内容的真实性、准确性负责。

三、计划报备

每年1月31日前，有关飞机租赁企业或其中方控股股东需填写飞机订购年度计划报备表报我委（基础产业司）；飞机订购年度计划中飞机制造商、机型、架数、交付进度等发生变更的，需填写飞机订购年度计划变更报备表，并于计划变更后1个月内报我委（基础产业司）。飞机订购年度计划报备表及变更报备表表样附后。

四、项目报备

飞机订购合同正式签署后1个月内，有关飞机租赁企业或其中方控股股东需填写飞机订购项目报备表，并将该报备表同飞机订购合同的有关材料等一并报我委（基础产业司）。飞机订购项目报备表表样附后。

上述规定自本通知印发之日起实施。

国家发展改革委
2014年6月4日

中国人民银行关于使用融资租赁登记公示系统进行融资租赁交易查询的通知

中国人民银行

银发〔2014〕93号

中国人民银行上海总部，各分行、营业管理部，省会（首府）城市中心支行，副省级城市中心支行；国家开发银行，各政策性银行，国有商业银行，股份制商业银行，中国邮政储蓄银行：

为保护融资租赁交易当事人和第三人的合法权益，促进资产支持融资行业的健康发展，维护金融资产安全，降低信贷交易风险，根据《中华人民共和国物权法》、《中华人民共和国合同法》和《中华人民共和国商业银行法》等法律法规，现就使用融资租赁登记公示系统进行融资租赁交易查询的有关事项通知如下：

一、中国人民银行征信中心建立的融资租赁登记公示系（http：//www. zhongdengwang. com），通过互联网为全国范围内的机构提供租赁物权利登记公示与查询服务。各单位要充分认识利用融资租赁登记公示系统进行融资租赁交易登记与查询在明确金融资产权属状况、预防交易风险、保护交易安全方面的积极意义。

二、融资租赁公司等租赁物权利人开展融资租赁业务时，可以在融资租赁登记公示系统办理融资租赁登记，公示融资租赁物权利状况，避免因融资租赁物占有与所有分离导致的租赁物权属冲突。

融资租赁公司等租赁物权利人，在融资租赁登记公示系统办理租赁物登记时，应按照中国人民银行征信中心发布的登记规则如实填写登记事项，公示融资租赁合同中载明的租赁物权属状况，并对登记内容的真实性、完整性和合法性负责。

三、银行等机构作为资金融出方在办理资产抵押、质押和受让等业务时，应当对抵押物、质物的权属和价值以及实现抵押权、质权的可行性进行严格审查，并登录融资租赁登记公示系统查询相关标的物的权属状况，以避免抵押物、质物为承租人不具有所有权的租赁物而影响金融债权的实现。

请中国人民银行分支机构将本通知转发至辖区内地方性金融机构，并加强组织协调，做好贯彻落实工作。执行过程中若发现问题，请及时报告中国人民银行。

中国人民银行
2014 年 3 月 20 日

商务部办公厅关于全国融资租赁企业管理信息系统试运行的通知

商务部办公厅
商办流通函〔2013〕657 号

各省、自治区、直辖市、计划单列市及新疆生产建设兵团商务主管部门：

为进一步完善融资租赁企业监管手段，提高行业监管工作水平，加强对融资租赁企业监督管理，商务部组织开发了全国融资租赁企业管理信息系统（以下简称管理信息系统），现上线试运行。为做好管理信息系统试运行工作，现就有关事项通知如下：

一、推进管理信息系统建设的重要意义

（一）管理信息系统是实现常态化监管的重要手段。

近年来，我国融资租赁业快速发展，市场规模持续扩大，在服务实体经济、推动产业转型升级、促进企业技术改造、解决中小企业融资难等方面发挥了重要作用。随着融资租赁市场规模不断扩大，融资租赁业务创新日益增多，商务主管部门监管难度不断加大。建设管理信息系统，是实现融资租赁业监管常态化、信息化的重要措施，能够改进监管方式，提高监管水平，提高监管工作效率。

（二）有助于监管部门研究制订行业法规和政策。

各级商务主管部门可以通过管理信息系统及时掌握融资租赁行业运行情况，发现存在的问题，有针对性地进行监管，引导和规范企业经营行为，发布风险指引，研究制订行业发展规划、扶持促进政策等。

（三）有利于融资租赁企业防范经营风险。

管理信息系统为融资租赁企业提供了部分行业信息数据查询权限，具备租赁物登记、公示、查询以及承租人违约信息记录、查询等功能，能够帮助融资租赁企业及时了解行业发展动态，有效防范和规避经营风险。

各地商务主管部门要高度重视管理信息系统的推广使用，把其纳入融资租赁行业管理重要工作，切实指导、督促企业按要求上线使用系统。要充分利用系统的信息数据汇总分析功能，及时掌握行业发展动态，及时发现企业潜在经营风险和问题，切实做好行业监管工作。

二、主要功能和适用范围

（一）主要功能。

管理信息系统网址：http：//leasing.mofcom.gov.cn。融资租赁企业通过管理信息系

统进行基本信息备案、业务信息（合同登记表及回款情况）实时填报、租赁物登记公示及查询、各类报表填报、行业信息查询、承租人违约情况反馈、查询等。

省级商务主管部门通过管理信息系统对融资租赁企业业务进行实时监管（合同登记表汇总及分析）、企业报表审核及汇总分析等，对融资租赁企业经营状况和业务合规性进行动态监管。

商务部通过管理信息系统进行数据汇总及综合分析，定期发布融资租赁业运行情况，实现对整个融资租赁行业运行的动态监管。

（二）适用范围。

管理信息系统适用于商务部、省级商务主管部门（含计划单列市）、内资融资租赁试点企业及依法设立的外商投资融资租赁企业。为确保系统安全性，各级用户均凭登录密码和统一配发的动态口令牌（以下简称口令牌）随机产生的动态验证码登录系统。省级商务主管部门和融资租赁企业的登录账户、口令牌由商务部统一授权并分发给省级商务主管部门，再由省级商务主管部门将融资租赁企业的登录账户、口令牌统一下发给企业。

三、工作要求

（一）省级商务主管部门。

各省级商务主管部门要高度重视，切实加强组织领导，精心安排布置。一是要按照监管要求和职责确定管理信息系统负责人，明确分工，做好管理信息系统启用、培训及试运行相关准备工作。二是要及时分发登录账户及口令牌给企业，积极参加系统培训，加强业务学习，尽快掌握管理信息系统的各项功能和数据分析方法。三是要组织本地融资租赁企业开展系统使用培训，指导并督促企业及时上报各项信息，并对企业上报信息及时审核。四是妥善管理系统登录账户和口令牌，定期更换密码，防止非法使用系统及泄露系统信息事件的发生，确保系统登录的安全性及系统信息保密性。

（二）融资租赁企业。

融资租赁企业要在省级商务主管部门的指导和监督下开展管理信息系统启用各项工作：一是指派专人负责系统维护和本企业各类信息填报工作。二是积极参加省级商务主管部门组织的管理信息系统使用培训。三是系统试运行期间及正式运行后，如实、实时填报业务信息（合同登记表及回款情况），严格按照各类报表填报要求开展数据报送工作。四是妥善管理本企业账户、密码和动态口令牌，防止发生非法使用系统及泄露系统信息事件。

四、工作安排

（一）系统启动。7月23日—8月2日为系统启动阶段。各省级商务主管部门需填写系统省级用户信息（见附件1）和本地企业信息（见附件2），于8月2日前报送商务部流通业发展司（同时发电子版）。商务部根据各地报送的管理信息系统用户名、企业名录，统一授权管理信息系统登录账户并匹配口令牌，逐一邮寄给各省级商务主管部门。8月12日前，省级商务主管部门需将管理信息系统账户、口令牌邮寄分发给企业。（省级商务主管部门共配2个口令牌，即主管内外资融资租赁企业的人员各1个，每家企业配2个口令牌）。

口令牌领取前，各地省级商务主管部门、企业可分别通过网站首页公布的测试账户，登录系统初步了解系统各项功能及试填各类报表（《管理信息系统使用说明书》与

《企业报表指标解释与填报说明》通过测试账户登录网站后下载），所填测试数据及相关操作不纳入正式统计。

（二）组织培训。8月中旬，商务部将统一组织开展面向商务主管部门的系统使用操作培训，具体时间安排另行通知。9月中旬前，各省级商务主管部门应组织本地企业开展系统使用操作及信息填报培训，指导并督促本地企业配置系统必需的网络环境。

（三）试运行。8月3日—10月31日为系统试运行阶段。8月2日24：00点前，商务部将清空系统数据库所有测试数据信息，系统进入试运行阶段。各省级商务主管部门应指导和督促本地企业登录系统并及时填报企业基本信息、新签订合同和正在执行的存量合同信息、各类报表信息（2013年1—3季度季报、2012年年报）。

试运行期间，企业各类信息及报表都将纳入统计，省级商务主管部门务必督促企业如实填报，并在线及时对企业报表数据的完整性、准确性以及备案和变更信息的真实性进行审核。

（四）正式运行。商务部根据试运行情况对管理信息系统进行修改完善，并择机发布正式运行通知。

商务部将对各地全国融资租赁企业管理信息系统推广使用情况进行统计，并定期公布统计结果。

商务部办公厅

2013年7月23日

融资租赁企业监督管理办法

中华人民共和国商务部

商流通发〔2013〕337号

各省、自治区、直辖市、计划单列市及新疆生产建设兵团商务主管部门：

为进一步完善融资租赁企业监管制度，提升融资租赁行业监管水平，规范融资租赁企业经营行为，防范行业风险，促进融资租赁业健康有序发展，根据有关法律法规及规定，商务部制定了《融资租赁企业监督管理办法》，已经商务部2013年第7次部务会议审议通过，现印发给你们，自2013年10月1日起施行。

中华人民共和国商务部

2013年9月18日

融资租赁企业监督管理办法

第一章　总　　则

第一条　为促进我国融资租赁业健康发展，规范融资租赁企业的经营行为，防范经营风险，根据《合同法》、《物权法》、《公司法》等法律法规及商务部有关规定，制订本办法。

第二条　本办法所称融资租赁企业是指根据商务部有关规定从事融资租赁业务的企业。

本办法所称融资租赁业务是指出租人根据承租人对出卖人、租赁物的选择，向出卖人购买租赁物，提供给承租人使用，承租人支付租金的交易活动。

融资租赁直接服务于实体经济，在促进装备制造业发展、中小企业融资、企业技术升级改造、设备进出口、商品流通等方面具有重要的作用，是推动产融结合、发展实体经济的重要手段。

第三条 融资租赁企业应具备与其业务规模相适应的资产规模、资金实力和风险管控能力。申请设立融资租赁企业的境外投资者，还须符合外商投资的相关规定。

第四条 融资租赁企业应配备具有金融、贸易、法律、会计等方面专业知识、技能和从业经验并具有良好从业记录的人员，拥有不少于三年融资租赁、租赁业务或金融机构运营管理经验的总经理、副总经理、风险控制主管等高管人员。

第五条 融资租赁企业开展经营活动，应当遵守中华人民共和国法律、法规、规章和本办法的规定，不得损害国家利益和社会公共利益。

第六条 商务部对全国融资租赁企业实施监督管理。省级商务主管部门负责监管本行政区域内的融资租赁企业。

本办法所称省级商务主管部门是指省、自治区、直辖市、计划单列市及新疆生产建设兵团商务主管部门。

第七条 鼓励融资租赁企业通过直接租赁等方式提供租赁服务，增强资产管理综合能力，开展专业化和差异化经营。

第二章 经 营 规 则

第八条 融资租赁企业可以在符合有关法律、法规及规章规定的条件下采取直接租赁、转租赁、售后回租、杠杆租赁、委托租赁、联合租赁等形式开展融资租赁业务。

第九条 融资租赁企业应当以融资租赁等租赁业务为主营业务，开展与融资租赁和租赁业务相关的租赁财产购买、租赁财产残值处理与维修、租赁交易咨询和担保、向第三方机构转让应收账款、接受租赁保证金及经审批部门批准的其他业务。

第十条 融资租赁企业开展融资租赁业务应当以权属清晰、真实存在且能够产生收益权的租赁物为载体。

融资租赁企业不得从事吸收存款、发放贷款、受托发放贷款等金融业务。未经相关部门批准，融资租赁企业不得从事同业拆借等业务。严禁融资租赁企业借融资租赁的名义开展非法集资活动。

第十一条 融资租赁企业进口租赁物涉及配额、许可等管理的，应由购买租赁物方或产权所有方按有关规定办理相关手续。

融资租赁企业经营业务过程中涉及外汇管理事项的，应当遵守国家外汇管理有关规定。

第十二条 融资租赁企业应当按照相关规定，建立健全财务会计制度，真实记录和反映企业的财务状况、经营成果和现金流量。

第十三条 融资租赁企业应当建立完善的内部风险控制体系，形成良好的风险资产分类管理制度、承租人信用评估制度、事后追偿和处置制度以及风险预警机制等。

第十四条 为控制和降低风险，融资租赁企业应当对融资租赁项目进行认真调查，充分考虑和评估承租人持续支付租金的能力，采取多种方式降低违约风险，并加强对融资租赁项目的检查及后期管理。

第十五条　融资租赁企业应当建立关联交易管理制度。融资租赁企业在对承租人为关联企业的交易进行表决或决策时，与该关联交易有关联关系的人员应当回避。

融资租赁企业在向关联生产企业采购设备时，有关设备的结算价格不得明显低于该生产企业向任何第三方销售的价格或同等批量设备的价格。

第十六条　融资租赁企业对委托租赁、转租赁的资产应当分别管理，单独建账。融资租赁企业和承租人应对与融资租赁业务有关的担保、保险等事项进行充分约定，维护交易安全。

第十七条　融资租赁企业应加强对重点承租人的管理，控制单一承租人及承租人为关联方的业务比例，注意防范和分散经营风险。

第十八条　按照国家法律规定租赁物的权属应当登记的，融资租赁企业须依法办理相关登记手续。若租赁物不属于需要登记的财产类别，鼓励融资租赁企业在商务主管部门指定的系统进行登记，明示租赁物所有权。

第十九条　售后回租的标的物应为能发挥经济功能，并能产生持续经济效益的财产。融资租赁企业开展售后回租业务时，应注意加强风险防控。

第二十条　融资租赁企业不应接受承租人无处分权的、已经设立抵押的、已经被司法机关查封扣押的或所有权存在其他瑕疵的财产作为售后回租业务的标的物。

融资租赁企业在签订售后回租协议前，应当审查租赁物发票、采购合同、登记权证、付款凭证、产权转移凭证等证明材料，以确认标的物权属关系。

第二十一条　融资租赁企业应充分考虑并客观评估售后回租资产的价值，对标的物的买入价格应有合理的、不违反会计准则的定价依据作为参考，不得低值高买。

第二十二条　融资租赁企业的风险资产不得超过净资产总额的10倍。

第二十三条　融资租赁企业应严格按照国家有关规定按时缴纳各种税款，严禁偷逃税款或将非融资租赁业务作为融资租赁业务进行纳税。

第三章　监　督　管　理

第二十四条　商务部及省级商务主管部门依照法律、法规、规章和商务部有关规定，依法履行监管职责。

各级商务主管部门在履行监管职责的过程中，应依法加强管理，对所知悉的企业商业秘密应严格保密。

第二十五条　省级商务主管部门应通过多种方式加强对融资租赁企业的监督管理，对企业经营状况及经营风险进行持续监测；加强监管队伍建设，按照监管要求和职责配备相关人员，加强业务培训，提高监管人员监管水平。

第二十六条　省级商务主管部门应当建立重大情况通报机制、风险预警机制和突发事件应急处置机制，及时、有效地处置融资租赁行业突发事件。

第二十七条　在日常监管中，省级商务主管部门应当重点对融资租赁企业是否存在吸收存款、发放贷款、超范围经营等违法行为进行严格监督管理。一旦发现应及时提报相关部门处理并将情况报告商务部。

第二十八条　省级商务主管部门要定期对企业关联交易比例、风险资产比例、单一承租人业务比例、租金逾期率等关键指标进行分析。对于相关指标偏高、潜在经营风险加大的企业应给予重点关注。

商务主管部门可以根据工作需要委托行业协会等中介组织协助了解有关情况。

第二十九条　省级商务主管部门应于每年6月30日前向商务部书面上报上一年度本行政区域内融资租赁企业发展情况以及监管情况。如发现重大问题应立即上报。

第三十条　商务部建立、完善"全国融资租赁企业管理信息系统"，运用信息化手段对融资租赁企业的业务活动、内部控制和风险状况等情况进行了解和监督管理，提高融资租赁企业经营管理水平和风险控制能力。

第三十一条　融资租赁企业应当按照商务部的要求使用全国融资租赁企业管理信息系统，及时如实填报有关数据。每季度结束后15个工作日内填报上一季度经营情况统计表及简要说明；每年4月30日前填报上一年经营情况统计表、说明，报送经审计机构审计的上一年度财务会计报告（含附注）。

第三十二条　融资租赁企业变更名称、异地迁址、增减注册资本金、改变组织形式、调整股权结构等，应事先通报省级商务主管部门。外商投资企业涉及前述变更事项，应按有关规定履行审批、备案等相关手续。

融资租赁企业应在办理变更工商登记手续后5个工作日内登录全国融资租赁企业管理信息系统修改上述信息。

第三十三条　商务主管部门要重视发挥行业协会作用，鼓励行业协会积极开展行业培训、从业人员资质认定、理论研究、纠纷调解等活动，支持行业协会加强行业自律和依法维护行业权益，配合主管部门进行行业监督管理，维护公平有序的市场竞争环境。

第三十四条　融资租赁企业如违反我国有关法律、法规、规章以及本办法相关规定的，按照有关规定处理。

第四章　附　　则

第三十五条　本办法由商务部负责解释。

第三十六条　本办法自2013年10月1日起施行。

商务部办公厅关于加强和改善外商投资融资租赁公司审批与管理工作的通知

商务部办公厅

商办资函〔2013〕657号

各省、自治区、直辖市、计划单列市及新疆生产建设兵团商务主管部门：

近年来，外商投资融资租赁公司快速发展，投资主体日趋多元化，服务领域不断扩大，业务模式不断创新，成为有效利用国内外资金、合理配置资源的重要载体和平台。为加强对各地审批外商投资融资租赁公司的工作指导，促进行业健康发展，现就有关事项通知如下：

一、各地商务主管部门在当年度本行政区域内外商投资企业联合年检中对2010年6月以后设立的外商投资融资租赁公司加强信息统计与后续核查。各地应按照商务部《外商投资租赁业管理办法》（以下简称《管理办法》）的要求，在每年6月30日之前（2013

年度为 8 月 15 日之前）将本行政区域内外资融资租赁公司上一年的业务经营情况报告（具体格式见附件 1）和经会计师事务所审计的财务报告汇总报送商务部（外资司）。

二、中国外商投资企业协会租赁业工作委员会（以下简称租赁委）具体负责报送材料的收集、核对和汇总工作。因特殊情况不能在规定日期前报送的，应及时告知租赁委。

三、商务部网站（外资司子站"结果公开"栏目）将公布已按要求报送材料的企业名单。未在商务部网站公示的外资融资租赁公司，各地不得为其办理后续变更手续。

四、对在上一会计年度内未开展实质性融资租赁业务、年检不合格以及发生违法违规行为的企业，各地应责令其整改，并将整改情况及时报商务部（外资司）。

五、各地在审批外资融资租赁公司时，要切实履行外商投资租赁业行业主管和外资主管部门职责，参照《外商投资融资租赁公司准入审批指引》（见附件 2）开展工作，加强外资融资租赁公司的后续管理，指导企业积极稳妥地开展各项业务。

六、外资融资租赁公司不得从事吸收存款、发放贷款、受托发放贷款等活动；未经相关部门批准，不得从事同业拆借、股权投资等业务。

七、为有效防范财政金融风险，根据《国务院关于加强地方政府融资平台公司管理有关问题的通知》（国发〔2010〕19号），外资融资租赁公司不得以任何形式为承担政府公益性项目的地方政府融资平台公司提供直接或间接融资。

商务部办公厅
2013 年 7 月 11 日

二、司法解释

最高人民法院关于审理融资租赁合同纠纷案件适用法律问题的解释

（2013 年 11 月 25 日最高人民法院审判委员会第 1597 次会议通过）
法释〔2014〕3 号
中华人民共和国最高人民法院公告

《最高人民法院关于审理融资租赁合同纠纷案件适用法律问题的解释》已于 2013 年 11 月 25 日由最高人民法院审判委员会第 1597 次会议通过，现予公布，自 2014 年 3 月 1 日起施行。

最高人民法院
2014 年 2 月 24 日

为正确审理融资租赁合同纠纷案件，根据《中华人民共和国合同法》《中华人民共和国物权法》《中华人民共和国民事诉讼法》等法律的规定，结合审判实践，制定本解释。

一、融资租赁合同的认定及效力

第一条 人民法院应当根据合同法第二百三十七条的规定，结合标的物的性质、价值、租金的构成以及当事人的合同权利和义务，对是否构成融资租赁法律关系做出认定。

对名为融资租赁合同，但实际不构成融资租赁法律关系的，人民法院应按照其实际构成的法律关系处理。

第二条 承租人将其自有物出卖给出租人，再通过融资租赁合同将租赁物从出租人处租回的，人民法院不应仅以承租人和出卖人系同一人为由认定不构成融资租赁法律关系。

第三条　根据法律、行政法规规定，承租人对于租赁物的经营使用应当取得行政许可的，人民法院不应仅以出租人未取得行政许可为由认定融资租赁合同无效。

第四条　融资租赁合同被认定无效，当事人就合同无效情形下租赁物归属有约定的，从其约定；未约定或者约定不明，且当事人协商不成的，租赁物应当返还出租人。但因承租人原因导致合同无效，出租人不要求返还租赁物，或者租赁物正在使用，返还出租人后会显著降低租赁物价值和效用的，人民法院可以判决租赁物所有权归承租人，并根据合同履行情况和租金支付情况，由承租人就租赁物进行折价补偿。

二、合同的履行和租赁物的公示

第五条　出卖人违反合同约定的向承租人交付标的物的义务，承租人因下列情形之一拒绝受领租赁物的，人民法院应予支持：

（一）租赁物严重不符合约定的；

（二）出卖人未在约定的交付期间或者合理期间内交付租赁物，经承租人或者出租人催告，在催告期满后仍未交付的。

承租人拒绝受领租赁物，未及时通知出租人，或者无正当理由拒绝受领租赁物，造成出租人损失，出租人向承租人主张损害赔偿的，人民法院应予支持。

第六条　承租人对出卖人行使索赔权，不影响其履行融资租赁合同项下支付租金的义务，但承租人以依赖出租人的技能确定租赁物或者出租人干预选择租赁物为由，主张减轻或者免除相应租金支付义务的除外。

第七条　承租人占有租赁物期间，租赁物毁损、灭失的风险由承租人承担，出租人要求承租人继续支付租金的，人民法院应予支持。但当事人另有约定或者法律另有规定的除外。

第八条　出租人转让其在融资租赁合同项下的部分或者全部权利，受让方以此为由请求解除或者变更融资租赁合同的，人民法院不予支持。

第九条　承租人或者租赁物的实际使用人，未经出租人同意转让租赁物或者在租赁物上设立其他物权，第三人依据物权法第一百零六条的规定取得租赁物的所有权或者其他物权，出租人主张第三人物权权利不成立的，人民法院不予支持，但有下列情形之一的除外：

（一）出租人已在租赁物的显著位置作出标识，第三人在与承租人交易时知道或者应当知道该物为租赁物的；

（二）出租人授权承租人将租赁物抵押给出租人并在登记机关依法办理抵押权登记的；

（三）第三人与承租人交易时，未按照法律、行政法规、行业或者地区主管部门的规定在相应机构进行融资租赁交易查询的；

（四）出租人有证据证明第三人知道或者应当知道交易标的物为租赁物的其他情形。

第十条　当事人约定租赁期间届满后租赁物归出租人的，因租赁物毁损、灭失或者附合、混同于他物导致承租人不能返还，出租人要求其给予合理补偿的，人民法院应予支持。

三、合同的解除

第十一条　有下列情形之一，出租人或者承租人请求解除融资租赁合同的，人民法院应予支持：

（一）出租人与出卖人订立的买卖合同解除、被确认无效或者被撤销，且双方未能重新订立买卖合同的；

（二）租赁物因不可归责于双方的原因意外毁损、灭失，且不能修复或者确定替代物的；

（三）因出卖人的原因致使融资租赁合同的目的不能实现的。

第十二条　有下列情形之一，出租人请求解除融资租赁合同的，人民法院应予支持：

（一）承租人未经出租人同意，将租赁物转让、转租、抵押、质押、投资入股或者以其他方式处分租赁物的；

（二）承租人未按照合同约定的期限和数额支付租金，符合合同约定的解除条件，经出租人催告后在合理期限内仍不支付的；

（三）合同对于欠付租金解除合同的情形没有明确约定，但承租人欠付租金达到两期以上，或者数额达到全部租金百分之十五以上，经出租人催告后在合理期限内仍不支付的；

（四）承租人违反合同约定，致使合同目的不能实现的其他情形。

第十三条　因出租人的原因致使承租人无法占有、使用租赁物，承租人请求解除融资租赁合同的，人民法院应予支持。

第十四条　当事人在一审诉讼中仅请求解除融资租赁合同，未对租赁物的归属及损失赔偿提出主张的，人民法院可以向当事人进行释明。

第十五条　融资租赁合同因租赁物交付承租人后意外毁损、灭失等不可归责于当事人的原因而解除，出租人要求承租人按照租赁物折旧情况给予补偿的，人民法院应予支持。

第十六条　融资租赁合同因买卖合同被解除、被确认无效或者被撤销而解除，出租人根据融资租赁合同约定，或者以融资租赁合同虽未约定或约定不明，但出卖人及租赁物系由承租人选择为由，主张承租人赔偿相应损失的，人民法院应予支持。

出租人的损失已经在买卖合同被解除、被确认无效或者被撤销时获得赔偿的，应当免除承租人相应的赔偿责任。

四、违约责任

第十七条　出租人有下列情形之一，影响承租人对租赁物的占有和使用，承租人依照合同法第二百四十五条的规定，要求出租人赔偿相应损失的，人民法院应予支持：

（一）无正当理由收回租赁物；

（二）无正当理由妨碍、干扰承租人对租赁物的占有和使用；

（三）因出租人的原因导致第三人对租赁物主张权利；

（四）不当影响承租人对租赁物占有、使用的其他情形。

第十八条　出租人有下列情形之一，导致承租人对出卖人索赔逾期或者索赔失败，承租人要求出租人承担相应责任的，人民法院应予支持：

（一）明知租赁物有质量瑕疵而不告知承租人的；

（二）承租人行使索赔权时，未及时提供必要协助的；

（三）怠于行使融资租赁合同中约定的只能由出租人行使对出卖人的索赔权的；

（四）怠于行使买卖合同中约定的只能由出租人行使对出卖人的索赔权的。

第十九条　租赁物不符合融资租赁合同的约定且出租人实施了下列行为之一，承租人依照合同法第二百四十一条、第二百四十四条的规定，要求出租人承担相应责任的，人民法院应予支持：

（一）出租人在承租人选择出卖人、租赁物时，对租赁物的选定起决定作用的；

（二）出租人干预或者要求承租人按照出租人意愿选择出卖人或者租赁物的；

（三）出租人擅自变更承租人已经选定的出卖人或者租赁物的。

承租人主张其系依赖出租人的技能确定租赁物或者出租人干预选择租赁物的，对上述事实承担举证责任。

第二十条　承租人逾期履行支付租金义务或者迟延履行其他付款义务，出租人按照融资租赁合同的约定要求承租人支付逾期利息、相应违约金的，人民法院应予支持。

第二十一条　出租人既请求承租人支付合同约定的全部未付租金又请求解除融资租赁合同的，人民法院应告知其依照合同法第二百四十八条的规定作出选择。

出租人请求承租人支付合同约定的全部未付租金，人民法院判决后承租人未予履行，出租人再行起诉请求解除融资租赁合同、收回租赁物的，人民法院应予受理。

第二十二条　出租人依照本解释第十二条的规定请求解除融资租赁合同，同时请求收回租赁物并赔偿损失的，人民法院应予支持。

前款规定的损失赔偿范围为承租人全部未付租金及其他费用与收回租赁物价值的差额。合同约定租赁期间届满后租赁物归出租人所有的，损失赔偿范围还应包括融资租赁合同到期后租赁物的残值。

第二十三条　诉讼期间承租人与出租人对租赁物的价值有争议的，人民法院可以按照融资租赁合同的约定确定租赁物价值；融资租赁合同未约定或者约定不明的，可以参照融资租赁合同约定的租赁物折旧以及合同到期后租赁物的残值确定租赁物价值。

承租人或者出租人认为依前款确定的价值严重偏离租赁物实际价值的，可以请求人民法院委托有资质的机构评估或者拍卖确定。

五、其他规定

第二十四条　出卖人与买受人因买卖合同发生纠纷，或者出租人与承租人因融资租赁合同发生纠纷，当事人仅对其中一个合同关系提起诉讼，人民法院经审查后认为另一合同关系的当事人与案件处理结果有法律上的利害关系的，可以通知其作为第三人参加诉讼。

承租人与租赁物的实际使用人不一致，融资租赁合同当事人未对租赁物的实际使用人提起诉讼，人民法院经审查后认为租赁物的实际使用人与案件处理结果有法律上的利害关系的，可以通知其作为第三人参加诉讼。

承租人基于买卖合同和融资租赁合同直接向出卖人主张受领租赁物、索赔等买卖合同权利的，人民法院应通知出租人作为第三人参加诉讼。

第二十五条　当事人因融资租赁合同租金欠付争议向人民法院请求保护其权利的诉讼时效期间为两年，自租赁期限届满之日起计算。

第二十六条　本解释自2014年3月1日起施行。《最高人民法院关于审理融资租赁合同纠纷案件若干问题的规定》（法发〔1996〕19号）同时废止。

本解释施行后尚未终审的融资租赁合同纠纷案件，适用本解释；本解释施行前已经终审，当事人申请再审或者按照审判监督程序决定再审的，不适用本解释。

三、税 收 政 策

财政部　海关总署　国家税务总局关于融资租赁货物出口退税政策有关问题的通知

财政部、海关总署、国家税务总局

财税〔2016〕87号

各省、自治区、直辖市、计划单列市财政厅（局）、国家税务局，海关总署广东分署、各直属海关，新疆生产建设兵团财务局：

经研究，现将融资租赁货物出口退税政策有关问题通知如下：

一、《财政部　海关总署　国家税务总局关于在全国开展融资租赁货物出口退税政策试点的通知》（财税〔2014〕62号）第一条第一项中的"融资租赁企业、金融租赁公司及其设立的项目子公司"，包括融资租赁企业、金融租赁公司，以及上述企业、公司设立的项目子公司。

二、融资租赁企业，是指经商务部批准设立的外商投资融资租赁公司、经商务部和国家税务总局共同批准开展融资业务试点的内资融资租赁企业、经商务部授权的省级商务主管部门和国家经济技术开发区批准的融资租赁公司。

金融租赁公司，是指中国银行业监督管理委员会批准设立的金融租赁公司。

财政部　海关总署　国家税务总局

2016年8月2日

财政部　国家税务总局关于进一步明确全面推开营改增试点有关再保险　不动产租赁和非学历教育等政策的通知

财政部、国家税务总局

财税〔2016〕68号

各省、自治区、直辖市、计划单列市财政厅（局）、国家税务局、地方税务局，新疆生产建设兵团财务局：

经研究，现将营改增试点期间有关再保险、不动产租赁和非学历教育等政策补充通知如下：

一、再保险服务

（一）境内保险公司向境外保险公司提供的完全在境外消费的再保险服务，免征增值税。

（二）试点纳税人提供再保险服务（境内保险公司向境外保险公司提供的再保险服务除外），实行与原保险服务一致的增值税政策。再保险合同对应多个原保险合同的，所有原保险合同均适用免征增值税政策时，该再保险合同适用免征增值税政策。否则，该再保险合同应按规定缴纳增值税。

原保险服务，是指保险分出方与投保人之间直接签订保险合同而建立保险关系的业务活动。

二、不动产经营租赁服务

1. 房地产开发企业中的一般纳税人，出租自行开发的房地产老项目，可以选择适用简易计税方法，按照 5% 的征收率计算应纳税额。纳税人出租自行开发的房地产老项目与其机构所在地不在同一县（市）的，应按照上述计税方法在不动产所在地预缴税款后，向机构所在地主管税务机关进行纳税申报。

房地产开发企业中的一般纳税人，出租其 2016 年 5 月 1 日后自行开发的与机构所在地不在同一县（市）的房地产项目，应按照 3% 预征率在不动产所在地预缴税款后，向机构所在地主管税务机关进行纳税申报。

2. 房地产开发企业中的小规模纳税人，出租自行开发的房地产项目，按照 5% 的征收率计算应纳税额。纳税人出租自行开发的房地产项目与其机构所在地不在同一县（市）的，应按照上述计税方法在不动产所在地预缴税款后，向机构所在地主管税务机关进行纳税申报。

三、一般纳税人提供非学历教育服务，可以选择适用简易计税方法按照 3% 征收率计算应纳税额。

四、纳税人提供安全保护服务，比照劳务派遣服务政策执行。

五、各党派、共青团、工会、妇联、中科协、青联、台联、侨联收取党费、团费、会费，以及政府间国际组织收取会费，属于非经营活动，不征收增值税。

六、本通知自 2016 年 5 月 1 日起执行。

财政部　国家税务总局
2016 年 6 月 18 日

财政部　国家税务总局关于全面推开营业税改征增值税试点的通知

财政部、国家税务总局

财税〔2016〕36 号

各省、自治区、直辖市、计划单列市财政厅（局）、国家税务局、地方税务局，新疆生产建设兵团财务局：

经国务院批准，自 2016 年 5 月 1 日起，在全国范围内全面推开营业税改征增值税（以下称营改增）试点，建筑业、房地产业、金融业、生活服务业等全部营业税纳税人，纳入试点范围，由缴纳营业税改为缴纳增值税。现将《营业税改征增值税试点实施办法》、《营业税改征增值税试点有关事项的规定》、《营业税改征增值税试点过渡政策的规定》和《跨境应税行为适用增值税零税率和免税政策的规定》印发你们，请遵照执行。

本通知附件规定的内容，除另有规定执行时间外，自2016年5月1日起执行。《财政部 国家税务总局关于将铁路运输和邮政业纳入营业税改征增值税试点的通知》（财税〔2013〕106号）、《财政部 国家税务总局关于铁路运输和邮政业营业税改征增值税试点有关政策的补充通知》（财税〔2013〕121号）、《财政部 国家税务总局关于将电信业纳入营业税改征增值税试点的通知》（财税〔2014〕43号）、《财政部 国家税务总局关于国际水路运输增值税零税率政策的补充通知》（财税〔2014〕50号）和《财政部 国家税务总局关于影视等出口服务适用增值税零税率政策的通知》（财税〔2015〕118号），除另有规定的条款外，相应废止。

各地要高度重视营改增试点工作，切实加强试点工作的组织领导，周密安排，明确责任，采取各种有效措施，做好试点前的各项准备以及试点过程中的监测分析和宣传解释等工作，确保改革的平稳、有序、顺利进行。遇到问题请及时向财政部和国家税务总局反映。

财政部 国家税务总局

2016年3月23日

财政部 国家税务总局关于融资租赁合同有关印花税政策的通知

财政部、国家税务总局

财税〔2015〕144号

各省、自治区、直辖市、计划单列市财政厅（局）、地方税务局，西藏、宁夏回族自治区国家税务局，新疆生产建设兵团财务局：

根据《国务院办公厅关于加快融资租赁业发展的指导意见》（国办发〔2015〕68号）有关规定，为促进融资租赁业健康发展，公平税负，现就融资租赁合同有关印花税政策通知如下：

一、对开展融资租赁业务签订的融资租赁合同（含融资性售后回租），统一按照其所载明的租金总额依照"借款合同"税目，按万分之零点五的税率计税贴花。

二、在融资性售后回租业务中，对承租人、出租人因出售租赁资产及购回租赁资产所签订的合同，不征收印花税。

三、本通知自印发之日起执行。此前未处理的事项，按照本通知规定执行。

请遵照执行。

财政部 国家税务总局

2015年12月24日

财政部 海关总署 国家税务总局关于在全国开展融资租赁货物出口退税政策试点的通知

财政部、海关总署、国家税务总局

财税〔2014〕62号

各省、自治区、直辖市、计划单列市财政厅（局）、国家税务局，海关总署广东分署、各直属海关，新疆生产建设兵团财务局：

为落实《国务院办公厅关于支持外贸稳定增长的若干意见》（国办发〔2014〕19 号）的有关要求，决定将现行在天津东疆保税港区试点的融资租赁货物出口退税政策扩大到全国统一实施。现将有关政策通知如下：

一、政策内容及适用范围

（一）对融资租赁出口货物试行退税政策。对融资租赁企业、金融租赁公司及其设立的项目子公司（以下统称融资租赁出租方），以融资租赁方式租赁给境外承租人且租赁期限在 5 年（含）以上，并向海关报关后实际离境的货物，试行增值税、消费税出口退税政策。

融资租赁出口货物的范围，包括飞机、飞机发动机、铁道机车、铁道客车车厢、船舶及其他货物，具体应符合《中华人民共和国增值税暂行条例实施细则》（财政部国家税务总局令第 50 号）第二十一条"固定资产"的相关规定。

（二）对融资租赁海洋工程结构物试行退税政策。对融资租赁出租方购买的，并以融资租赁方式租赁给境内列名海上石油天然气开采企业且租赁期限在 5 年（含）以上的国内生产企业生产的海洋工程结构物，视同出口，试行增值税、消费税出口退税政策。

海洋工程结构物范围、退税率以及海上石油天然气开采企业的具体范围按照《财政部国家税务总局关于出口货物劳务增值税和消费税政策的通知》（财税〔2012〕39 号）有关规定执行。

（三）上述融资租赁出口货物和融资租赁海洋工程结构物不包括在海关监管年限内的进口减免税货物。

二、退税的计算和办理

（一）融资租赁出租方将融资租赁出口货物租赁给境外承租方、将融资租赁海洋工程结构物租赁给海上石油天然气开采企业，向融资租赁出租方退还其购进租赁货物所含增值税。融资租赁出口货物、融资租赁海洋工程结构物（以下统称融资租赁货物）属于消费税应税消费品的，向融资租赁出租方退还前一环节已征的消费税。

（二）计算公式为：

增值税应退税额 = 购进融资租赁货物的增值税专用发票注明的金额或海关（进口增值税）专用缴款书注明的完税价格 × 融资租赁货物适用的增值税退税率

融资租赁出口货物适用的增值税退税率，按照统一的出口货物适用退税率执行。从增值税一般纳税人购进的按简易办法征税的融资租赁货物和从小规模纳税人购进的融资租赁货物，其适用的增值税退税率，按照购进货物适用的征收率和退税率孰低的原则确定。

消费税应退税额 = 购进融资租赁货物税收（出口货物专用）缴款书上或海关进口消费税专用缴款书上注明的消费税税额

（三）融资租赁出租方应当按照主管税务机关的要求办理退税认定和申报增值税、消费税退税。

（四）融资租赁出租方在进行融资租赁出口货物报关时，应在海关出口报关单上填写"租赁货物（1523）"方式。海关依融资租赁出租方申请，对符合条件的融资租赁出口货物办理放行手续后签发出口货物报关单（出口退税专用，以下称退税证明联），并按规定向国家税务总局传递退税证明联相关电子信息。对海关特殊监管区域内已退增值税、消费税的货物，以融资租赁方式离境时，海关不再签发退税证明联。

（五）融资租赁出租方凭购进融资租赁货物的增值税专用发票或海关进口增值税专用缴款书、与承租人签订的融资租赁合同、退税证明联或向海洋工程结构物承租人开具的发票以及主管税务机关要求出具的其他要件，向主管税务机关申请办理退税手续。上述用于融资租赁货物退税的增值税专用发票或海关进口增值税专用缴款书，不得用于抵扣内销货物应纳税额。

融资租赁货物属于消费税应税货物的，若申请退税，还应提供有关消费税专用缴款书。

（六）对承租期未满而发生退租的融资租赁货物，融资租赁出租方应及时主动向税务机关报告，并按照规定补缴已退税款，对融资租赁出口货物，再复进口时融资租赁出租方应按照规定向海关办理复运进境手续并提供主管税务机关出具的货物已补税或未退税证明，海关不征收进口关税和进口环节税。

三、有关定义

本通知所述融资租赁企业，仅包括金融租赁公司、经商务部批准设立的外商投资融资租赁公司、经商务部和国家税务总局共同批准开展融资业务试点的内资融资租赁企业、经商务部授权的省级商务主管部门和国家经济技术开发区批准的融资租赁公司。

本通知所述金融租赁公司，仅包括经中国银行业监督管理委员会批准设立的金融租赁公司。

本通知所称融资租赁，是指具有融资性质和所有权转移特点的有形动产租赁活动。即出租人根据承租人所要求的规格、型号、性能等条件购入有形动产租赁给承租人，合同期内有形动产所有权属于出租人，承租人只拥有使用权，合同期满付清租金后，承租人有权按照残值购入有形动产，以拥有其所有权。不论出租人是否将有形动产残值销售给承租人，均属于融资租赁。

四、融资租赁货物退税的具体管理办法由国家税务总局另行制定。

五、本通知自2014年10月1日起执行。融资租赁出口货物的，以退税证明联上注明的出口日期为准；融资租赁海洋工程结构物的，以融资租赁出租方收取首笔租金时开具的发票日期为准。

财政部　海关总署　国家税务总局

2014年9月1日

财政部　海关总署　国家税务总局关于租赁企业进口飞机有关税收政策的通知

财政部、海关总署、国家税务总局

财税〔2014〕16号

各省、自治区、直辖市、计划单列市财政厅（局）、国家税务局，新疆生产建设兵团财务局，海关总署广东分署、各直属海关，财政部驻各省、自治区、直辖市、计划单列市财政监察专员办事处：

经国务院批准，自 2014 年 1 月 1 日起，租赁企业一般贸易项下进口飞机并租给国内航空公司使用的，享受与国内航空公司进口飞机同等税收优惠政策，即进口空载重量在 25 吨以上的飞机减按 5% 征收进口环节增值税。自 2014 年 1 月 1 日以来，对已按 17% 税率征收进口环节增值税的上述飞机，超出 5% 税率的已征税款，尚未申报增值税进项税额抵扣的，可以退还。租赁企业申请退税时，应附送主管税务机关出具的进口飞机所缴纳增值税未抵扣证明（格式见附件）。

海关特殊监管区域内租赁企业从境外购买并租给国内航空公司使用的、空载重量在 25 吨以上、不能实际入区的飞机，不实施进口保税政策，减按 5% 征收进口环节增值税。

财政部　海关总署　国家税务总局

2014 年 5 月 13 日